反思求真集

The Memoir of Reflect and Truth-seeking

赵健杰/著

中国劳动关系学院学术论丛

光明日报出版社

前言

求索中的收获

我是一名编辑，笔名简洁和金言，笃信以下理念并奉为圭臬：编辑者不仅是编辑他人作品者，也是能动的精神生产者，先进思想的创造者，理论发展的推动者！践履上述理念，要求编辑者本人不仅擅长运用编辑之剪，对他人作品剪裁增删，严格把关，将精美的精神食粮奉献给读者和社会，而且还要善于思考，长于笔耕，做“研究型编辑”或者“学者型编辑”。从事编辑工作26年，也就有了26年研究理论的历史，积累了一定的学术成果。

最初研究动机的形成，缘于三个因素：其一，受20世纪80年代中期，高校学报领域兴起的“编辑学者化”理念的强烈感召，一心想成为“学者化”的编辑，同时也见证了一些老编辑“编而不著”给自己进步所带来的种种负面影响，于是潜心研究现实问题，便成为本人生活方式的重要组成部分。其二，坚信“编辑的思想在某些方面应高于作者”的工作理念，并努力实践这一理念。编辑实践表明：如果编辑者只是满足于对来稿进行单纯的编辑加工，他至多是一个编辑工具，而毫无主见的编辑等同于话语权的缺失，乃至主体性的缺失。专业话语权对于编辑而言，至关重要。在编辑与作者的专业沟通中，编辑如果对作者提交的作品没有自己的见解，也就等同于丧失了对作品的主动判断能力，只能以缄默的被动方式应对来自作者滔滔不绝的自我表述，这样的编辑是编不出好作品的。其三，本人从事学报编辑工作之初，时逢中国工会十一大召开前夕，整个工会系统都在探讨工会的一些基本理论问题，譬如工会存在的意义、工会的地位问题、工会的社会职能有几个，等等。原本认为工会没有什么像样的理论，但是在现实问题的倒逼之下，使我在一段时间里，不得不重新审视工会理论研究的全部意义；不得不重新认识改革开放以来，我国工人阶级队伍的深刻变化及其影响；不得不反思我国劳动关系发生的历史性嬗变对工会工作的现实要求。基于上述原因，本人在编辑工作之余，也是本职工作之需，面对社会实践所提出的各种现实命题，借助于哲学方法论和其他学科的研究方法，进行深入研究和认真反思，取得一定的学术成果。期间，发表各类文章百余篇，大多为学术研究成果，比较客观地记录了本人思想发展的基本线索。今借出版个人论文集之机，将拙作编辑整理成书，以实现思想发展的自我回顾与反思，实现认识上的历史与现实的自我对话，实现精神层面的自我超越。

在为论文集选择和整理论文过程中，产生了诸多感悟：每每触碰新旧杂志不同质感之际，常常感受到新近的思想与老旧观点之间的明显差异，感受到思想稚嫩与老道的强烈对比与反差，感受到论文学术规范由于缺失而显得毫无章法到严格规范所带来的科学性和美感，然而感受更多的还是新旧观点前后的承继和不同阶段理论价值的张扬。从不同年代论文的相互比对中，能够分明地直观到实践的发展和理论的成长，感受到其间的差别，一种基于同一基础上的合乎逻辑的差别——从观点的提出到叙述语言，从概念的运用到研究范式。于是，“年轮”的形象在对篇篇论文的浏览中逐渐形成，并且一再浮现于眼前，由模糊到清晰；“年轮”的概念不停地在思想深处跃动，由生动到深刻。在这种亲身体验和深切感悟中，不同年代先后发表的论文渐渐地在头脑中幻化成一圈圈纹理鲜明的“年轮”，犹如激荡于平静水面中的涟漪，在涌动中无止境地向外拓展。

“年轮”原本是一种记录生命历程的自然现象，从中可以窥察生命成长的历史轨迹。我想，人的思想成长过程如同“年轮”一样，也是被时代赋予了阶段性特征，因而是可以寻索的。尤其对于从事人文社会科学的研究者而言，集成的论文恰如其思想发展的逻辑线索，不仅能够客观地反映其所置身那个时代的基本特征，反映不同历史阶段思想前进的步履，也可以忠实地记录研究者个体思想发展的“年轮”，折射着研究者含辛茹苦的付出和坚忍不拔的追求精神。

从一定意义而言，理论研究者个体思想发展的逻辑大多与整个思想界历史发展的逻辑是高度统一的，不同历史时期，由于社会实践提出的重大命题不同，决定了思想界所要探索问题的焦点不同，因而也决定了学者个体理论研究的兴趣与走向也不同。由于时代在不断前进，原有的理论及观点或者由于形势发展和社会进步而落伍，凸显出某种历史局限性；或者因社会实践检验，而证明其亟待完善和提升；或者因应某种新的实践形式发展的需要，亟待突破原有理论的历史局限，实现创新。这一切都在真切地表明，社会实践是推动理论进步的动力之源，研究者唯有紧贴社会实践并融入社会实践，不断从中发现新视点、新动向和新命题，才能不断地推陈出新，提出有价值的思想观点。置身于中国改革开放的伟大时代，对于每一位理论工作者而言，无疑是十分幸运的！因为建设中国特色社会主义市场经济，是中国亘古未有的伟大事业，每时每刻都在提出重大社会实践问题，亟待从理论上回答，从而为理论研究者提供了广阔无垠的空间和不可多得的机遇。

当我们站在时代的高点，俯瞰理论发展的峰谷起伏，面对理论创新必须逾越的层峦叠嶂，在树立与时俱进意识的同时，不仅要放眼未来，更应对理论发展的历史过程进行深度反思，只有如此，理论研究才能在既往的基础上进步，在保持同一中实现新的跨跃。理论上的跨越，内在地蕴含着辩证否定，而不是全盘否定或抛弃，因此对以往理论观点能否作出正确和中肯的评价，是一种原则和态度。辩证否定意义上的评价，应是一种客观评价，我们既不能因为过去已有的理论或观点具有一定的局限性而否定其曾经具有的价值，更不能无视这些理论或观点在推动整个理论发展过程中曾经彰显的积极意义。毕竟每一时期的理论成果，既是对当时社会实践的系统概括和总结，又是推动整个理论继续向前发展的不可或缺的重要环节，因此，思想理论的“年轮”是其成长的标志，它曾经承载着学者理论创新的热望与责任，是其理论进步的鲜明印记；“年轮”是一种展示，它忠实地记载着学者思想发展的脉络与走向，是学者焚膏继晷、倾心研究所付出心血的结晶；“年轮”也是一种提醒，理论探索必须深入到本质层面，时刻避免因驻足于现象层面，满足于对当下现象的描述而造成的肤浅，只有如此理论研究才能保持旺盛的生机，才能蔽而新成；“年轮”更是理论前后承继关系的重要表征，每一道因理论发展而打上“年轮”的印痕，既是对一个历史时期理论探讨的总结与反思，又是求索历史新时期新理论的一个新的进步起点。我想，这或许是出版论文集的重要意义之所在吧！

有了上述的认识和理解，也就形成了本论文集自选论文的两项标准和尺度。

标准之一：本论文集理应体现编辑的特点——“杂”。

同专业教师从事的专业教学和科研相比，编辑是名符其实的“杂家”。编辑研究问题之杂，是其职业所限，也是其特色之一。但是，编辑研究问题之杂，并非杂乱无章，而是有主次之分，先后之别的；编辑研究问题之杂，并非浅尝辄止，浮光掠影地点到为止，而是杂中有专。如果杂而不专，意味着肤浅；所以在研究问题上既杂又专，才是编辑应有的规定。从研究问题的分类上，编辑至少应面对如下研究方向：其一，自己所学专业方向；其二，编辑工作所面对的专业理论问题；其三，编辑本职工作的学问，即编辑出版理论。如此界定，编辑的“杂”，就成为“博”的同义语了。

由于收集和整理的论文涉及诸多专业和方向，为了便于分别和查阅，在学科上进行了逻辑分类，设置了相应的栏目。本书共收集31篇学术论文，分为五个部分，分别为：哲学研究部分、工人阶级理论研究部分、工会理论研究部分、劳动关系理论研究部分和编辑学研究部分。其中，工人阶级理论研究、工会理论研究和劳动关系理论研究为论文集的主体部分。

标准之二：本论文集理应体现本人思想发展的阶段性特点。如果按照论文发表先后排序，那么思想观点的变化及发展便一目了然。但是，我们不能因为论文观点落后于现实，就完全否定其价值，而应客观地正视它。所以，为了突出理论发展的时代感、历史感和过程感，在论文的收集上，有意将现在看来似乎过时的一些“旧”提法和“旧”观点并与现实有所差别的论文也安排其中，其意在于突出思想发展前后的继承关系，如果刻意大量堆积最新近的研究成果，而将过去发表的论文完全丢弃，就等于人为割裂了自我思想发展进程的联系线索。这不是客观态度，更不是科学态度。

以上赘言，自感颇有“敝帚自珍”之嫌，因为“文章是自己的好”似乎为每一个论文撰写者的共识。这既是一种自信，也是一种成就感！现在将论文整理并公开出版，与读者共同分享成果，并接受来自读者的批评，可以避免“孤芳自赏”式的封闭，可以敞开心扉接纳不同的意见和评价。我想，这既是一种快乐！是一种充实！更是一种收获——理论探索中的精神收获！

赵健杰2012年2月9日写于北京老虎庙中国劳动关系学院

CONTENTS 目 录

【哲学研究】

试论《易经》中关于事物间相互联系的观点

摘要：《易经》中包含丰富的古代朴素辩证法思想因素，其中，事物间普遍联系的观点是构成其朴素辩证法思想的重要组成部分，从事物间的矛盾对立、运动变化和事物间矛盾转化等三个方面得到具体体现，而并非“不易寻索”。

关键词：《易经》；古代朴素辩证法；矛盾；普遍联系

《易经》中所包含的我国古代朴素辩证法的思想萌芽并没有因其神秘主义的外在形式而被人忽视，相反，它像一块磁石一样吸引着古今中外无数思想家的注意力，引起了人们极大的兴趣。但是，令人遗憾的是，人们只是关心《易经》中的关于事物矛盾对立的观点，却忽视了《易经》所反映的关于事物间相互联系的观点。为了纠正这种偏见，本文仅就《易经》中关于事物间相互联系的观点发表一点自己的拙见。

一

高亨先生在他所著的《周易杂论》一书中，对《周易》所反映的我国古代朴素辩证法思想因素做了如下评论，他认为：产生在三千年以前的《周易》六十四卦卦象，相当集中地反映了那个时代及其以前的朴素的辩证观点。其中，“它反映古人对于事物矛盾对立的认识比较突出，反映古人对于事物运动变化的认识也还明显，至于反映古人对于事物相互联系的认识就不易寻索了。”（高亨《周易杂论》第2页）

对于高亨先生这个评论的前两点我是同意的，但是对于后一点，我以为过于武断，所以不敢苟同。我认为《易经》中关于事物间相互联系的观点是构成《易经》中的朴素辩证法思想因素的重要组成部分，它在《易经》中得到了一定程度的反映和表现，并不是“不易寻索的”。

首先，客观世界的一切事物都不是孤立地存在，而是同周围的事物相互联系着的，整个世界是一个相互联系的统一整体，任何事物都是统一的联系之网上的一个环节。事物间的相互联系是一切事物、现象的客观本性，具有普遍性意义。

其次，从事认识和实践活动的主体对于客观世界普遍联系的辩证本性是不会“置若罔闻”的，相反，随着主体认识和改造客观世界实践活动的不断深入，客观世界这一辩证本性也会不断地在主体内部得到反映。

其三，《易经》虽然是一部供古人占卜的筮书，充满着强烈的宗教迷信色彩，但是在它的神学迷信的外衣下面，却包容着许多可贵的思想。它在一定程度上反映了殷周之际的社会存在，孕育了中国古代哲学的胚胎，其中也必然包含人们对于当时的自然和社会中处于相互联系的各种事物和现象的一定程度的反映。

那么《易经》是怎样反映事物之间的相互联系呢？从大的方面看，我认为主要有两点，一是从矛盾双方的对立、事物的运动、变化和发展以及矛盾转化等诸环节中得到反映，一是通过事物之间存在的因果联系得到体现。

二

事物的矛盾对立、运动变化和发展以及矛盾转化等观点是《易经》中哲学思想的精华，它反映了我国古代人们对客观辩证法在一定程度上的认识，历来为人们所重视。同样，事物间相互联系的观点在《易经》中占有重要地位，它是形成矛盾观点的必不可少的条件和前提。

1. 从事物间的矛盾对立看事物间的相互联系

唯物辩证法认为：矛盾为一切事物、现象所固有，是自然界、社会和人类思维的辩证本性，没有矛盾就没有任何事物的存在和发展。我国古代人民在长期的社会实践中对于事物存在着矛盾和矛盾对立的现象已有所了解，这一点在《易经》中得到了广泛的反映。比如：

“蹇，利西南，不利东北。”（《蹇·卦辞》）

“枯杨生华，老妇得其士夫。”（《大过·九五》）

“不明晦，初登于天，后入于地。”（《明夷·上六》）

“君子豹变，小人革面，征凶，居贞吉。”（《革·上六》）

“东邻杀牛，不如西邻之禴祭，实受其福。”（《既济·九五》）

“舆说福，夫妻反目。”（《小畜·九三》）

“弗损益之，无咎。”（《损·上九》）

“大君有命，开国承家，小人勿用。”（《师·上六》）

从以上列举的几个爻辞中可以看到，从自然界的天地、明晦、西南与东北、初与后，到社会领域中的吉凶、利与不利、君子与小人、东邻与西邻、损益、夫妻、大君与小人等事物和现象的矛盾对立在《易经》中都得到了一定程度的反映。《易经》作者将相互对立的事物和现象置于同一个爻辞中，绝不是出于巧合，这说明他们至少已经猜测到处于矛盾对立的事物和现象存在某种联系，猜测到天与地、吉与凶等自然现象和社会现象既是对立的，又是相互联系的。天相对于地为天，吉相对于凶为吉，离开这种联系就无所谓对立了。这实际上是对矛盾同一性的初步认识，这种认识是同他们对事物的矛盾对立的认识相一致的，因此两者是不可分割的。当他们谈到事物的矛盾对立时，也就内在地包含着矛盾双方相互联系的思想因素了。

2. 从事物的运动变化和发展看事物间的相互联系

事物的辩证法则告诉我们：事物、现象的运动变化是在相互联系中发生的，事物的发展是在相互联系中实现的，事物的运动变化和发展同事物间的相互联系是不可分割的。《易经》中关于事物的运动变化和发展的朴素辩证法思想因素在一定程度上体现了事物间相互联系的观点。例如：

“履霜，坚冰至。”（《坤·初六》）

很明显，这里所说的寒霜与坚冰就构成了一种自然联系，表明事物的发展变化是一个处于相互联系的过程。

“密云不雨，自我西郊。”（《小畜·卦辞》）

这是对雨前天气变化的生动描写，同时也体现了自然界运动变化的状况。这里由云和雨这两种自然现象构成一种相互联系，形成一个发展过程。这是一个由量变到质变的过程，起初还是密云不雨，当密云的变化由量变引起质变的时候，密云不雨就将化为密云行雨了。

3. 从事物矛盾的相互转化看事物间的相互联系

事物矛盾的转化过程在本质上是旧的矛盾统一体破裂和新的矛盾统一体的形成过程，它是事物内在矛盾发展的必然结果。但是，事物矛盾转化不是绝对的，而是有条件的，这里的条件就是一种客观联系，就是指同某一事物相联系的、对它的存在和发展发生作用的诸要素的总和。《易经》关于事物矛盾转化时对条件的作用有比较突出的反映，较正确地说明了矛盾转化时条件所起的作用。如：

“同人先号咷而后笑，大师克相遇。”（《同人·九五》）

两军作战时，其中一方战况不佳，处境凶险，有人呼号啼哭。后来，由于浴血奋战，并与援兵会师，扭转了战局，使之转危为安，事物的矛盾性质转化了，于是才有了先悲后喜的变化。很明显，矛盾由不利向有利的转化，除了依靠人们自身的努力外，外在的条件即援兵的及时增援对促成矛盾转化所起的作用也是不可忽视的。如果没有援兵的支援，矛盾也不会发生转化。又如：

“有孚于饮酒，无咎；濡其首，有孚，失是。”（《未济·上九》）

此爻辞意即：捉到俘虏，饮酒庆祝是没有问题的。但饮酒过度，醉得一塌糊涂，以至于酒将头都浇湿了，虽然抓到了俘虏，但反而被俘虏乘机杀了头，物极必反，乐极生悲，好事变成了坏事。这种矛盾转化的主要原因虽然是丧失警惕性，但是过量饮酒也是促使矛盾转化的不可忽视的外在条件。

综上所述，《易经》中关于事物的矛盾对立、运动变化和发展以及事物矛盾转化中所体现的事物之间的相互联系的观点是显而易见的，尽管这些观点在《易经》中还只是一种不自觉的初浅认识，并且同矛盾的对立等朴素辩证法思想因素融为一体，不易为人们所重视，但是，我们不能因此而全盘抹煞这种观点在《易经》中的体现。

三

有目的的活动是人类进行实践活动的特点，为了达到预期的目的，必须考虑和提出如何才能达到目的的手段，这里的手段和目的之间就有了因果联系，从这个意义上说，因果联系的观念是人类一切自觉活动的必不可少的逻辑条件，这一观念在《易经》中也得到了大量的反映。

《易经》是一部卜筮之书，在神秘主义形式下，它主要回答占卜者的这样一些问题：人们进行实践活动的某种目的能否实现？为了达到预期目的而采取的某种手段是否合适？实现某种目的或采取某种手段对于行动者来说就是神意的体现，也就是说，它以神学迷信的形式代替了人们对客观事物因果联系的认识和寻求。尽管如此，我们在《易经》的卦爻辞里还是可以看到它所体现的客观事物的因果关系。这种情况是不足为怪的，《易经》中的因果联系观念实质上是人们对当时的自然界和社会领域客观因果联系的反映。比如：

“井收，勿幕。有孵，元吉。”（《井·上六》）

汲水以后，如果人们都有信誉按规定盖好井，防止污秽之物进入井内，那么就不会因为饮用污水而得病。这里的原因是盖井保持井水不受污染，引起的结果是保证了身体健康。很明显，这则爻辞所反映的事物间的因果联系实际上是人们日常生活实践经验的体现，看不出丝毫的神秘色彩。

《易经》反映的因果联系观念在逻辑上大多表现为假言判断的形式，这是它的一大特点。比如：

“即鹿无虞，唯入于林中，君子几不如舍，往吝。”（《屯·六三》）

君子逐鹿入林，穷追不舍，这时，如果没有“虞人”的引导，入林后就一定会遇到艰难或危险。这是一个否定的假言判断形式，其前件构成原因，其后件构成结果，即如果无“虞人”引导（原因），那么君子逐鹿入林后就一定会遇到困难（结果）。

《易经》所反映的事物间因果联系的观念是比较广泛的：从自然界的因果联系到社会生活中的因果联系，甚至还涉及到了人自身的主观修养等方面。比如：

“不明，晦。初登于天，后入于地。”（《明夷·上六》）

如按李镜池先生的解释，其意为：太阳下山了，天黑了。太阳初登于天为明，后入于地为夷。这就体现了自然现象间的因果联系。又如：

“师出以律，否藏，凶。”（《师·初六》）

军队出征作战一定要有严格的纪律，如没有好的纪律，就一定会打败仗的。此爻辞是对于当时社会领域的因果联系的反映。再如：

“君子终日乾乾，夕惕若厉，无咎。”（《乾·九三》）

君子如果终日勤奋，夜晚能够戒惧，那么有危险也没有什么关系。此爻辞所体现的因果联系主要涉及到人们的主观修养和外界事物的关系。

客观世界的因果联系既是客观的、普遍的，在现实中的表现又是复杂的、多样的。每一客观过程的因果联系因其所处的具体条件的不同而不同，尤其在社会生活中，这种因果关系主要是通过人的有目的、有意识的活动表现出来的，这样，因果联系的表现形式就会因人而异，这一点在《易经》中也得到了反映。如：

“鸣谦，贞吉。”（《谦·六二》）

“鸣豫，凶。”（《豫·初六)))

这两个爻辞是说，人们有了名声，如果仍能保持谦虚的态度，则吉；反之，如果有了名声，便贪图舒适安逸，结果则凶。由此可见，《易经》作者已初步意识到，一种原因在不同的条件下，相对于不同的人或事物会得出截然不同的结果；在同样的条件下，对于同一个人或事物，采取不同的手段（原因）也会引起不同的结果。这是人们参加生产斗争和社会实践的经验总结，如果剔除它的神学唯心主义形式的话，那么它对人们选择怎样的手段达到最优的结果是具有一定指导意义的。当然，《易经》所反映的事物间因果联系观念还是一种非常朴素的观念，不可能同辩证唯物主义的因果观相提并论，因此应该实事求是地进行评价。

根据这一原则，我认为《易经》中关于因果联系的观念具有以下几个特点：

1. 具有客观性。《易经》的因果联系观念虽然披着一件神学迷信的外衣，但是它的内容却来源于人们的生产活动和社会实践，因而具有客观性。同时，它比较广泛地反映了自然、社会及人们自身的主观修养等方面的现实因果联系，具有一定的普遍意义。

2. 具有直观性。《易经》反映的因果联系观念一般是通过对事物、现象以及人们从事各种活动的具体方式等的直观描述体现的，还没有上升为理性，没有用理性去概括和把握客观世界的因果联系。

3. 具有一定程度的机械性。《易经》反映的因果联系观念大多是以原因决定结果的形式表达的，缺乏对这一观念的辩证认识。

4. 具有神秘性。虽然《易经》中的因果联系观念是对自然界、社会生活的客观反映，包含着客观性内容。但是，它毕竟是作为占卜筮辞的内容出现的，因而不能不带有神秘色彩。

通过以上对《易经》的矛盾对立等观点以及因果联系观念所反映的事物间相互联系观点的分析，我们可以得出这样的结论：事物间相互联系的观点是《易经》中朴素辩证法思想因素的重要组成部分。

（原载于《长沙水电师院学报（社会科学版）》1987 年第 2 期，全文 4800 字）

芝诺“运动场”佯谬辨析

——兼论芝诺哲学在哲学史上的地位

摘要：古希腊时代的爱利亚学派芝诺，为捍卫其师巴门尼德的“存在”理论，提出了反驳运动的四个佯谬。在“运动场”中，他通过对运动和静止进行割裂，主观任意地玩弄这两个概念，并且不顾任何条件，随意确定运动参考系，混淆或抹煞不同的参考系之间的区别，其目的是为了揭示运动的虚妄和无运动“存在”的真实。芝诺哲学中体现的否定辩证法是辩证法发展的一个阶段。

关键词：芝诺；运动场佯谬；矛盾；运动

在哲人智者荟萃的古希腊时代，爱利亚学派的芝诺为捍卫其师巴门尼德的“存在”理论，机智地提出了有悖常理的反驳运动的四个佯谬，即：“两分法”、“阿基里斯与龟”、“飞矢不动”和“运动场”。这四个佯谬犹如令人费解的“斯芬克司”之谜，一直困扰着其后的数代人。他本人也因此被亚里士多德、黑格尔等哲学大师誉为辩证法的创始者而蜚声古今。

芝诺的四个佯谬，形式上荒诞不经，而内容上却异常深刻。千百年来，它一直成为人们热心研究和解析的对象。然而，人们在研究过程中却出现了一种偏向，即对“运动场”这一佯谬没有给予足够的重视。有人甚至认为该佯谬错误明显，比较易于解决，因此没有必要进行更多的研究。一些哲学史方面的专著以及教科书都反映出这种看法，有的甚至略去不写。对此，笔者认为，这种看法有失偏颇，应该予以纠正。我们知道，芝诺的四个佯谬是芝诺哲学全部精华的集中体现，而“运动场”又是四个佯谬的重要组成部分，它所包含的独特内容以及论证方式是不能被取代的。从这个意义上说，忽视“运动场”佯谬中的哲学观点，就不可能从整体上对芝诺哲学作出全面客观的评价。因此，本文打算对芝诺的四个佯谬进行分析比较，进一步说明“运动场”在芝诺哲学中的重要地位以及芝诺哲学在整个哲学史上的地位。

一

芝诺反驳运动的论证方式各有其特色，但是从总体上看，他的“两分法”、“阿基里斯与龟”和“飞矢不动”等三个佯谬属于一种类型，而“运动场”则属于另一种类型。前者紧紧抓住运动所包含的两大要素，即运动的连续性和间断性进行论证，通过对运动过程中的时间和空间进行无限分割，将运动的连续性和间断性绝对地对立起来，片面夸大间断性，否认连续性，进而否认运动的真实性。而后者则以不同物体运动的相对性和参考系为中心，以运动的时间、速度和距离为基本要素，运用诡辩的论证方式来说明运动的虚妄。下面，本文将对这两种类型分别进行考察和分析，以明确它们各自不同的特点。

1. “两分法”。芝诺在这里企图证明运动着的物体将永远不能起动。他说：“你不能在有限的时间内越过无穷的点，当你穿过一定距离的全部之前，你必须穿过这个距离的一半，这样做下去就会陷入无止境。所以在任何一定的空间中都有无穷个点，你不能在有限的时间中一个一个接触无穷个点。”（《古希腊罗马哲学》第57页）显然，芝诺在这里只强调有限时空的无限分割，并将这种可分性绝对化，忽视了时空本身固有的连续性特性。如按此逻辑推导，运动者只能永远驻足于原地。

2. “阿基里斯与龟”。芝诺说：“阿基里斯永远追不上乌龟，他首先必须到达乌龟出发的地点，这时候乌龟会向前走了一段路，于是阿基里斯又必须赶上这段路，而乌龟又向前走了一段路。他总是愈追愈近，但是始终追不上它。”（《古希腊罗马哲学》第57~58页）芝诺在这里提出的论点以及论证的方法与“两分法”相类似，都是通过对时空的无限分割，达到割裂运动的间断性与连续性统一的目的。两者的区别只在于：“两分法”是对闭合的有限时空的无限分割，而“阿基里斯与龟”则是对开放的无限时空进行的无限分割。

3. “飞矢不动”。芝诺说：“飞着的箭是静止的，因为如果每一件东西在占据一个与它自身相等的空间时是静止的，而飞着的东西在任何一定的霎间总是占据一个与它自身相等的空间，那么它就不能动了。”（《古希腊罗马哲学》第58页）在这个佯谬中，芝诺想要说明这样一个事实：如果箭在飞行中的每一点上都占有一块与自身体积相等、界限分明的地方，运动就不可能了。因为占有大于自身体积的空间是物体能够运动的先决条件，所以处于每个个别位置上的物体都是静止的，而这些静止状态的总和是不可能形成运动的。

很明显，芝诺在这个佯谬中又故技重演，他将运动同相对静止绝对地对立起来，将运动的连续性和间断性绝对地对立起来。

总之，绝对地夸大运动的间断性，否认运动的连续性，割裂两者之间的对立统一关系，以达到否定运动真实性的目的，是上述三个佯谬的共同特点，也是芝诺在理论上的失足之处。

二

芝诺“运动场”的论证方式有别于上述的三个佯谬。他说：“一半的时间可以等于一倍的时间，我们可以假定有三列物体，其中的一列（A），当其他二列（B、C）以相等的速度向相反的方向运动时，是静止的（图1），在它们都走过同样的一段距离的时间中，B越过C列中的物体的数目，要比它越过A列中物体的数目多一倍（图2），因此，它用来越过C的时间要比它用来越过A的时间长一倍。但是B和C用来走到A的位置的时间却是相等的，所以一倍的时间等于一半的时间。”（《古希腊罗马哲学》第58页）

A	···		A	···
B	···→		B	···
C	←···		C	···

图1　　　　**图2**

在这个佯谬中，芝诺所要讨论的是存在于相反运动中的矛盾。他没有采取他在前三个佯谬中所运用的论证方式，即无限分割时空，割裂运动的间断性与连续性的统一关系，使间断性绝对化，而是以运动的时间、速度和距离作为论证的基本要素，通过参考系、运动和静止以及运动的相对性等关系构造了一个自相矛盾的运动系统，然后，通过一系列诡辩的手段，从中引出错误的结论，借以否定运动的真实性。那么，芝诺是怎样具体论证的？这正是本文所要加以分析的问题。

物理学的基本常识告诉我们，如若对不同的运动尤其是方向相反的运动进行比较，首先要确定一个相应的参考系。相对于不同的参考系会得出不同的运动速度。比如，如果我们以地球上的某一点作为参考系，那么当我们处于静止状态时，我们的运动速度为0；如果我们以太阳作为参考系时，即使我们在地球上处于静止状态，我们的运动速度也不会是0，而是地球绕日运动的速度。芝诺在这一佯谬中，正是由于混淆了不同的参考系，才导致错误结论的产生。

在对“运动场”进行论证过程中，芝诺首先设定了以下的基本条件，即当（A）序列处于静止状态时，（B、C）序列进行等速相向运动。为了分析问题的方便，我们引入两个运动坐标系。

我们设定 B 序列的运动为 S′坐标系，C 序列的运动为 S 坐标系。根据题设条件，我们便得到两个运动坐标系。（见图 3）

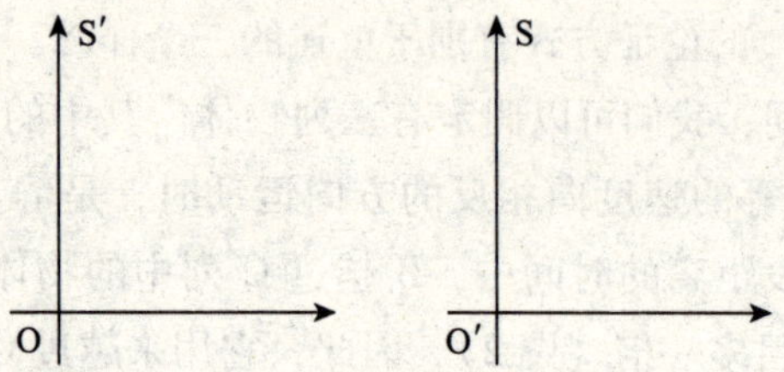

图 3

当（A）序列静止速度 $V_A=0$ 时，并且作为（B）、（C）序列运动的参考系时，那么相对（A），（B）与（C）等速相向运动，故有 $V_B=V_C$（方向相反）。（见图 4）

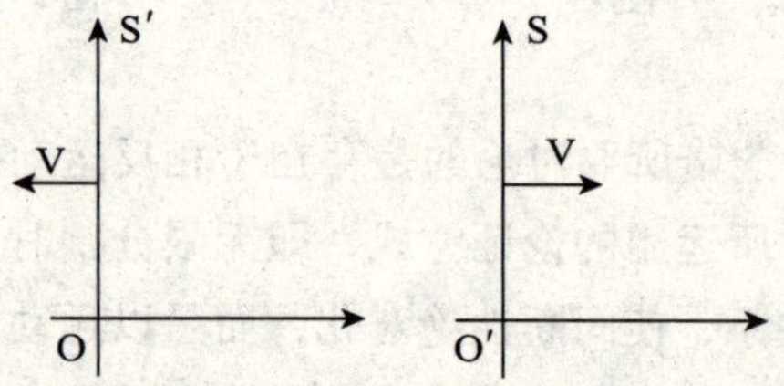

图 4

当（B）在时间 t 中越过（A）中的两个单位时，（C）也在相同的时间 t 中越过（A）中的两个单位，于是有下列的关系式：$\overrightarrow{|S_B|}$（$V_B\cdot t$）$=\overrightarrow{|S_C|}$（$V_C\cdot t$）（距离相等，方向相反。）

我们知道：（B）与（C）是相对运动的两个序列，我们如果把 S′系看成是相对静止的，那么 S 系就以 2v 的速度相对于 S′系运动，（见图 4）由此，我们容易得出：

$\because V_B=V_C$，$\therefore V_B\cdot t=S_B$，$V_C\cdot t=S_C$；

$S_B = S_C = 2$ 个单位。

当S′系相对静止时，S系以2v运动，那么在时间t内则有：$2V_C \cdot t = 2S_c = 4$ 个单位；反之，如果令S系相对静止时，也会得出同样的结果。这时，静止的（A）序列相对于S系或S′系（当规定S系或S′系为参考系时）都有一个速度 $V_A = V_B$（或 V_C），那么在时间t中，（A）越过（B）或（C）必定是2个单位。这样，我们就证得芝诺佯谬中的"在它们都走过同样的一段距离的时间中，B越过C物体数目，要比它越过A列中物体的数目多一倍"的真实性。(图5)

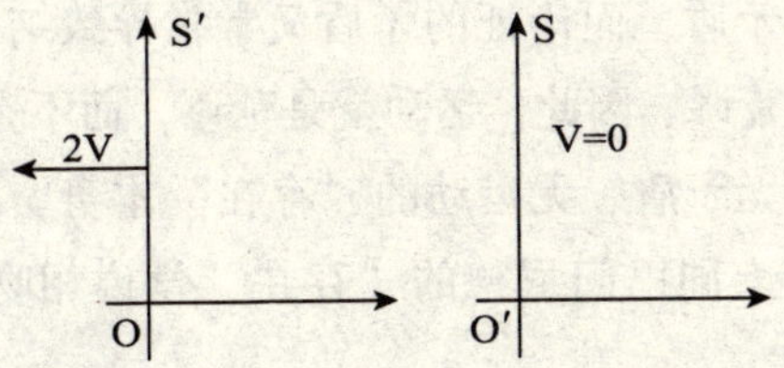

图5

可是接着，芝诺的论证就步入荒谬。他在保持原有题设不变的情况下，竟然得出了"它（指B序列）用来越过C的时间要比它用来越过A的时间长一倍，但是B和C用来走到A的位置的时间是相等的，所以一倍的时间等于一半的时间"的错误结论。这一结论显然同前面的论证是矛盾的，这是因为：如果（A）相对静止时，（B），（C）各以相等的速度相对于（A）作相向运动，那么（B）和（C）到达（A）的位置所用的时间是相等的，而（B）越过（C）的时间也应该同（B）到（A）的位置所用的时间相同。芝诺的错误在于：他一方面将（A）作为整个运动系统的参考系；另一方面又将（C）也作为运动参考系，然后，他将这两个参考系无条件地并列起来，使（C）与（A）相对于（B）都处于静止状态。在这个条件下，（B）越过（A）的2个单位所用的时间当然要比越过（C）的4个单位所用的时间少一倍。之后，芝诺又以诡辩的手段悄悄地恢复了题设条件，即（C）与（B），都是以（A）作为运动参考系的两列相向运动的物体，它们越过（A）的时间是相等的，因而"一倍的时间等于一半的时间"。针对芝诺这个错误结论，黑格尔曾尖锐指出，这个结论的错误是基于芝诺假定了在运动的物体之旁和在静止的物体之旁的东西在相等的时间内以相等的速度走过相等的距离，但这是错误的。

即是说，芝诺所犯的错误，其症结在于：他对运动和静止经常采取割裂的态度，主观任意地玩弄这两个概念，并且不顾任何条件，随意确定运动参考系，混淆或抹煞不同的参考系之间的区别。

当然，芝诺之所以如此歪曲运动和静止的关系，抹煞不同的参考系对于不同的运动物体所具有的不同意义，造成逻辑混乱，从而使论证的结果破绽百出，矛盾重重，其目的无非是为了证明运动即是矛盾和虚妄，只有“存在”才是无矛盾的、真实的。

通过对以上四个佯谬的分析，我们可以从中推导出芝诺进行论证时，在逻辑上所遵循的基本原则，即：由于运动给论证的结论带来灾难性的后果，从而造成整个论证的矛盾，而论证的矛盾又常常导致结论的荒谬，结论的荒谬又在于运动本身的荒谬。因此，运动就是荒谬，而不是唯一、真实的存在。唯一真实的存在就是无矛盾、无运动的“存在”本身。总之，通过这种反证法，芝诺终于在理论上同巴门尼德的“存在”学说相吻合，两者一反一正，殊途同归。

三

芝诺哲学的基调是形而上学的诡辩论，虽然其中也包含一些辩证法的因素，可是芝诺为了论证目的的需要，背离了辩证法，使他思想中的辩证法因素立即被诡辩论所窒息。

列宁指出：“辩证法曾不止一次地做过——在希腊哲学史上就有过这种情形——通向诡辩术的桥梁。”（《列宁选集》第2卷第850页）芝诺就是哲学史上从辩证法滑入诡辩论的代表人物。其表现为，主观任意地运用概念的灵活性。芝诺在他的论证中完全不顾客观事物之间的联系，而是根据自己的需要随意规定和使用概念，他的“运动场”佯谬最能体现这一点。在“运动场”的论证中，他无视各种条件的限制以及各种关系的制约，对包含着各种复杂运动状态和不同意义的概念一律为我所用。在他那里，运动物体的矢量、时间、距离、运动参考系以及运动和静止等因素常常被有意忽略或混淆，它们之间的关系也常常被任意割裂或抹煞，这种对概念灵活性的主观运用是他滑向诡辩论迷谷的主要原因之一。

形而上学的绝对主义是芝诺哲学偏离辩证法的另一种极端表现。他在论证中常以孤立、静止和片面的观点看问题，对运动的连续性和间断性、运动和静止、有限和无限等范畴采取割裂的态度，使它们彼此处于绝对的对立之中，并且夸大其中的一方，而否定另一方。其结果，运动的间断性被绝对化了，两者的对立代替了两者的统一，时空的可分性否定了不可分性，如此等等。

芝诺哲学虽然荒谬，但是其中并非没有一点合理成分，因此不能把他看成形而上学诡辩论的典型而简单地全盘否定。事实上，我们应该看到，芝诺在论证中敏锐地抓住了运动的本质要素、本质关系以及内在矛盾，不自觉地揭示了运动本身所固有的连续性和间断性的矛盾、时空的可分性与不可分性矛盾、运动和静止的矛盾，他还揭示了运动物体间的运动相对性、时空相对性等关系范畴的存在，为后来的思想家深入认识这些矛盾提供了丰富的思想材料，为辩证地揭示运动的本质打下了理论基础。

古希腊的赫拉克利特以他的"一切皆流、一切皆变、无物常在"的朴素辩证法命题表明了他对运动本质的理解。在他看来，"人不能两次踏进同一条河流"，这表明，他只是单纯强调运动的连续性。因此，他对运动的理解是直观的、片面的。

芝诺通过对运动的间断性的揭示，无疑是对赫拉克利特只强调运动连续性的一个否定。尽管他的论证结论是错误的，但是它在人类对运动本质的认识史上却具有极为重要的意义。

辩证唯物主义在继承前人的思想成果基础上，科学地揭示了运动的本质，认为："运动是时间和空间的本质。表达这个本质的基本概念有两个：（无限的）不间断性（KOntinuitat）和点截性 =（不间断性的否定，即间断性）。运动是（时间和空间的）不间断性与（时间和空间的）间断性的统一。运动是矛盾，是矛盾的统一。"（列宁《哲学笔记》第283页）

纵观人类对运动本质认识的发展历史，便不难发现，从赫拉克利特对运动连续性的直观认识到芝诺在概念上对运动间断性的揭示，再到辩证唯物主义将运动的本质科学地表述为连续性和间断性的统一，恰好是一个否定之否定的发展过程，即：赫拉克利特的运动的连续性（肯定）——→芝诺的运动的间断性（否定）——→辩证唯物主义的运动的连续性和间断性的对立统一（否定之否定）。由此可见，芝诺对辩证地揭示运动的本质作出了积极的贡献，他是人类认识运动本质过程中的一个重要发展阶段。

（原载于《河北大学学报》1988年第3期，全文5300字）

论恩格斯晚年关于历史偶然性必然性及其辩证关系的理论

摘要：恩格斯晚年通过对社会历史发展中的偶然性和必然性的客观辩证运动的深刻揭示，不仅正确区分了自然领域和社会领域这一对范畴的区别与联系，而且提出并论证了从偶然性入手认识必然性是揭示历史发展规律的科学方法，揭露了旧唯物主义者陷入唯心主义泥潭的认识论根源，丰富了马克思主义关于偶然性、必然性及其相互关系的理论。

关键词：恩格斯；历史偶然性；历史必然性

马克思主义诞生以前，人类社会历史变迁的千古之谜，犹如浓重的云翳，遮掩着人们探寻社会历史发展的视界。历史上，那些突发的偶然事件，某些人物的偶然行为，往往起着推进或阻滞社会发展进程的巨大作用；因此，历史偶然性与必然性问题，为历代思想家所关注。他们试图从中理出社会发展的基本线索，但是由于割裂了两者之间的辩证联系，因此都无法得出科学的结论。有的人完全否认历史的必然性，过分夸大历史偶然性或个人意志的决定作用。实用主义者胡适认为，个人意志可以左右历史进程，“一言可以兴邦，一言可以丧邦。”在他看来，在“兴邦”与“丧邦”的不同结局之间，个人意志的偶然行为具有决定作用。有的人则完全否认历史偶然性的作用，认为偶然性是由于无知而臆造出来的东西。德谟克利特认为，人们捏造了偶然性这个偶像，借以掩饰他们自己的无判断力。17 世纪荷兰的唯物主义哲学家斯宾诺莎认为，所谓偶然性，只不过是由于人们无知才臆造出来的东西，一旦人们发现引起现象的原因，臆造出来的偶然性就会消失，它就成为必然性。

直到马克思主义诞生，才科学地解决了社会历史偶然性、必然性及其辩证联系的问题，为我们正确认识社会历史的发展提供了科学的认识方法。

马克思在强调社会历史发展的客观必然性的同时，非常重视历史偶然性的作用。他在1871年4月17日写给路·库格曼的信中明确提出："如果偶然性不起任何作用的话，那么世界历史就会带有非常神秘的性质。"[1]

恩格斯是对偶然性和必然性理论进行全面、系统论述的第一个伟大的思想家。他在晚年对历史偶然性和必然性理论的精辟阐述，捍卫和发展了马克思的上述论点，从而丰富和完善了这一对辩证法范畴。他深刻地揭示了社会历史发展过程中的偶然性和必然性的客观辩证运动，为马克思主义历史辩证法理论的进一步系统化作出了卓越的贡献，同时也为我们提供了一个如何通过对历史偶然性的考察，达到对历史必然性认识的科学方法。

一、科学区分自然与社会领域中的偶然性和必然性

恩格斯在其晚年对偶然性和必然性这对范畴做了大量的、深入的研究工作。他既一般地论述了偶然性和必然性的辩证原理，又具体地阐释了这一原理在自然界和社会历史领域内的特殊表现；他既说明了偶然性与必然性在自然和社会领域内发生作用的相似点，又对各自的不同点进行了科学的区分。他认为，偶然性与必然性在自然界和社会历史领域发生作用的共同点在于它们存在并发挥作用的客观性。他明确指出："在似乎也是受偶然性支配的自然界中，我们早就证实，在每一个领域内，都有在这种偶然性中为自己开辟道路的内在必然性和规律性。然而适用于自然界的，也适用于社会。一种社会活动，一系列社会过程，愈是越出人们的自觉的控制，愈是越出他们支配的范围，愈是显得受纯粹的偶然性的摆布，它所固有的内在规律就愈是以自然的必然性在这种偶然性中为自己开辟道路。"[2]恩格斯的这一论断，将偶然性与必然性之间的关系，辩证地统一起来，既坚持了唯物论，又坚持了辩证法。

恩格斯认为，偶然性和必然性这对范畴，在自然界和社会历史领域中，具有不同的表现形式，为此他进行了科学的区分。他指出："社会发展史却有一点是和自然发展史根本不相同的。在自然界中（如果我们把人对自然界的反作用撇开不谈）全是不自觉的、盲目的动力……。在所发生的任何事情中，无论在外表上看得出的无数表面的偶然性中，或者在可以证实这些偶然性内部的规律性的最终结果中，都没有任何事情是作为预期的自觉的目的发生的。"[3]

自然界的辩证发展完全是一种盲目自发力量起作用的结果，偶然性和必然性在自然界中也是通过这种自发力量的形式得到表现。人类社会同自然界不同，社会历史活动的主体是具有意识的人，他所从事的任何活动都是自觉

的、有目的的，由此决定了偶然性和必然性在社会历史领域中的表现形式同在自然界中的表现形式具有不同的特点，这也正是引起历代思想家（马克思主义诞生以前）困惑不解的地方，尤其是历史偶然性的作用，给人们认识社会历史发展的必然性带来极大的困难。首先，历史偶然性往往对社会历史进程产生重大影响；其次，偶然的历史事变常常是人们有意识的活动结果；最后，特定个别历史人物的产生在整个社会历史长河中，具有一定的偶然性，他对社会发展进程的影响常使人们产生一种误解，即个人的思想、行为、意志、品质等因素可以左右社会历史发展的必然性。对此，恩格斯又明确指出："但是，不管这个差别对历史研究，尤其是对个别时代和个别事变的历史研究如何重要，它丝毫不能改变这样一个事实：历史进程是受内在的一般规律支配的。即使在这一领域内，尽管各个人都有自觉期望的目的，在表面上，总的说来好像也是偶然性在支配着。"[4] 恩格斯在这里既强调了社会历史情况的复杂性，指明了偶然性与必然性在自然和社会领域中的差别，同时又明确地告诉人们，尽管历史偶然性造成了认识社会历史必然性的困难，但是社会发展规律是可以认识的。因为社会历史的必然性同自然的必然性一样，也是贯穿于偶然性之中的，并通过历史偶然性而得到表现。亦即：给人们认识历史必然性造成困难的历史偶然性，又恰恰是认识和把握历史必然性的先导。从表面上看，社会历史现象繁杂多变，人们所期望的东西很少能够如愿以偿，许多预期的目的在大多数场合都是彼此冲突、相互矛盾的。但是这种表面上的纷乱无序的社会现象，无数的历史偶然现象以及个别愿望、个别行动的冲突，它们在社会历史领域内便造成了一种同无意识的自然界中占统治地位的状况完全相似的状况，这就是社会历史发展的必然性。

二、从偶然性入手认识必然性是揭示历史发展规律的科学方法

历史唯物主义的主要任务就是揭示社会历史发展的客观规律，然而这是最困难的问题。恩格斯对历史偶然性和必然性理论的阐释，为我们提供了一把解开社会历史发展之谜的钥匙。

唯物辩证法认为，偶然性和必然性是揭示客观事物的发生、发展和灭亡的不同趋势的一对范畴，它们既相互对立、又相互依存，并在一定条件下相互转化。偶然性与必然性的辩证关系具有十分重要的认识论意义。恩格斯根据两者之间的辩证关系，指出："历史事件似乎总的说来同样是由偶然性支配着的。但是，在表面上是偶然性在起作用的地方，这种偶然性始终是受内部

的隐蔽着的规律支配的，而问题只是在于发现这些规律。”[5]恩格斯这一论断，为我们提供了一个认识历史规律的重要方法。一些历史事件或历史人物的活动是以纯粹的偶然形式出现的，但是它始终受内在的历史必然性决定的；历史必然性不是裸露在外的，而是在无穷无尽的历史偶然性之中为自己开辟道路。

就整个人类历史而言，恩格斯认为，它是：“人们自己创造的，但是人们并不是按照共同的意志，根据一个共同的计划，甚至不是在某个特定的局限的社会内来创造这个历史。在创造人类历史的过程中，人们的意向是相互交错的，并以偶然性的形式表现的。”然而，在这里透过各种偶然性来为自己开辟道路的乃是经济的必然性。恩格斯进一步指出：“因此在所有这样的社会里，都是那种以偶然性为其补充和表现形式的必然性占统治地位。”[6]

恩格斯反复强调历史偶然性与必然性之间的关系，是为了向人们昭示一个真理：要认识社会历史的必然性，就不能为历史偶然性所迷惑，后者不过是前者的必要补充和表现形式；而应当以历史偶然性为先导，通过大量的、丰富的历史偶然现象，去揭示历史发展的客观规律。

总之，从历史偶然性入手去认识历史必然性，这是恩格斯为我们提供的认识历史发展规律的科学方法，具有重要的方法论意义，它使得辩证法、认识论在社会历史观中达到了高度的统一，是对马克思主义认识论的重大发展，也是对历史唯物主义的卓越贡献。

三、揭露旧唯物主义者陷入唯心主义泥潭的认识论根源

恩格斯在论述历史偶然性与必然性的历史辩证法时，从另一个侧面揭露了旧唯物主义者在历史观上滑向唯心主义泥潭的认识论根源。

马克思主义认为，历史唯心主义认识论根源就在于他们只是考察了人的思想动机，而不去深究这些动机背后的物质动因；他们认为，推动社会历史前进的动力不是广大人民群众，而是个别英雄人物的历史活动。

唯心主义者在哲学基本问题上所持的一贯立场，逻辑地规定了他们在历史观中的基本态度。但是，旧唯物主义者在自然观上坚持唯物主义基本原则，为什么在历史观上却倒向历史唯心主义？笔者认为，对此应做进一步的研究。除了以往的结论以外，即历史唯心主义的两点认识论根源，旧唯物主义者滑向唯心史观还有其特殊的认识论根源，亦即他们不能正确处理历史偶然性和历史必然性的辩证关系。他们的失足之处在于：他们只是把观察的目光滞留

于历史偶然性上面，而没有以此作为先导，去深入地分析研究，揭示隐蔽其内部的历史必然性。其结果必然被历史偶然性所迷惑，使他们只注意偶然的历史事变、偶然的历史人物对社会历史的影响，最终滑向历史唯心主义。

恩格斯在关于历史偶然性与必然性的论述中，虽然没有明确提出笔者的上述论点，但是在他的有关阐述中却包含了这样的思想。他指出："人们通过每一个人追求他自己的、自觉期望的目的而创造自己的历史。"问题在于"这许多个别的人所期望的是什么。愿望是由激情或思虑来决定的，而直接决定激情或思虑的杠杆是各式各样的。有的可能是外界的事物，有的可能是精神方面动机，如功名心、'对真理和正义的热忱'、个人的憎恶，或者甚至是各种纯粹个人的怪癖"。[7]恩格斯进一步提出：在这些形形色色的偶然动机背后，掩盖的本质内容是什么？"在这些动机背后隐藏着的又是什么样的动力？在行动者的头脑中以这些动机形式出现的历史原因又是什么？"[8]"旧唯物主义从来没有给自己提出过这样的问题"[9]，因为他们仅仅停留在这些历史偶然性上，而且只是"按照行动的动机来判断一切"[10]。而个别人的行动动机在整个社会历史进程中是具有偶然性的。如果按照上述的逻辑，必然会导致"英雄创造历史"的历史唯心主义结论，必然认为"在历史领域中起作用的精神的动力是最终原因。"[11]对此，恩格斯一针见血地指出：旧唯物主义不彻底的地方"并不在于承认精神的动力，而在于不从这些动力进一步追溯到它的内因。"[12]而引发旧唯物主义不彻底的认识上的原因，在于他们只是徘徊于历史偶然现象中间，而不去通过历史偶然性去揭示历史必然性。

哲学史上，旧唯物主义者由此滑向唯心主义的例子不胜枚举。十八世纪法国唯物主义者霍尔巴赫就是如此。他非常重视并过分夸大历史偶然性因素的作用。他认为："说不定是在利比亚的荒原中集聚了一场暴风雨的最初因素，而这场暴风雨会卷到我们这里来，加大我们的大气压力，对一个人的气质和情绪发生影响，……其结果，这个人将会凭着自己的意志决定许多民族的命运。"[13]恩格斯认为，霍尔巴赫的这种观点，实质上是把必然性降低为纯粹偶然性的产物。显然，如果按照旧唯物主义者的这种思想方法来观察社会历史，那么他们必然只会看到偶然事件的作用，个别英雄人物的意志主宰一切，进而认为推动历史前进的动因是精神。他们必然会得出如下结论："一个迷信者的胆汁内过多的辛烈，一个征服者的心中过于灼热的血液，一个专制君主的胃里的消化不良，在某个妇人的精神中闪过的一个幻想，都是一些充分的精神原因，足以酿成战争。……使国家陷于悲惨与贫困，使饥馑和传染病猖獗，使愁苦和天灾在若干世纪的长时期内在我们地球表面上传播蔓延。”[14]甚至“一次节食、一杯水、一次出鼻血，有时就足以挽救一些王国”。[15]

历史唯物主义则恰恰相反，它不只是停留在社会历史的诸多偶然现象上面，而是通过历史偶然性去发现推动社会历史发展的真正动力和动因。

恩格斯在致符·博尔吉乌斯的信中谈到对那些在历史上曾显赫一时的英雄人物的看法时指出：“恰巧某个伟大人物在一定时间出现于某一国家，这当然纯粹是一种偶然现象。但是，如果我们把这个人除掉，那时就会需要有另外一个人来代替他，并且这个代替者是会出现的。”[16]恩格斯还指出：“如果说马克思发现了唯物史观，那么梯叶里、米涅、基佐以及1850年以前英国所有的历史学家就证明，已经有人力求做到这一点。而摩尔根对于同一观点的发现表明，做到这一点的时机已经成熟了。这一观点必将被发现。”[17]恩格斯的上述论断旨在说明，某个伟大历史人物的出现具有一定的偶然性，同时他又是时代的产物。具体而言，伟大人物的出现首先是被那个时代的经济必然性所决定的，但是具体由哪个人来充当英雄人物，则具有偶然性。所以，在考察历史人物时，如果只留意于历史的偶然现象，只注意英雄人物的活动在历史上留下的痕迹，那么势必会夸大个人在历史上的作用。由此可见，历史唯物主义对于历史事件和英雄人物坚持了偶然性与必然性辩证统一的原则，从而有效地克服了旧唯物主义者在观察和分析历史偶然现象时所持的错误立场，科学地解决了对历史偶然性的认识问题。

综上所述，恩格斯晚年对历史偶然性和必然性理论的深入研究，丰富和完善了马克思主义的理论宝库，是对马克思主义历史辩证法的伟大贡献。

（1）恩格斯对历史偶然性、必然性及其相互关系的理论研究，使这一对唯物辩证法范畴的普遍性、客观性得到了全面的、科学的确证，不仅深化了这对范畴的理论内涵，而且使其更加完善化和系统化，并形成了完整的理论。

（2）捍卫和发展了马克思的关于历史偶然性与必然性的基本观点，同一切形形色色的非马克思主义的机械论和非决定论划清了界限。

（3）恩格斯把偶然性和必然性理论具体地运用于社会历史领域，澄清了理论是非，解决了社会历史观上的一些原则问题，从而使辩证法和认识论在历史观上达到了高度的统一。

（4）恩格斯思想中所蕴涵的从历史偶然现象入手，进一步揭示隐藏其后的历史必然性的基本观点，具有非常重要的方法论意义，是对马克思主义科学方法论的发展，为我们正确认识社会发展规律提供了一把钥匙。

(5) 恩格斯在关于如何处理偶然性和必然性关系的论述中，深刻地揭露了旧唯物主义者在历史观上失足的原因之一，在于他们只停留在历史偶然现象的层面上，而不是以历史偶然性为先导，去探究和把握历史必然性，强调了掌握偶然性与必然性这一历史辩证法所具有的重要理论意义。

参考文献

[1] 马克思：《马克思恩格斯选集》第4卷，人民出版社，1972年，第939页。

[2] 恩格斯：《马克思恩格斯选集》第4卷，人民出版社，1972年，第171页。

[3] [4] [5] 恩格斯：《马克思恩格斯选集》第4卷，人民出版社，1972年，第243页。

[6] 恩格斯：《马克思恩格斯选集》第4卷，人民出版社，1972年，第506页。

[7] [8] [9] [10] [11] [12] 恩格斯：《马克思恩格斯选集》第4卷，人民出版社，1972年，第244页。

[13] 北京大学哲学系编译：《十八世纪法国哲学》，商务印书馆，1979年，第596页。

[14] [15] 霍尔巴赫：《自然的体系上册》，商务印书馆，1977年，第216~217页。

[16] [17] 恩格斯：《马克思恩格斯选集》第4卷，人民出版社，1972年，第507页。

(原载于《河北大学学报》1993年第2期，全文6000字)

【工人阶级理论研究】

工人阶级要成为社会主义荣辱观的模范践行者

摘要：中共中央总书记胡锦涛同志提出了以“八个为荣，八个为耻”为主要内容的当代社会主义荣辱观，将世界观以及由世界观决定的人生观、价值观、道德观有机地融为一体，为当代中国社会主义的时代精神增添了新的内涵。工人阶级不仅是建设社会主义现代化的主力军，而且要成为大力实践社会主义荣辱观的积极倡导者和模范践行者。工会教育职工群众，首先要加强社会主义荣辱观的教育，以建设“四有”职工队伍为目标。

关键词：工人阶级；社会主义荣辱观；工会组织

2006年3月4日，中共中央总书记胡锦涛同志在看望出席全国政协十届四次会议的委员时，站在时代的高度，提出了以“八个为荣，八个为耻”为主要内容的当代社会主义荣辱观，即“以热爱祖国为荣、以危害祖国为耻；以服务人民为荣、以背离人民为耻；以崇尚科学为荣、以愚昧无知为耻；以辛勤劳动为荣、以好逸恶劳为耻；以团结互助为荣、以损人利己为耻；以诚实守信为荣、以见利忘义为耻；以遵纪守法为荣、以违法乱纪为耻；以艰苦奋斗为荣、以骄奢淫逸为耻。”

胡锦涛总书记提出的八对关于荣与辱的价值判断高屋建瓴，言简意赅，生动鲜明，构成了一个完整的价值判断系统，将世界观以及由世界观决定的人生观、价值观、道德观有机地融为一体，科学、准确地揭示了当代中国在发展社会主义市场经济过程中人们如何正确对待荣辱问题的本质内容，为我们正确树立社会主义荣辱观及其行为规范提供了重要的判断标准，为当代中国社会主义的时代精神增添了新的内涵，成为建设社会主义先进文化的重要指导思想，对于我们建设社会主义精神文明、弘扬优秀的传统文化、净化社会空气、净化人们的心灵、规范人们的行为具有非常重要的现实指导意义。

一、工人阶级是社会主义荣辱观的集中体现者

中华民族在其绵延5000多年的历史长河中，不仅创造了灿烂的物质文明，而且创造了博大精深的传统文化，成为闻名于世的“礼仪之邦”。古往今来，在中国历史发展的漫长过程中，不乏有仁人志士为了实现爱国理想不惜抛头洒血，战死疆场，马革裹尸，死而后已，留英名于后世；也不乏有忠义君子志存高远，守望良知，磊落大方，独善其身，传美名于后人。他们以亲身践行的形式诠释着中华民族传统文化的真谛，他们的浩然正气为千秋传唱，为万代记诵。

然而，真正集优秀文化传统于一身，并不断将其发扬光大的是中国历史上最伟大的阶级——中国工人阶级。惟其伟大，是因其胸怀宽广，理想远大，能够为实现本阶级既定的崇高目标而奋斗不息，冲锋不止；能够影响和带动全国各族人民为了实现共同的美好愿景——中华民族的振兴与腾飞而百折不挠，不断进取。在中国革命和社会主义建设的各个历史时期，在改革开放、建立和发展社会主义市场经济的新形势下，中国工人阶级在中国共产党的领导下，始终傲然挺立于时代潮头，引领社会发展方向，成为革命和建设的开路先锋。他们在长期的革命斗争和建设实践中，将“特别能战斗”的精神书写在自己光辉的旗帜上，形成了工人阶级的先进性质，形成了祖国和人民的利益高于一切，艰苦奋斗，大公无私，团结互助，步调一致等高尚品格，这些优秀品格升华为时代的主旋律，成为时代精神的重要组成部分。在中国工人阶级这支久经考验的光荣队伍中，涌现出无数英雄模范人物，诸如20世纪50年代的马恒昌、王崇伦，60年代的“铁人”王进喜，80年代的赵春娥、罗健夫、蒋筑英，90年代的李素丽、徐虎、孔繁森，等等，他们以“社会主义是我们的，我们不干谁干”的铿锵话语，唱响了时代的主旋律，以高度的主人翁热情积极投身于伟大的社会主义建设事业的滚滚洪流之中。虽然他们所处的历史时期或工作环境不同，但是他们的“劳模精神”却有着共同的特点：在荣辱问题上态度鲜明，立场坚定。他们都以国家和人民的利益为重，为了全局利益，他们能够舍小家而顾大家，并引以为荣；为了集体的利益，他们能够忘我工作，艰苦奋斗，无私奉献，为此他们感到无上荣耀；工人阶级的优秀品质和社会主义的荣辱观凝聚在他们的一言一行中，产生了极大的社会示范效应，成为我们社会的楷模，人人学习的榜样。

在构建社会主义和谐社会的伟大实践中，当代工人阶级以与时俱进的精

神，继承和发展了我国工人阶级的光荣传统及其先进性，主要体现在对社会主义现代化建设的推动上，体现在对中华民族优秀传统文化的继承和创新上。胡锦涛同志关于“八个为荣，八个为耻”的当代社会主义荣辱观在工人阶级身上都得到了完美体现。实践证明，中国工人阶级不仅是建设社会主义现代化的主力军，而且是社会主义先进文化的创造者、社会主义精神文明的建设者和中华民族优秀传统文化的继承者和践行者。

二、工人阶级要成为社会主义荣辱观的模范践行者

建立和发展社会主义市场经济过程，充满崎岖与坎坷。在我国物质文明建设取得有目共睹的辉煌成就的同时，精神文明建设领域里，并非都是华美乐章，因为不时出现的与时代主旋律相悖的不和谐音符表明，一些优秀的文化传统、价值观念与道德规范正面临严峻挑战。社会上出现的盲目崇尚西方颓废的价值观念，对社会主义荣辱观带来严重的冲击；一些官员丧失了全心全意为人民服务的公仆意识，利用职权大搞权钱交易，贪污腐化，或者追求骄奢淫逸、好逸恶劳的消极生活方式，道德沦丧，败坏了党风，造成极坏的社会影响；一些人为了获得一己私利而不惜损害他人利益，甚至铤而走险，挑战法律，违法乱纪，严重扰乱了社会秩序。这些丑恶现象的存在，扭曲了荣辱观念，造成许多负面影响，正在毒化社会空气，毒化人们的心灵，导致一些人不辨真伪、不明善恶、不识美丑、不分荣辱，与构建社会主义和谐社会不相协调。

在全面建设小康社会的过程中，经济发展需要一个和谐的社会氛围，需要社会成员具备积极向上的精神风貌，需要繁荣稳定的社会文化环境。一个社会如果是非不清，荣辱不辨，那么这个社会是没有任何前途的。因此，发展经济，构建社会主义和谐社会，建设创新型国家，呼唤着社会主义荣辱观的真正回归。工人阶级不仅是建设社会主义现代化的主力军，而且要成为大力实践社会主义荣辱观的积极倡导者和模范践行者，应以其良好的精神面貌和积极的示范效应，向人们展示工人阶级的时代风范，向人们昭示何者为荣、何者为耻的价值判断标准，进而影响整个社会，使社会成员能够明辨什么是真善美，什么是假丑恶；使社会空气得到净化，丑恶现象无处藏身；使社会主义荣辱观日益深入人心，为经济建设营造一个良好的社会环境。

三、建设“四有”职工队伍要充分发挥工会组织的作用

“打铁还须本身硬”。工人阶级要成为社会主义荣辱观的积极倡导者和大

力弘扬者，其本身就应当牢固地树立社会主义荣辱观，成为忠实模范的实践者；就必须按照社会主义荣辱观的基本要求，通过不断加强“四有”职工队伍的建设，使其思想政治素质得到全面提高。

但是，不可否认的事实是，我国工人阶级在建设社会主义市场经济过程中，面临着一系列新情况和新问题。不断深化的企业改革，使一些职工下岗或分流，必然在思想上产生波动；因劳动关系矛盾激化，导致一部分职工的切身利益与合法权益不同程度地受到损害；由于大量的农村富余劳动力进城务工，他们为工人阶级队伍输送了新鲜血液，已经成为工人阶级的重要组成部分，但是在思想意识上尚未得到自我确证。工人阶级队伍这些新的变化，提出一个非常重要的现实问题，就是如何继续保持和发扬工人阶级的先进性，如何教育工人阶级新成员在组织上、思想意识上尽快融入工人阶级队伍之中。作为党联系职工群众桥梁与纽带的工会组织，在全面贯彻“组织起来、切实维权”的工会工作方针的同时，应当充分履行教育职能，充分发挥思想政治工作的优势，义不容辞地担负起团结职工、教育职工、引导职工、不断提高其思想政治觉悟的时代重任。

当前，工会教育职工群众，首先要加强社会主义荣辱观的教育。社会主义荣辱观是社会主义价值观的集中体现，是凝聚人心、实现社会主义奋斗目标的强大思想武器，是加强职工思想政治建设的基本内容，也是造就社会主义“四有”职工队伍的重要途径。通过对广大职工群众实施社会主义荣辱观的教育，可以使其明辨是非，树立起正确的世界观，并在正确世界观的指导下，树立起正确的人生观、价值观和道德观，不断增强工人阶级的历史使命感，全面提高工人阶级的思想政治素质和道德水平。

胡锦涛总书记提出社会主义荣辱观之际，正逢实施“十一五”规划的开局之年。工会组织要充分利用这一有利契机，将加强社会主义荣辱观的教育作为工会思想政治工作的基本内容，努力培养和造就一支“有思想、有道德、有文化、有纪律”的社会主义“四有”职工队伍，为实现“十一五”规划建功立业，为建设小康社会贡献力量。

（原载于2006年3月21日《工人日报》，全文3290字，中国人民大学复印报刊资料《工会工作》2006年第3期全文转载）

我国当代工人阶级先进性特征及其表现研究

——兼论工人阶级先进性研究的方法论原则

摘要： 工人阶级先进性是与时代的前进同步的，每一个时代都会有与该时代相适应的内涵和表现形式。当代中国工人阶级正在发生结构性变化，增加了许多新成分，改变了工人阶级高度同质性特征及其传统形象。在新的历史时期，正确认识和把握工人阶级先进性，澄清在这个问题上的模糊认识，应以党的三代领导核心有关思想，尤其是“三个代表”重要思想为方法论，坚持实事求是、辩证分析、总体性以及与时俱进的原则。在新形势下，应当继续保持和发展工人阶级的先进性，这是增强党的阶级基础的内在要求，也是工人阶级完成所担负的历史使命的必然要求。

关键词： 工人阶级；先进性；特征；表现形式；方法论原则

工人阶级先进性问题，在当代中国，既是一个重大的理论问题，也是一个非常复杂的现实问题。尤其在经济全球化的背景下，随着我国社会主义市场经济的不断推进和产业结构的不断调整，一部分国有企业职工在企业改制或破产中失去工作岗位，基本生活得不到有效保障，成为城市困难群体；在一些非公有制经济的企业里，工人的合法权益经常被雇主所侵害，经济地位低下；在有的企业里，由于职代会制度没有真正落实，民主管理流于形式，职工因其地位下降，感到自己已经不是企业的主人，在心理上产生强烈的失落感；自改革开放以来，工人阶级队伍发生了新的变化，增加了许多新的成分，改变了工人阶级高度同质性特征及其传统形象，同时也改变了一些人对工人阶级的基本看法，等等。以上这些现象，同工人阶级的先进性问题直接相关，主要体现在，这些现象的暂时性，常常成为正确认识当代中国工人阶级先进性的思想障碍，成为人们对工人阶级产生理论困惑的现实基础。因此，加强对工人阶级先进性的研究，进一步廓清在这一问题上的思想障碍和模糊认识，无论从理论上还是从实践上，都是非常必要的。

首先，科学、全面、准确地认识当代中国工人阶级及其先进性，是丰富和发展马克思主义工人阶级理论的必然要求。马克思主义关于工人阶级理论是一个开放和不断完善的思想体系，需要根据变化的形势和工人阶级的历史实践不断地丰富、完善和发展。这一体系中的个别理论观点应当根据发展的形势不断地进行自我更新和完善，以便更好地指导工人运动实践。

其次，为在新形势下进一步贯彻落实党的“全心全意依靠工人阶级”根本方针提供理论依据和实践基础。全心全意依靠工人阶级是我们党一贯坚持的根本指导方针。在当前形势下，能否正确认识工人阶级先进性，直接关系到工人阶级还是不是党的依靠力量这一根本的重大原则问题。正确认识这个原则问题，有助于统一全党的思想认识，坚定不移地贯彻落实全心全意依靠工人阶级的根本方针。

再次，正确认识工人阶级先进性，也是贯彻落实“三个代表”重要思想的内在要求。“三个代表”是党的先进性的集中体现，而党的先进性又决定于工人阶级的先进性。这样一种决定关系，要求我们必须正确认识工人阶级的先进性，并对当代中国工人阶级先进性特征及其表现作出科学、准确的概括，上升到真理性认识。

最后，正确认识当代工人阶级先进性，是进一步澄清在这个问题上存在的各种错误议论、错误观点的必然要求，有利于巩固党的阶级基础，调动工人阶级的积极性，充分发挥工人阶级在社会主义市场经济建设中的主力军作用。

一、党的三代领导核心对中国工人阶级先进性的深刻阐述

中国工人阶级是一个具有光荣革命传统的伟大阶级。在中国共产党的领导下，中国工人阶级在反对和推翻帝国主义、封建主义和官僚资本主义“三座大山”的艰苦卓绝斗争中，前赴后继、奋勇当先，将“特别能战斗”的精神书写在自己光辉的旗帜上，成为中国革命的领导阶级，为中华民族独立和中国人民解放事业作出了不可磨灭的历史贡献。同时，中国工人阶级在长期的革命斗争实践中，形成了本阶级的优点，即先进性。毛泽东同志在《中国革命和中国共产党》一文中，对中国工人阶级先进性作出科学而精辟的概括，他指出：“中国无产阶级除了一般无产阶级的基本特点，即与最先进的经济形式相联系，富于组织性纪律性，没有私人占有的生产资料以外，还有它的许多特出的优点。”“第一、中国工人阶级身受三种压迫……；因此，他们在革

命斗争中，比任何别的阶级来得坚决和彻底。”“第二、中国无产阶级开始走上革命的舞台，就在本阶级的革命政党——中国共产党领导之下，成为中国社会里比较最有觉悟的阶级。第三、……，中国无产阶级和广大的农民有一种天然的联系，便利于他们和农民结成亲密的联盟。”[1](P39)建国前夕，毛泽东同志对工人阶级的先进性又作出进一步阐述，指出：“人民民主专政需要工人阶级的领导。因为只有工人阶级最有远见，大公无私，最富于革命的彻底性。”[2](P20\21)毛泽东同志在新民主主义革命中对工人阶级先进性所作的经典性论断，丰富和发展了马克思主义关于工人阶级的理论宝库，他立足于中国的现实国情，运用马克思主义阶级分析的方法，对中国工人阶级进行了深入的分析，不仅指出了工人阶级普遍具有的先进性品格，而且鲜明地提出了中国工人阶级特有的先进性及其表现，为我们客观、全面、深刻地理解我国工人阶级先进性提供了科学的方法论原则。

建国以来，工人阶级作为国家的领导阶级，在党的领导下，继承和发扬了本阶级的先进性，在社会主义革命和建设中，为改变我国“一穷二白”的落后面貌，发挥了巨大作用，建立了不朽的历史功勋。值得注意的是，在这一过程中，工人阶级队伍也发生了变化，知识分子成为工人阶级的一部分。邓小平同志在全国科学大会开幕式上的讲话中明确提出：“在社会主义社会里，工人阶级自己培养的脑力劳动者，与历史上的剥削社会中的知识分子不同了。”“但总的来说，他们的绝大多数已经是工人阶级和劳动人民自己的知识分子，因此也可以说，已经是工人阶级自己的一部分。”[3](P110)同时，他对知识分子作出一个总体判断，认为：“二十八年来，我们的科学技术队伍，在毛泽东思想的哺育下，确有很大的进步。绝大多数科学技术人员热爱党、热爱社会主义，努力同工农兵相结合，满腔热情地对待自己从事的科学技术工作，做出了成绩。”“这样的队伍，就整个说来，不愧是我们工人阶级自己的又红又专的科学技术队伍！”[4](P114)如何看待知识分子问题，不仅关系到党的知识分子政策能否落实，而且也关系到对知识分子作为工人阶级队伍的重要组成部分的正确认识。邓小平同志在党的十一届三中全会召开前夕，对知识分子作出的总体评价，实质上就是对建国以来，我国知识分子作出的历史性贡献以及所表现出来的“又红又专”先进特点的全面肯定，从而更加丰富了我们对工人阶级先进性的认识。

在改革开放、发展社会主义市场经济新的历史条件下，我国工人阶级队伍伴随着急剧发展变化的形势，发生了不同于以往的重大变化，这种变化主要体现在工人阶级数量、内部构成、整体素质等方面。具体而言，在经济结构趋向多元化以及市场化的情况下，改变了传统工人阶级高度同质化的状况，其成分日益复杂，其队伍迅速壮大，其内部出现了不同的利益群体。面对工人阶级发生的种种变化，社会上出现了各种各样的模糊认识。有人认为，工人阶级已经不是先进的生产力和生产关系的代表，因此没有先进性了；有人认为，工人阶级没有社会地位了，因此也不是主人了；有人甚至怀疑工人阶级能否成为我党依靠的力量。

江泽民同志在“七一”重要讲话中，站在时代的高度，高屋建瓴，对我国改革开放以来工人阶级发生的新变化作出科学的分析，非常明确地指出，这些变化“并没有改变我国工人阶级的地位，而且从长远看有利于提高工人阶级的整体素质，发挥工人阶级的整体优势。”[5](P39) 江泽民同志的上述论断，精辟地分析并肯定了当代工人阶级新变化对于工人阶级先进性的积极影响，为我们深刻认识新的历史条件下，我国工人阶级的新变化及其所表现的先进性，提供了指导原则。

从上述党的三代领导核心在不同的社会历史阶段，对中国工人阶级先进性及其认识方法的深刻论述，可以得出以下重要结论：工人阶级的先进性不是抽象的，而是具体的、历史的，是随着时代的发展而发展。无论在什么样的社会条件下，也无论处于何种复杂的形势中，工人阶级内在本质是不会改变的，工人阶级作为党的阶级基础不会改变，工人阶级作为党的依靠力量不会改变，工人阶级作为国家和社会的主人翁的身份不会改变，工人阶级的先进性也不会改变，并在新的形势下得到进一步的发展。但是它的具体内容和表现形式却不是固定不变的，而是随着时代的发展和社会进步，不断地被赋予崭新的内涵，不断打上时代的印记。党的三代领导核心关于工人阶级先进性及其认识方法的重要论述，还给予我们如下启示：工人阶级先进性是与时代的前进同步的，每一个时代都会有与该时代相适应的内涵和表现形式，如果看不到工人阶级这种与时俱进的基本特征，就不能正确认识和理解当代中国工人阶级的先进性质，就会被一些表面现象所迷惑，看不到事物的本质。

二、正确认识当代中国工人阶级先进性的视角与方法

当代中国工人阶级队伍正在发生前所未有的结构性变化，具有这个时代的本质特征。毋庸讳言，这种新变化为全面准确地认识工人阶级先进性造成许多困难。具体而言，在理论层面上，传统的工人阶级理论已经无法解释这

种新变化，而现实的理论探讨要么是对个别现象的研究，要么是在表象的层次上进行描述，还没有进行比较深入系统的研究和论证，社会上甚至还存在怀疑或否定工人阶级先进性的错误言论和理论观点；在实践层面上，一部分职工暂时的困难状况如同障眼的云翳，极易使人们产生以偏概全的思想认识，而工人阶级队伍内部结构所呈现的复杂性更增加了对于其内部某些利益群体先进性的认识困难，同时一些固有的社会偏见也常常左右人们对工人阶级某些群体的准确把握。很明显，这里主要涉及到怎样认识工人阶级的视角和方法问题。就大的原则而言，应当以马克思主义以及党的三代领导核心关于工人阶级先进性的思想，尤其是江泽民同志的“三个代表”重要思想作为根本的方法论原则，并将其贯彻于认识的始终。此外，认识工人阶级的先进性还应坚持运用以下具体的研究方法。

1. 坚持从实际出发，实事求是的原则

从实际出发，实事求是，是我们党的思想路线，也是我们党解决重大理论问题和实践问题的重要方法论原则。研究工人阶级先进性，必须坚持这一原则。

其一，应坚持从我国的具体国情出发。从历史上看，近代中国是一个半封建半殖民地的落后国家。正是处于这样一种国情之中，中国工人阶级形成了不同于世界上其他国家工人阶级的独特优点。从现实上看，我国是一个发展中国家，是一个农业大国，处于社会主义初级阶段。我国经济建设的市场化和现代化的实现过程，就目前而言，仍然伴随着工业化的进程，同时又面临新经济的强烈冲击以及来自经济全球化的严峻挑战，这就决定了我国工人阶级内部结构变化的复杂性。科学地认识我国工人阶级内部的变化，是正确认识工人阶级先进性的前提，而工人阶级发生的新变化，又是置根于我国的现实国情之中。因此，立足于中国的具体国情，应当始终是我们认识工人阶级先进性的基本出发点。

其二，应坚持从工人阶级队伍的新变化这个实际出发。工人阶级在自身的发展过程中，经历了不同的社会历史阶段，发生了不同的变化，与此相应，其先进性也在不断地发展。改革开放以来，我国工人阶级发生了巨大的历史性变化，其内部形成不同的利益群体，除了传统的产业工人、第三产业劳动者以及经营管理者群体以外，知识分子作为工人阶级的一部分，进一步提升了本阶级的整体素质；大量的农村劳动力向城市转移，他们正在实现由农民向工人身份的转变，这就是作为工人阶级重要组成部分的新型工资劳动者群体，他们既不是传统意义上的工人，也不是传统意义上的农民，但是他们具备了工资劳动者的基本特征。此外，城市离退休人员和下岗人员，也是工人阶级队伍的组成部分。工人阶级内部分化所带来的变化，是分析和研究工人阶级先进性的客观基础。只有着眼于这一变化，才能从纷繁复杂的现象中理出头绪，进而达到对工人阶级先进性的规律性认识。

2. 总体性原则

这也是马克思主义关于工人阶级研究所应遵循的基本原则。这一原则要求必须从“总体工人”的角度去认识工人阶级。马克思曾经提出过“总体工人”的概念，他认为：“随着劳动过程本身的协作性质的发展，生产劳动和它的承担者即生产工人的概念也就必然扩大。为了从事生产劳动，现在不一定要亲自动手；只要成为总体工人的一个器官，完成它所属的某一种职能就够了。”[6](P556) 如果把马克思关于“总体工人”的思想作为一般的方法论原则，即“总体性”原则，用来观察和分析当代中国工人阶级的新变化，就可以避免只是把生产一线从事体力劳动的工人看作工人阶级的偏狭认识，不断开阔视野，从而在更加完整的意义上去认识工人阶级及其先进性表现。事实上，随着现代科学技术快速发展，知识分子以及具有较高知识水平的知识型劳动者的人数在不断增多，传统意义上的产业工人随着产业结构调整、企业技术改造以及高新技术的应用，其队伍规模正在不断缩小，过去那种产业工人就等于工人阶级的看法，已经落后于时代的发展。此外，运用总体性原则，要求我们必须把工人阶级作为一个有机整体，而不是割裂其内部各个群体之间的相互联系，片面突出其中的某一个部分。应当看到，有的研究者在研究工人阶级过程中，只是局限于产业工人，或者只是看到新型工资劳动者的某些不足，在认识上犯了“只见树木，不见森林”的片面性错误，这样得出的结论必然是不科学的。

3. 辩证分析的原则

对于工人阶级先进性的认识，不仅要从整体上进行全面把握，而且也要对工人阶级内部各个群体的具体情况进行具体分析。坚持辩证分析的原则，要求在分析过程中，运用辩证的方法，对具体对象及其所具有的特质进行具体分析，对工人阶级内部各个群体之间存在的客观差异进行辩证分析，透过纷纭复杂的现象认识本质；而不是对一些现象采取简单的办法，笼统地进行直观的比较和判断，甚至对各个群体之间内在规定以及存在的客观差异不作任何区别，一概而论，进行平行并列比较，这样势必犯简单化的错误，进而得出工人阶级内部某些群体具有先进性，而某些群体没有先进性的错误结论。比如，将知识分子群体同新型工资劳动者群体作简单的比较，得出的结论必然是知识分子代表最先进的社会生产力，具有先进性，而新型工资劳动者不过是进城打工的农民工，没有任何先进性。当前，有相当多的人持有这种看法，有必要全面纠正这样的看法。

如上所述，在对工人阶级内部各个不同群体进行辩证分析过程中，不能作笼统的比较，而应当看到，工人阶级内部各个群体虽然在先进性的表现形式上有所区别，但是都有一个共同点，即他们都从各自的领域推动了社会生产力的发展，推动了社会的进步。因此，应以两个标准作为判断其先进性的基本依据：一是工人阶级的先进性应当同社会发展目标和社会发展规律相一致；二是工人阶级是社会全面进步与发展的主要推动力量，并体现在社会的各个领域里和不同的发展阶段上。比如，在对新型工资劳动者先进性的辩证分析中，根据上述两个依据可以看出，他们的先进性不仅体现在进入城镇打工，为社会创造物质财富，推动经济发展等方面，而且还体现在他们的社会行为客观上促进了小城镇的快速发展，正在改变中国传统的城乡二元社会结构，建构城、镇、乡新的社会结构，有力地推动了我国城市化的发展。具体而言，我国在由传统的农业社会向工业化社会推进过程中，很大程度上是由农村中大量富余劳动力进镇、进城务工拉动的，这种拉动作用一方面改变了农村单一的产业结构，促进了乡镇企业发展；另一方面，促进了小城镇的建设，改变了传统的城乡二元格局。据有关统计，改革开放20多年来，我国小城镇发展提高了10倍，1985年小城镇为7956个，2001年增加到19555个，[7](P381)有1亿农民脱离农村进入城镇。应当说，农民工即新型工资劳动者这种拉动作用就是其先进性的体现。又比如，对于城市下岗职工群体，不能因为他们下岗而抹煞他们曾经为国家的经济建设作出过的历史性贡献。在经济结构调整中，他们的下岗，完全可以被视为我国改革成本的最大承担者，他们下岗本身就是对国家建设与发展的一种贡献。我国传统的产业工人在社会主义建设的历史中曾经发挥了巨大作用，为国家积累了财富，奠定了我国国民经济基础。当前，在我国实现工业化的进程中，产业工人仍然发挥巨大的推动作用，他们是实现我国工业化目标的主力军。随着新经济的兴起，知识经济已初露端倪，我国正在实现工业化的目标，同时向高新技术社会进行转变。在促进这一转变过程中，以知识分子为主体的知识型劳动者正在发挥决定性的作用。

运用辩证分析的方法认识当代工人阶级先进性，同运用总体性原则认识工人阶级先进性并不矛盾，其目的都是为了深刻揭示工人阶级先进性的本质规定，只是认识的途径有所区别。前者是通过对工人阶级内部各个不同群体内在差异及其在先进性上的不同表现进行分析，来深刻揭示工人阶级先进性，就这个意义而言，对工人阶级内部群体作辩证分析是十分必要的，也是最有说服力的；后者则是把工人阶级作为一个阶级整体来揭示其先进性。两者均不可偏废。

4. 与时俱进的原则

与时俱进是我国工人阶级固有的特点，工人阶级的先进性在不同时代具有不同的内容。只要时代在前进，工人阶级总是能够适应于时代的要求，代表时代的发展方向，走在时代的最前列。因此，分析和研究工人阶级先进性，应当根据工人阶级这一特点，坚持并运用与时俱进的原则，始终用发展的眼光去看待工人阶级。坚持把对工人阶级先进性的认识放到推动当代中国先进生产力和先进文化的发展中去考察，放到实现最广大人民群众根本利益的奋斗中去考察，必须把对工人阶级的先进性的认识建立在与时代发展相一致的基础上。只有这样，才能真正认识和理解工人阶级先进性的本质特征。

三、我国当代工人阶级先进性特征及其表现

通过上述分析，可以得出一个总的结论：当代中国工人阶级的整个阶级都是最先进的，其内部各个群体也都表现出富有时代色彩的先进性质及特征；当代中国工人阶级仍然是最有觉悟、最有远见、组织纪律性最强、革命最彻底、最富有大公无私精神和牺牲精神的伟大阶级，他们在新的社会历史条件下，继承了工人阶级的光荣革命传统，并将这一传统发扬光大。在新的历史条件下，工人阶级始终走在时代的最前列，同时又表现出最富有创新精神、奉献意识和大局观念，以及民主意识最强、改革最坚决等新的时代特征，进一步发展了工人阶级传统的先进性。他们的先进性主要体现在以下几个方面。

1. 具有勇于改革创新、开拓进取的精神，是推动我国社会生产力发展和现代化建设的基本力量

自改革开放以来，我国工人阶级在党的领导下，以敢想、敢闯、敢干、敢试、敢为天下先的精神，不断进行技术创新、制度创新、观念创新，积极支持改革，义无反顾地投身于改革的伟大事业，甚至不惜牺牲自己的利益。就这个意义而言，没有工人阶级的积极支持和主动参与，我国的改革开放事

业是无法取得成功的，我国的现代化建设目标也是无法实现的。随着科学技术的进步和产业结构调整，工人阶级与社会化大生产、知识经济、信息化等先进生产方式的结合更加紧密，成为先进生产力的代表者和推动者。工人阶级继承和发扬了本阶级“特别能战斗”的精神，创造出一个又一个的奇迹，为生产力的解放和发展开辟了广阔道路，为我国综合国力的提高作出巨大贡献。据统计，新中国成立以来，在整个国民经济份额中，工人阶级创造的财富，从1952年占全部国家收入的26.8%上升到1999年的72.1%，改革开放前的1978年，我国国内生产总值为3624.1亿元，[8](P265) 2001年仅工业生产总值就达到95448.98亿元[9](P423)。另据统计，1978年我国原煤年产量6.18亿吨，2001年达到11.61亿吨，增长1.88倍；1978年钢产量3178万吨，2001年为15163.44万吨，增长4.77倍；1978年发电量2566亿千瓦小时，2001年达到14808.02亿千瓦小时，提高5.77倍；1978年年产汽车14.91万辆，2001年升至234.17万辆，增长15.7倍；微型计算机1990年为8.21万部，2001年达到877.65万部，提高106.9倍。[10](P474~475)

工人阶级在实现我国工业化的进程中，面临来自市场竞争的压力和来自新经济的挑战，但是，他们敢于迎接各种挑战，努力学习各种新知识、新理论，用先进的知识武装自己的头脑，传统的工人阶级队伍正在向知识化的工人阶级队伍转化。他们在生产实践中，积极借鉴外国先进的知识、技术和管理经验，有力地促进了知识和技术向现实生产力的转化，极大地推动了我国社会生产力水平的提高。据统计，1995年全国技术市场成交额为2683447万元，2001年上升为7827489万元，短短7年时间，提高了2.9倍。

2. 具有优秀的思想道德素质和科学文化素质，是中国先进文化的创造者、传播者、实践者和捍卫者

工人阶级不仅是物质文明的创造者，先进生产力的代表，同时也是精神文明的创造者，是先进的精神生产力的代表。中国工人阶级以马克思主义为指导，在继承和发扬中华民族优秀文化传统的基础上，瞄准世界科学文化发展的前沿，不断创造和发展具有中国风格的、有中国特色的社会主义文化。以马克思主义、毛泽东思想、邓小平理论武装起来的当代中国工人阶级，在社会主义现代化建设的伟大实践中，表现出与时俱进的时代风貌和高度的思想道德水平，涌现出一大批王启民、包起帆、李素丽式的先进模范人物，教育和带动了其他社会成员，进而提升了全民族的思想道德素质。在当代中国，知识分子作为工人阶级重要组成部分，从整体上提高了工人阶级的科学文化

素质。据统计，1978 年，我国国有企事业单位专业技术人员为 434.5 万人，2001 年则达到 2169.8 万人，是 1978 年的 4.99 倍。[11](P703) 2001 年全国专业技术人员总和达到 3053.3 万人。[12](P138) 在提高科学文化素质的同时，也使得工人阶级内部充满活力和创新精神，为推动我国科学技术和教育事业的发展和文化艺术的繁荣作出巨大贡献。

工人阶级不仅是先进文化的创造者、传播者和实践者，而且也是先进文化的捍卫者。改革开放以来，国外一些颓废消极的文化通过各种传播媒介和渠道渗入国内，国内的黄赌毒以及封建迷信也在一些地区沉渣泛起，特别是邪教组织“法轮功”更成为一大社会公害。因此，有效地抵制不良文化的袭扰，消除腐朽没落文化的侵蚀所带来的负面影响，反对封建迷信，同反对像“法轮功”那样的邪教组织给整个社会造成危害，就成为有中国特色社会主义文化建设中的一项重要任务。工人阶级在党的领导下，以马克思主义为指导，在继承我国优秀传统文化和创建先进文化的过程中，用马克思主义占领文化主阵地，反对一切消极颓废的文化，同“法轮功”邪教组织进行坚决斗争，有效地维护了全国人民的精神利益，繁荣了健康向上的社会主义文化园地。

3. 具有胸怀全局、无私奉献的优秀品格，始终为中国最广大人民群众的根本利益而不懈奋斗

工人阶级作为先进生产力和先进文化的创造主体和实现它们的根本力量，不断发展先进生产力和先进文化，归根到底都是为了满足广大人民群众日益增长的物质和文化生活的需要，不断实现人民群众的利益。因此，工人阶级始终以广大人民群众的根本利益为重，发扬艰苦奋斗、奋发图强的精神，在各行各业和各个领域里无私地奉献一切。当改革进入关键时刻，工人阶级能够以大局为重，识大体、顾大局，能够做到个人利益服从国家利益和集体利益，局部利益服从整体利益，眼前利益服从长远利益，正确对待改革过程中利益关系的调整。尤其在企业改制过程中，一部分职工群众离开辛辛苦苦工作几十年的岗位，但是他们在困境中没有气馁，而是充分发扬工人阶级自强不息的奋斗精神，为实现再就业而努力学习。为了实现继续社会化，改变单一技能，更新知识结构，他们不等、不靠，通过自身努力，不断提高素质水平。他们不仅是中国改革巨大成本和代价的最主要承担者，而且也是通过不惜牺牲自身利益支持改革最优秀的典范，在他们身上，集中体现了中国工人阶级顾全大局、无私奉献的最优秀品格。历史和实践不断证明，如果没有工人阶级胸怀大局、无私奉献精神的发扬，中国的改革会成为一句空话。

4. 具有高度的政治觉悟和神圣的社会责任感，是抵御各种风险、维护社会稳定的中坚力量

工人阶级中的绝大多数成员能够自觉地把个人命运与国家前途、民族兴盛和人民幸福紧密地联系在一起。改革开放20多年来，我国的改革事业每前进一步，每一项重大改革举措的制定与顺利实施，都是广大职工群众充分理解和积极支持的结果；我国在发展社会主义市场经济过程中，之所以能够保持政治稳定和社会稳定，同工人阶级的大力支持、甚至作出巨大牺牲是分不开的。实践证明，在历次重大的政治斗争中，工人阶级能够始终同党中央在政治上保持高度一致，与党同心同德，坚决同国内外各种敌对势力作坚决的斗争，有力地维护了安定团结的政治局面，为我国的社会主义现代化建设营造了极其宝贵的稳定的社会环境。正如邓小平同志指出的那样：关键时候还是“工人阶级靠得住。”“知识分子是工人阶级一部分，也是靠得住的。”[13](P310)

5. 具有强烈的社会主义民主意识，是有中国特色社会主义民主政治建设的有力促进者

作为国家的领导阶级，工人阶级在长期的社会主义建设实践中，通过各种民主途径，表达自己的愿望，行使自己的民主权利，积极参与国家与社会事务的管理，形成了强烈的参与意识、自主精神和主人翁责任感。他们关心国家的民主政治建设和法制建设，在社会主义民主政治建设中发挥了极其重要的作用。正是工人阶级的大力参与，有力地推动了我国社会主义民主政治建设的发展。工人阶级成员还在企业民主管理中发挥不可替代的作用。近些年来，为适应新形势下企业民主管理工作不断深入的要求，工人阶级成员在民主管理创新中，创造出“厂务公开”这一新的实践形式，有效地解决了民主管理中的民主监督问题，使广大职工群众能够切实拿起群众监督的有力武器，理直气壮地行使自己享有的民主权利，从而使自身的民主意识和当家做主的意识得到进一步的强化和升华。民主管理制度的广泛推行，也在一定程度上有力地推动了整个国家的民主政治建设。

6. 具有宽广的世界胸怀和与时俱进的优秀品格，始终走在时代的最前列

面对世界范围内的经济和科学技术的竞争，面对经济全球化和我国加入WTO所带来的机遇和挑战，经过改革开放和市场经济洗礼的我国工人阶级思想更加开放，胸怀更加宽广，更加善于运用马克思主义、毛泽东思想、邓小平理论和江泽民同志“三个代表”重要思想观察世界，并把共产主义远大理

想有机地融入现实的工作之中，把革命热情同脚踏实地的求实精神紧密地结合起来，奋发向上，锐意进取，从容应对纷至沓来的各种挑战。中国工人阶级在与时俱进中，自觉把握经济发展规律和社会发展规律，为把我国建设成为社会主义现代化强国，实现中华民族的伟大复兴而努力奋斗！

四、在新的历史条件下继续发展工人阶级的先进性

在新的历史条件下，保持和发展工人阶级先进性，是增强党的阶级基础的内在要求，也是工人阶级完成所担负的历史使命的必然要求。当前，继续发展工人阶级先进性，调动工人阶级的积极性，应当从以下几个方面入手。

1. 以“三个代表”重要思想为指导，继续深入贯彻落实党的全心全意依靠工人阶级的根本方针

江泽民同志曾经指出：“全心全意依靠工人阶级，是我们党和国家的政治优势，也是我们从胜利走向胜利的重要保证。”[14](P221)在新形势下，贯彻全心全意依靠工人阶级的根本方针，从本质上讲，就是要确证工人阶级在社会主义现代化建设中、在社会主义民主政治建设中所具有的主体身份和地位。因此，要增强广大党员，尤其是党的各级领导干部“全心全意依靠工人阶级”的意识，提高为增强党的阶级基础而努力的自觉性，保持党与工人阶级的紧密联系，密切党与工人阶级群众的血肉关系，尊重工人阶级的主人翁地位，同时要关注工人阶级的政治利益、经济利益、精神文化利益以及其他合法权益的保障与实现。正如江泽民同志指出的那样，贯彻全心全意依靠工人阶级这一条，“各级党政领导和企业负责人必须时刻铭记在心，切实把广大职工群众的积极性引导好、保护好、发挥好。”[15](P211)

2. 加强教育引导工作，不断提高工人阶级成员的思想政治素质、职业道德水平和科学文化素质，加快工人阶级知识化进程

不断提高工人阶级成员的整体素质，充分发挥其积极性、创造性和历史主动精神，是保持和发展工人阶级先进性的根本措施。各级党委和政府应当加强对工人的教育和培训，既要注重知识技术培训，又要重视思想政治教育；既要用现代科学技术武装工人阶级的头脑，加快工人阶级成员的知识化进程，又要不断灌输马克思主义、毛泽东思想和邓小平理论以及“三个代表”重要思想，不断提高思想政治素质。当前，在改革进入关键时刻，各种宣传媒体尤其要注重宣传工人阶级的先进性和工人阶级中的先进模范人物，在全社会树立工人阶级的崭新的时代形象，营造一个尊重工人阶级主人翁地位的社会

环境和良好氛围，不断增强工人阶级成员的荣誉感、责任感和历史使命感。

3. 按照公正原则正确调整和处理各个方面的利益关系，尤其要加强对劳动关系的调整力度，维护和实现工人阶级的切身利益

在维护工人阶级经济利益方面，国家应当通过政策的制定和实施，通过经济的、法律的、行政的等多种手段的运用，调整分配结构，缩小贫富差距，不断改善和提高工人群众的生活水平。在初次分配和二次分配中，应注意处理好按生产要素分配和按劳分配的关系，处理好不同社会群体、不同行业、不同职业等方面的关系，既坚持效率优先，又兼顾公平；要关注和保障下岗职工的切身利益及其再就业问题，特别要重视工人中生活遇到困难甚至处于贫困状态的群体，通过实施有效的社会保障使其逐步摆脱困境。总之，通过各个方面利益关系的调整，使广大职工群众切实感受到自身具有的工人阶级作为领导阶级的政治地位和与之相称的经济地位。

4. 加强和改善党对工会组织的领导，切实发挥工会作为联系党和职工群众的桥梁纽带作用

加强和改善党对工会的领导，是工会组织充分履行维护职能、发挥自身作用的政治保证。工会发挥联系党与职工群众桥梁纽带作用的根本途径就是充分履行维护职责，通过维护工人阶级切身利益，一方面将其紧密地团结在党的周围，成为党的最坚实的阶级基础；另一方面，通过维护职能的行使，可以充分调动和发挥工人阶级的积极性、创造性和历史主动精神，进一步发展其先进性。加强党对工会的领导，集中体现在政治路线、政治原则、重大决策等方面的领导，以确保工会工作始终保持正确的政治方向。工会组织则必须在党的领导下，依法独立自主地开展工作，这是加强和改善党对工会领导的主要目的之一。当前，工会面临的维护职工权益的任务非常艰巨，要求工会组织必须紧紧围绕履行维护职责这一核心，依据相关法律法规全面开展工作，同时还要密切关注加入 WTO 以后，给维权带来的一系列挑战，切实做好新形势下的工会维权工作，从而最大限度地保护并调动工人阶级的积极性。

参考文献

[1] [2] [3] [4] [5] [14] [15] 中华全国总工会、中共中央文献研究室编：《毛泽东、邓小平、江泽民论工人阶级和工会》，中央文献出版社，2002 年。

[6] 马克思：《马克思恩格斯全集》第 23 卷，人民出版社，1972 年。

[7] [8] [9] [10] [11] [12] 中华人民共和国统计局编：《2002 年中国统计年鉴》，中国统计出版社，2002 年。

[13] 邓小平：《邓小平文选》第 3 卷，人民出版社，1993 年。

[14] 刘云山：《在<毛泽东邓小平江泽民论工人阶级和工会工作>出版座谈会上的发言》，2002 年 7 月 17 日《工人日报》。

[15] 李永海：《伟大的阶级崇高的使命——论坚持和发展工人阶级的主人翁地位》，2001 年 12 月 26 日《工人日报》。

[16] 陆学艺：《当代中国社会阶层研究报告》，社会科学文献出版社，2002 年。

[17] 卢汉龙、杨雄：《社会阶层构成的新变化》，上海社会科学出版社，2002 年。

[18] 刘应杰：《中国城乡关系与中国农民工人》，中国社会科学出版社，2000 年。

[19] 丁晋清：《不断深化对工人阶级的先进性问题的认识》，《中共宁波市委党校学报》2002 年第 2 期。

[20] 王炳起：《关于我国职工队伍内部不同利益群体的界定》，《工会理论与实践——中国工运学院学报》2003 年第 1 期。

（原载于《工会理论与实践——中国工运学院学报》2003 年第 3 期，全文 12600 字，中国人民大学复印报刊资料《工会工作》2003 年第 6 期全文转载）

土地关联：家园依托与社会保障

——新型工资劳动者角色规定及价值选择的基本原因

摘要： 新型工资劳动者的身份具有二重性，其职业是工人，社会身份仍是农民。农民的“家园意识”以及他们承包的土地所具有的保险意义规定了他们的社会角色，并对他们的价值选择发生重要影响。新型工资劳动者的“兼业”行为，虽然形式各异，侧重点不同，但是有一个共同点，即始终与土地维系着或亲或疏的联系。割断新型工资劳动者同家园与土地的联系是必然的趋势，其根本途径是继续深化改革。

关键词： 新型工资劳动者；农民；社会身份；家园；土地；保险

我国的改革开放，打破了长期以来在计划经济体制下形成的城乡之间相对隔绝的封闭状态，实现了城乡之间广泛的经济、政治和文化交流。其中，尤为突出的是农村剩余劳动力作为重要的生产要素，由农村向城镇的大规模流动。它不仅促进了生产要素的重新组合和资源的重新配置，推动了区域经济的发展和城乡一体化进程的加快，同时也标志着广大农民在市场经济的熏陶下，正在改变传统的、与自然经济相适应的从业观念。在中国大陆启动的农村工业化浪潮，唤醒了沉睡的农村山寨，为我国的经济发展注入了生机与活力，成为改革以来我国社会经济生活中十分突出的现象。然而，农民进镇务工并没有义无反顾地割断同家园的联系，究其原因，除了城乡人口在户籍身份的差别以外，最主要的原因是农民外出务工者在思想上存在着牢固的“家园意识”，他们将自己承包的土地作为经济依托，使其把握住经济上的主动权。农民进镇务工者的上述特征以及受此制约和影响的经济行为与利益取向，便构成了一个特殊的利益群体最基本的规定，这个利益群体就是新型工资劳动者。

本文着重探讨新型工资劳动者进镇务工的经济行为与其所拥有土地之间的现实利益关系，旨在揭示蕴涵于其中的传统乡土文化及“家园意识”对新型工资劳动者经济行为选择的价值影响，并对现阶段新型工资劳动者的兼业行为作出判断与评价。

一、新型工资劳动者的社会身份

新型工资劳动者作为乡镇社会的基本生产主体，从其生产方式和业缘关系看，与现代产业工人已无本质区别，但他们的社会身份仍是农民。这是我国农民在经济、社会、制度等多种因素的综合作用下走进工业化、城镇化和现代化的一种适应性变迁形式。

（一）关于新型工资劳动者社会身份的认定

在社会主义市场经济大潮中，农民走出农村，进入城镇兼业，是我国农民就业模式的一次具有深远意义的重大变化，它不仅成为实现农村剩余劳动力转移的重要途径，而且还使进镇务工的农民开阔了眼界，提高了经济收入，改变了传统的农民形象，使其具有了一般工资劳动者的典型特征，即出卖劳动力获取必要的工资收入。

但是，同一般工资劳动者相比较，农民进镇务工者还具有自己的一些特点。

首先，新型工资劳动者的工作流动性较大。同企业正式职工相比，新型工资劳动者在工作上具有较大的流动性，在就业岗位的选择上具有很强的灵活性。他们往往不拘泥于就业方式的选择，而是以获取必要的经济收入为目的。

其次，工资并不是新型工资劳动者唯一的经济来源。工资劳动者最基本的经济特征之一，就是通过职业劳动来获取相应的工资收入。与其相比，新型工资劳动者并不以工资作为自己唯一的经济来源，除了工资收入，还有自己在农村承包责任田的收入。

受地区经济发展水平和土地承包数量的制约，以及务工者自身素质的决定，有些新型工资劳动者主要以农业收入为主，以非农收入为必要补充（包括工资收入）；有些则以非农收入为主，农业收入为辅。近年来，在一些经济比较发达地区，新型工资劳动者已将工资收入作为基本的经济来源，他们承包的土地采取转包等形式，让与他人耕种。随着社会经济的发展和农业产业化进程的加快，这种趋势将不断地扩大。

最后，新型工资劳动者的社会身份仍是农民。城镇职工，其社会身份或户籍身份是城镇居民，持有非农业户口，享受城镇户口的各种待遇，诸如：就业、医疗保险、养老保险、社区服务等。与其相比，新型工资劳动者的身份具有二重性，即职业是工人，户籍身份是农民，因而享受不到城镇居民的各种待遇，致使城乡居民在切身利益上出现了很大的差别。

我国现行的户籍制度是50年代后期逐渐形成的，由于这种户籍管理具有十分严格的政策界限，因而造成了城乡之间长期处于隔离状态，制约了城乡经济的交流与发展，限制了农村剩余劳动力向城市的迁移。

自改革开放以来，我国的经济发展很快，人们的思想观念也发生了很大的变化。但是户籍管理制度仍然没有改变。在现行的户籍制度下，农民进镇务工无法获得城镇居民户口，使他们面临许多困难。

（二）新型工资劳动者社会身份滞变的经济、制度、观念和政策因素

我国目前尚处在城镇化的初级阶段，小城镇的发展速度、分布态势因各地区经济发展水平的不同而不同，受此影响，我国大部分新型工资劳动者还将在一段时间里，继续保持亦工亦农的二重化特征。造成新型工资劳动者现实身份有多种原因：长期沿袭的城乡二元社会结构是其中的历史原因；现行的户籍管理办法是制度上的原因；传统的乡土思想是观念上的原因。从农村经济发展的历史轨迹上看，形成新型工资劳动者二重化身份的最根本原因在于他所承包的土地。我国是一个人口众多、土地资源有限的农业大国，“靠天吃饭，靠土地为生”是农民数千年来世代相袭的传统，从这个意义而言，土地就是农民赖以生存的“命根子”。自改革开放以来，由于“联产承包责任制”政策在农村的全面贯彻落实，打破了计划经济体制下形成的“一大二公”的农村经济格局，使农民拥有了自己的土地，极大地调动了农民的积极性，同时也在一定程度上加重了农民对土地的依赖感。党的土地承包政策几十年不变，犹如给农民吃了一颗“定心丸”，使他们像爱惜自己的财产一样珍视自己所拥有的土地权利，农村富余劳动力正是以这样的心态进镇务工的。

二、责任田对于新型工资劳动者的社会意义

如前所述，土地对于农民而言，是其赖以生存的保障；对于进镇务工的新型工资劳动者而言，土地同样具有非常重要的社会意义。

（一）责任田：新型工资劳动者角色规定的一部分

所谓新型工资劳动者是指在农村工业化进程中，脱胎于传统农业又同传

统农业保持着一定联系的、从事非农业生产和经营、并以工资收入为基本生活来源的劳动者。上述界定至少涵盖了以下几方面的内容。

其一，就其生产方式和业缘关系而言，新型工资劳动者已经从传统的农业社会走出来，迈进了工业化社会的门槛，摆脱了农业耕作的生产方式和操作手段，其职业身份同现代产业工人已无本质上的区别。

其二，就分配方式而言，新型工资劳动者主要以让渡自己的劳动力来获取工资收入，作为养家糊口、维持劳动力再生产或提高家庭生活质量的基本生活来源。新型工资劳动者进镇务工，不仅使农村剩余劳动力资源得到有效的利用，而且增加了农民的收入。改革开放以来，农民的生活水平有了很大的提高，其根本原因除了农村经济的自身发展外，新型工资劳动者可观的工资收入也是一个重要原因。

其三，新型工资劳动者同自己承包的责任田还保持着一定的联系。这既是新型工资劳动者角色规定的一部分，也是其特质所在。如前所述，新型工资劳动者脱胎于农业经济，但是又没有完全离开农业经济，他们始终同农业经济保持着联系，其联系的疏密程度因个人和家庭的经济状况而异，因地区经济的发展程度而异，呈现出不平衡的分布态势。从整体上看，农民家庭的非农业收入比率呈现出逐年上升的势头，这表明，新型工资劳动者投入到非农业生产的劳动时间越来越多。尽管如此，农民的农业收入仍然远远高于非农业生产的收入。两种收入上的差距说明了新型工资劳动者还必须依赖承包的责任田，至少在目前的情况下，他们还不能完全脱离农业生产。

（二）乡土和家园：新型工资劳动者的最后依托

浓厚的乡土文化和家园意识，使绝大多数新型工资劳动者不轻易放弃责任田的使用权。

所谓乡土文化，是指一种建立在延续几千年的农耕经济基础上的、人同土地休戚与共的利益关系在人们的心理、习俗和观念上的集中反映，是我国农民阶级特有的文化传统。这种文化传统一方面适应了我国农业经济几千年来不间断发展的历史状况，具有连续行、承继性、恒久性等特点，充分体现了农民对土地的依赖关系；另一方面，这种文化传统由于适应了自然经济和小农经济的客观要求，因而又表现出保守性和封闭性等特点。

乡土文化作为一种社会文化现象，其产生和发展一直同农业经济在我国漫长的社会历史变迁中居于主导地位密切关联。我国是一个具有五千年历史的文化古国，也是一个以农业经济为主的农业大国。几千年乡土文化的积淀已经在人们心中（尤其是农民）刻上深深的文化印记，并且影响着人们的价值观念和行为选择。对于农民而言，这种影响主要体现在他们对土地的亲切感、依赖感，这也是目前大多数新型工资劳动者为什么不能彻底摆脱土地的一个深刻的文化根源。

值得注意的是，乡土文化虽然具有强烈的辐射力和巨大的文化惯性，时刻保持着对人们心理的冲撞力，但是，这种影响并不是平覆式的，而是同区域社会的工业经济和农业经济发展水平紧密相关。凡是工业经济比较发达的地域，农民对土地的依赖程度相对较低，因而受乡土文化影响的力度也随之降低；凡是工业经济发展缓慢或不发达地区，农民对土地的依赖程度相对较高，受乡土文化的影响较深。由此可见，工业文明的发展程度同乡土文化的影响力大致表现为一种反比关系。尽管如此，乡土文化对农民的影响不会完全消弭。

所谓家园意识，是指以乡土文化为根基、以土地为联系纽带的、农民对其农耕生产方式以及由此派生出来的生活方式的自我肯定。家园意识是建立在一定的乡土文化基础上的，是一定的乡土文化在意识层面上的集中反映，两者之间表现为一种源流关系。

家园意识是农业社会的主导意识。乡土文化因子在一定的社会经济、政治和文化条件下，通过地方习俗、固有的生产手段和生活方式，在人们的观念中确定下来，并且随着岁月的流逝，世代相袭。而数千年小农经济的发展，又进一步使农民的家园意识得到巩固和强化，使其成为农业社会的一种主导意识。当前，我国的社会经济虽然取得了很大的进步，人们的观念也发生了很大的变化，但是，农村中的绝大多数农民仍然在固有的家园意识支配下，过着自给自足的农耕生活。新型工资劳动者因其社会身份、地位以及自身经济条件的限制，很难彻底冲破家园意识的局限，将自己完全融入工业文明中去。在他们的意识结构中，家园意识仍居于主导地位。

家园意识是一种追求稳定生活方式的封闭意识。如前所述，家园意识是乡土文化的集中反映，是小农经济的产物。小农经济的局限性，决定了农民的家园意识具有局限性和封闭性特点，他们往往满足于经济上的自给自足和生活上的安居乐业，不轻易抛弃家园去外面闯荡。受家园意识封闭性影响，许多新型工资劳动者即使离开农村进镇务工，他们仍不会放弃农村家园。

家园意识是一种自主意识。这种自主性主要体现在农民对传统的农业生产方式和生活方式的自主承继和自觉选择上。延续几千年的农耕生产方式以及由此产生的农民对土地和家园的亲和力，从表面上看是一个自然的、前后相继的过程，但是从更深的层次看，农民对传统的生产方式和生活方式的选择体现了强烈的自主性。当前，农民对家园的眷恋具有更加明确的目的性和自觉性，在选择进镇务工的同时，不放弃家园和土地，便是这种目的性和自觉性的体现。

总之，受传统的乡土文化的强烈影响和熏陶，新型工资劳动者的家园意识是根深蒂固的，具有较强的不可改变性，因而在一定程度上限制了他们的发展。

（三）土地使用权的保险意义：责任田的真正含义

土地使用权的保险意义是新型工资劳动者形成家园意识最深厚的经济根源，也是责任田的真正含义。

建国以来，以两种不同的户籍管理制度为基础的城乡体制，把城乡分割成相对隔绝的封闭系统，使城镇职工和乡村农民在收入来源、生活方式等方面迥然不同。城镇职工以工资作为唯一的生活来源，同时享受国家规定的各种福利待遇。而乡村农民的经济收入无一定保障，主要依当年的农业收成好坏而定，农业收入几乎成为农民的唯一经济来源，土地亦成为农民赖以维持生计的最后依托。

改革开放以来，以农村联产承包责任制为龙头的改革为农民铺就一条通向富裕的康庄大道，以农业生产为基础的多元化生产经营方式构筑了农村经济的基础。据有关资料的统计显示，我国农户生产性纯收入的构成发生了很大的变化，其中非农业收入呈逐年上升的趋势，由 1980 年的 17.0% 上升到 1992 年的 43.2%；农业收入则呈现逐年下降的趋势，由 1980 年的 83.0% 降至 1992 年的 56.8%。上述数字表明，尽管农民的非农收入增长较快，但是，农业收入目前仍是农民收入的主要来源，靠土地谋生仍是绝大多数农民的理性选择。

对于新型工资劳动者而言，他们所拥有的承包土地使用权，其价值在于他们在失业、转业或歇业时的保险意义，土地是他们从事非农业经营生产的最后经济依托和保障。目前，农村的社会保障体系尚未形成，相关的保险制度还在建立之中。由于这些条件的制约和限制，尽管外出务工的新型工资劳动者所获得的工资收入可能比他的农业生产报酬要高，但是，他仍以自己承包的土地为最后的立足点。尤其在企业实行减员增效、大批职工下岗的形势下，使新型工资劳动者产生巨大的心理压力，加重了他们对就业预期的危机感，同时也加深了他们对自己的土地和家园的依赖感。

对于一些有所成就的外出务工者，尽管他们的收入丰厚，有些人甚至搬进城镇过城镇居民的生活，但是他们中的大多数人仍保留着自己对承包土地的一切权利，在他们的潜意识中，土地仍具有最后的保险意义。这是因为，在建立和完善社会主义市场经济过程中，市场竞争既是公正的，也是残酷的，企业亏损和破产是正常现象，因而，他们不愿冒更大的风险，与土地完全割断联系。因为，完全斩断同土地的联系，需要付出高昂的成本和代价，其中包括经济成本和心理成本。

三、新型工资劳动者的“兼业”特点及评价

（一）新型工资劳动者的“兼业”特点

“兼业”是工业化初级阶段的一种正常现象，确切地说，“兼业”是从传统的农业社会向工业化社会过渡时期所产生的一种社会现象，因而其存在具有一定的合理性。当工业文明发展到一定阶段，消除“兼业”现象亦是大势所趋。

同西方工业化进程不同，我国的工业化道路是在社会主义政治制度下确立的，因而在其实现过程中，既没有西方式圈地运动对农民土地的强力剥夺，也没有造成巨大的社会震荡。在这一过程中，随着工业化和城镇化的推进，农民进城务工“兼业”已成风潮，为繁荣社会主义市场经济、推进工业化进程注入了生机与活力。受我国社会政治经济环境的决定和传统乡土文化的影响，我国农民进镇“兼业”具有以下几种形式和特点。

其一，务农与外出务工并重。在土地收益不能满足家庭基本生活开支时，或者家里有富余劳动力时，一部分农户采取务农与外出务工并重的方式，提高经济收入水平。

其二，以务农为主，外出务工为辅。这种情况一般出现在家庭里无富余劳动力或者是承包土地数量较多，且农业收入较高的农户里。在农业收益已能满足家庭生活的条件下，外出务工只是作为增加家庭经济收入的一个必要补充。这部分农户，其主业以农业为主，兼职其他职业，因而他们是新型工资劳动者中最易流动和变化的部分。

其三，以进镇务工为主，务农为辅。这种现象一般出现在家里的土地较少、富余劳动力较多的农户里。承包的土地数量少，其农业收益如不能满足家庭基本的经济需要，而且经济缺口较大时，这部分农户必然要把目光转向城镇社会，以进镇务工为主要手段，增加自己的经济收入。还有另外一种情况，即进镇务工的经济收入较高，因而一些农民将主要的精力投入到所兼的职业上，而使农业生产处于从属地位，其农业收入只是作为家庭经济的一种补充。

其四，以进镇务工为主，将土地转包给他人，但是仍保留对土地的所有承包权利。这种现象主要出现在少部分进镇务工且收入甚丰的农户。在一些经济发达地区，一些有专业特长的农民进镇务工，很快便发展起来。他们不仅有稳定的职业和收入，而且收入可观。有的人甚至在城镇买房定居。对于他们所承包的小块责任田，他们无暇顾及。由于传统乡土观念的影响，他们不愿断然地斩断同土地相联系的纽带，而是采取将土地转包给他人的方式，来继续掌握自己对土地的使用控制权。

以上四种状况，虽然形式各异，其兼业的侧重点不同，但是有一个共同的特点，即始终与土地维系着或亲或疏的联系。

（二）对新型工资劳动者“兼业”现象的评价

现阶段农民的“兼业”现象，具有历史的必然性和合理性，对于推动我国城市化和农业产业化进程具有积极的作用。

首先，在社会主义市场经济发展初期，大批农民进镇务工，不仅为繁荣当地经济作出贡献，而且为提高农民的经济收入，使其尽快达到小康水平，提供了一个重要途径。

其次，农民进镇务工所获取的经济收入，又带动了农村经济的发展。根据中国社会科学院农村发展研究所和国家统计局农村社会统计司合作成立的“农村经济年度分析课题组”1993 年底对分布在 26 个省（含区、直辖市）600 多个县、14343 个农户调查，在全部农村人口 67268 人中，外出务工人员为 3931 人，每人平均打工时间为 205. 19 天，平均每人打工收入 3649. 33 元，每人平均带回或寄回农村的收入为 2008. 93 元。有的农民利用务工积攒的资金，返乡办企业；有的农民经过几年打工，学到许多专业技术知识和管理经验，返乡后自己开办实体，推动了当地经济的发展。在安徽省蒙城县的乡镇企业中，由外出务工者回乡领办创办的企业就达到 1. 2 万个。

再次，农民进镇务工，实现了农村剩余劳动力的合理流动，使农村剩余劳动力资源得到有效利用，增加了农民的收入。

最后，在目前调整产业结构，实行减员增效的形势下，大批职工下岗待业，给社会造成了极大的压力，再就业成为现实的社会难题。农民进镇务工“兼业”则不会给社会带来就业压力，因为农民有自己承包的土地作为经济保障。此外，农民进镇务工也在一定程度上促进了城市化的进程。

从工业化和现代化发展过程的观点看，农民进镇务工“兼业”现象，只是一种暂时的过渡现象，斩断新型工资劳动者同家园与土地的关联是一种必然的趋势。其实现的基本条件有以下几点：

第一，对传统的户籍管理制度改革是关键环节。户籍管理制度改革的目的，就是消除城镇乡居民在户籍关系上的种种社会经济差别，实现城镇乡居民在发展机会面前人人平等。为此，应按照国际惯例，建立城镇乡统一的、新的户口管理体制，废除现行的户口管理体制，为农民迁居自由化、就业市场化创造有利条件。

第二，优化农业结构，加速农业产业化进程，在此基础上，正确引导农村剩余劳动力从事非农生产和经营，加快农村劳动力的非农化和农村人口的城镇化进程。

第三，积极推进乡镇企业的发展，不断拓宽乡镇企业就业领域，以吸纳更多的农村剩余劳动力。

第四，建立与完善农村社会保障体系，不断深化农村改革，为推进农村经济与社会的协调发展、解除农民进镇务工的后顾之忧创造良好的条件。首先，要建立和完善农村的社会保险制度。在农村社会保障体系中，社会保险居于核心地位，是社会保障的基本内容，主要包括农村的养老保险等。对于新型工资劳动者而言，社会保险制度的建立与否，直接关系到他们能否完全割断与土地的联系，逐渐淡化其家园意识。其次，要建立和完善农村的社会救济、社会福利和优抚安置制度，以确保农民的基本生活保障。最后，在农村要切实实行九年制义务教育制度，使农民的适龄子女均能获得受教育的机会。

以上所述的基本条件，有些正在建立和完善之中，有些还需要通过改革的途径加以确立，因此，彻底割断新型工资劳动者同土地的联系，还需要一个过程。

（原载于《工会理论与实践——中国工运学院学报》2000 年第 4 期，全文 7700 字，中国人民大学复印报刊资料《工会工作》2000 年第 3 期全文转载）

农民工的社会保障：一个难以回避的话题

摘要：农民工由于社会身份的二重性，使其没有享受到基本的国民待遇，其中包括社会保障和各种劳动保险权利。农民工较强的社会流动性和频繁的岗位选择性，也给其参保缴费及其延续性带来困难，致使农民工退保形成“风潮”。为此，国家应当在社会保障和劳动保险制度建设上予以保障。

关键词：农民工；社会保障；劳动保险

农民工进城务工，其身份的二重化（即名义身份是农民工而实际身份是城市工人），为其顺理成章地享有我国国民的社会保障和各种劳动保险权利带来困难和挑战。所谓困难，是由于按照目前的相关社会保障和劳动保险制度，以及农民工自身身份限制和较低的收入水平，使他们还难以完全享有这些权利。所谓挑战，就是农民工要拥有同城里人一样的社会保障和各种劳动保险权利，现实的社会保障体系及劳动保险制度的改革必须要将农民工的保障内容纳入进来，形成一个严整、规范的保障体制和适用的保障机制，而要形成这样的体制和机制需要不断加大改革力度，需要一个过程。

一、农民工退保现象透视

据一些新闻媒体报道，率先在全国推广农民工保险的广东省近几年来频频出现退保现象，形成退保高峰。东莞有 105 万人参加了职工基本养老保险，但仅 2004 年一年就有 40 万人次办理了退保手续，退保的基本都是外来务工者；在顺德，一年内退保的外来工已经超过 5 万人，退保金额高达 5000 万元左右。这样的现象不仅发生在珠三角地区，而且在长三角地区也频频出现。在长三角等地的社保管理中心，每天都有外地打工人员前来退保，甚至出现退保人数比办理保险人数还多的现象，农民工退保形成“风潮”。统计表明，浙江省目前累计约有 3 万多名农民工退出社会养老保险。

目前，我国农村劳动力外出务工的约为1.2亿人，进城农民工约1亿人，跨省就业的农民工约6000万人。然而，在这个庞大的需要保障的农民工群体中，养老保险的总体参保率非常低，仅为15%，还不到六分之一。在我国农民工整体参保率十分低的情况下，退保率却在逐年攀升，广东省一些地区农民工退保率竟高达95%以上。

对于农民工来说，缴纳养老保险金可以解除将来退休后无养老金可领的后顾之忧，是一件好事。可是，为什么有如此之多的农民工交了保费又退保呢？他们本来是最需要这项关系到将来生活保障的保险的。据了解，主要是由于参保农民工普遍担心“走的时候拿不到钱”。

造成这个现象的根本原因是目前养老保险在制度上存在缺失，还不能解除农民工心理上的担忧，这种担忧是对我国现行养老保险制度缺乏信任感的具体表现。

农民工作为一个庞大的劳动者群体，有别于我国传统用工制度下的职工群体。其特点是具有较强的社会流动性和频繁的岗位选择性。流动性是他们对自身利益追求的敏感性所致，他们正是通过不断的跨岗位、跨地区的流动，寻找最能实现自己利益的地方。这种社会流动性为他们参保带来一定的困难。在这种情况下，缴纳保费的年限问题就成为困扰农民工养老保险的最大问题。按照相关规定，参加养老保险的农民工需要在一个地方累计缴费15年以上才能享受退休金。有关调查显示，农民工在餐饮、工厂等企业的平均工作周期是4~6年；而从事建筑等纯体力工作的农民工，在一个地方的平均工作周期仅为2~3年。因此，对他们中的大多数人来说，15年缴费年限成为难以逾越的门槛。

正是受上述原因影响，再加上农民工较低的收入水平，按时缴纳几年或几个月的养老保险金对他们来说不是一笔小钱，能够揣着现金回家比其他一切都实际。使他们在权衡利弊的基础上，选择了退保，因为养老保险虽好，但是在他们看来，还可望而不可及。

如何使养老保险制度切实能够为农民工解除后顾之忧，让他们同城里人一样，退休后拿到养老金以颐养天年，需要政府在改革这项制度的过程中能够充分考虑到农民工这样一个人数庞大的社会群体。有专家建议：国家应该针对农民工的实际情况，制定统一的农民工养老保险异地转移的实施办法，能够让农民工走到哪里，养老保险关系和个人账户就转到哪里。同时，还要不断提高农民工的参保意识，政府应加大宣传力度，让每一个农民工都明确养老保险的重要意义。另外，在养老保险推行过程中，还应当建立起诚信机制，让农民工真正相信未来的回报是可以兑现的。

二、保险何时不再成为农民工的一种奢求

农民工被边缘化的基本表现之一，就是他们虽然在城市里打工，却不能享有城市里的各种权益和福利保障。其中，对他们具有至关重要意义的除了养老保险以外，还包括失业保险、工伤保险和医疗保险等。据国家统计局最新数据显示，已市民化的外来农民工参加医疗保险的比例只有 2.7%，而尚未市民化的农民工更不可能进入社会保险范围。据北京劳动保障网的资料，非公有制企业从业人员虽然在数量上已经超过公有制企业职工，但平均每 36 人中仅有 1 人参加社会保险，未参加社会保险的职工中，90% 以上是农民工。

农民工由于流动性较大，在一个用工单位务工不会长久，一旦离开这个单位，在一时找不到工作单位期间，他们得不到任何保障，他们或者靠过去的微薄积蓄艰难度日，或者靠举债生活，如果城市里实在无法立足，就不得不离开城市回家去；而城市里的职工在失业和再就业期间的一段时间里，却能够享有失业保险的待遇。失业保险权作为公民应享有的合法权利之一，不能只成为城市职工特有的“专利”，应当将这一权利向广大农民工群体覆盖。各级政府应当尽快制定相关的法律法规，建立失业保障机制，使农民工能够确实享受这一国民待遇。

农民工大多数从事苦、累、脏、差、险的工作，风险性较高，经常发生工伤事故。农民工大都不享有工伤保险权，遇到工伤事故时，几乎都家破人亡。另外，农民工职业安全问题也日益凸显。据不完全统计，在珠江三角洲，已患和疑似患职业病的农民工累计达 1000 万左右。针对农民工工伤保险权利缺失，各级政府对此十分关注。国务院发布了《工伤保险条例》，国家劳动和社会保障部据此发布了《关于农民工参加工伤保险有关问题的通知》，对农民工的工伤保险作了相应的规定。中央及地方各级政府在保障农民工依法享有工伤保险的权益方面，做了大量工作，尤其在相关法律法规的制定方面，取得显著成效，但是在执法上还应加大力度，以切实保障农民工应有的合法权益。同时，农民工一定要加强自我维权意识，积极要求用人单位为自己参保，如果被拒绝参保，可到政府劳动监察大队进行举报。

城市职工一般都享有医疗保险，尽管保险水平参差不齐，但是得了病能够到医院就诊。农民工由于没有医疗保险权，享受不到这个待遇。他们最怕

得病，小病犹可对付，一旦生了大病，动辄数千元甚至几万元的医疗费，对于月收入仅几百元的农民工而言，不啻为天文数字，令人无法承受。进城务工的农民工1亿多人，现有的医疗保险不能覆盖他们，大多被挡在医疗保险的大门之外，他们的医疗保障问题越来越突出。对于他们而言，其身份正在转变之中，已经不是专门从事农业生产的农民，因此在农村推广的新型合作医疗对他们没有吸引力。他们认为，人在城里打工，一年都难得回去一趟，总不能在城里得了病拖回农村去治吧。他们需要的是能够符合他们实际的、有病能够就医的基本医疗保险，为此他们愿意自己掏钱买保险。劳动和社会保障部于2004年6月28日出台《关于推进混合所有制企业和非公有制经济组织从业人员参加医疗保险的意见》，明确要求各地劳动保障部门，把与用人单位形成劳动关系的农村进城务工人员纳入医疗保险范围。这意味着，今后与用人单位有劳动关系的农民工将可以参加医疗保险。

总之，给予农民工以国民待遇，使其完全融入城市，政府必须在劳动政策和劳动立法等方面向他们作必要的倾斜，消除一切体制羁绊和各种社会歧视，这是构建和谐社会的重要方面，也是贯彻落实科学发展观的具体体现。

（原载于《工会理论研究》2007年第2期，全文3000字）

工人=低收入?!

摘要：在建立和完善社会主义市场经济体制过程中，企业经营者的经营指挥权越来越大。一些企业的厂长、经理在掌握企业经营权的同时获得高收入，与其相比，工人的收入低下，两者形成强烈反差。在困难企业里，工人甚至拿不到工资。为此，国家要调整分配政策，加强企业经营者工资收入管理，缩小两极分化，保证职工的经济收入。

关键词：工人；收入；分配不公

一、从一篇文章的标题谈起

笔者曾在一家杂志上读过一篇令人心动的文章，其标题赫然写道：未来中国，谁当工人！是警示？是忧虑？还是故弄玄虚？

文章作者从人们不愿意当体力劳动者谈起，提出："有人说：走向21世纪的中国工人阶级每个人手中都有一张老板证书。社会在问：白领要增加，蓝领何处去？对'臭老九'的价值判断，曾使中国缺少了一代知识分子，'臭工人'将如何行道?"

该文作者基于对历史的深刻反思以及对现实的冷峻观察，从白领与蓝领工人数量变化的发展趋势上，提出一个发人深思的重大社会问题，即将来还会有多少人愿意当工人！

据1995年6月7日《北京青年报》刊登的一项社会调查显示：在所调查的344个母亲当中，仅有1.6%的母亲希望自己的孩子将来长大当工人。这组调查数据，实际上为上述观点提供了较为可靠的客观依据。

老年人都曾记得，在50年代的流金岁月里，劳动光荣，当工人光荣，曾经是那个时代的一种时尚，许多人的志向就是简单的两个大字：工人。而如今，还会有多少人立志将来当工人呢？历史与现实的反差竟然如此巨大，它说明了什么问题?

从表明上看，是工人的社会地位和社会声望下降所致，从更深的层面上看，是由工人现实的较低的经济地位所引起的。

二、无奈：老工人住院掏不出伙食费

据一家杂志报道，黑龙江省佳木斯市的一煤矿发生了一起冒顶事故，造成重大的人员伤亡，死伤者达数十人。一位伤势严重的老工人被送进医院救治，送人者马上溜走了，没有人向医院交纳医疗费。该企业亏损，无钱支付医疗费，干脆就不露面。面对伤势严重的老工人，医院本着救死扶伤的革命人道主义精神，为其动手术进行抢救，使老工人脱离了危险。住院期间，老工人要喝水吃饭，伙食费需要个人支付。老工人无奈，掏不出伙食费，声泪俱下地向医护人员述说：“企业严重亏损，自己已经有18个月没有拿到工资了。”

类似于这位老工人困难情况的例子，还可以举出很多。特困职工的生括保障问题，已成为一大社会问题。其主要原因是企业不景气，连年亏损。据有关统计数字表明，近年来，国有企业亏损面达到30%以上。北京工业企业亏损面已高达39%。

由于亏损，不少企业靠贷款发工资。困难企业福利一文没有，基本工资发不出。对此有的工人调侃道：“排队买东西的现象已经没有了，现在只剩下一种排队现象，那就是工厂里报销医药费必须排队。”全国总工会1989年对我国12个省市职工家庭生活的调查表明：当时贫困职工已占职工总数的6.73%，现在贫困职工人数远不止于此。

笔者于近日，曾赴天津走访了几个行业的工会主席，据他们讲，一些困难企业职工每个月仅能拿到百十元生活费，政府规定的最低工资标准，企业无法实行。不足200元的生活费，要交纳房租、水电费、煤气费，还要吃饭，其拮据程度可想而知。尤其是一家三代同在一个企业里当工人的，经济状况就更为窘迫了。企业工人处于这样一种经济地位，其社会形象能不受到影响吗?毕竟，存在决定意识!

三、企业内部分配不公及其负面效应

在建立和完善社会主义市场经济体制过程中，企业经营者的经营指挥权越来越大。一些企业的厂长、经理在掌握企业经营权的同时获得高收入。有的厂长收入比一般职工群众高十几倍，甚至几十倍。

值得注意的是：在趋利动机的驱使下，一些企业经营者单纯强调自己的利益，甚至自己给自己规定高工资标准，而他的工资标准并不与企业的经济效益、经营状况挂钩，更不与国有资产的保值、增值挂钩。除了享有高工资外，还享有许多特殊待遇，诸如：轿车使用权、出国考察权等等。一些厂长、经理一上任，便着手用公款为自己买房子，买高级轿车。一些工人气愤地指责：厂长的轿车越坐越高级，房子越住越豪华，工资越拿越多，可是，企业的效益却越来越低。这种不正常的状况，一些有识之士早已呼吁要对经营者的收入进行调节，要实行工资与效益挂钩，与国有资产的保值、增值挂钩，可是迄今这种状况仍未得到根本有效的治理。

在同一个企业里，月工资为数千元或上万元与每个月仅拿几百元的工资标准相比，差距太悬殊了。这样的分配制度确实拉开了收入差距，但是，这种差距能够真实、客观地反映两者的实际价值吗？能够调动职工积极性吗？

笔者近闻某省一家规模颇大的制药厂，因经营者经营管理无方，使企业连年亏损、濒于破产的边缘。企业发不出工资，每个月只发给工人极少的生活费，让工人回家自谋生计，并美其名曰：放长假。就是这位厂长，在打发工人回家的同时，自己照常拿高工资，开高级轿车，到各地考察，游山玩水，怡然自得，企业的生存发展全然不顾。这样的厂长能不遭到工人的唾骂吗！

笔者以上所讲，并不是反对经营者们拿高工资，毕竟经营者在企业里所负有的责任，所担的风险，所耗费的精力，都是一般工人所不能与之比肩的。但是，两者之间的差距不宜过大，要有个度。同时，经营者的工资、奖金收入水平一定要与本企业实际情况相符合，要与企业效益挂钩。

我们确实看到一些国有企业的企业家们，他们兢兢业业地带领企业职工为提高企业经济效益、为国有资产保值、增值而勤奋地工作着，而自己的收入则比普通职工高不了多少。这样的企业家自然能够得到大多数职工的拥护和爱戴，他们的这种做法不啻为明智之举！

但愿这些企业家的示范作用能够得到所有经营者的认同与效仿！

四、从基尼系数透视企业内部的分配关系

当前，社会分配不公已成为一种客观现实，从我国的基尼系数上可以放映出这种现实。

基尼系数是国际上通行的表示社会收入分配不均等程度的指标，是由意

大利统计学家基尼提出来的。基尼系数值在0与1之间，数值越大，表示社会收入分配的不均等程度越大。根据国际上多年测量的数据，基尼系数在0.3~0.4之间时，为中等不平等程度。

据世界银行测量，在改革开放以前的1978年，我国城镇居民个人收入的基尼系数为0.16，在全世界几乎是最低的。这表明，在当时的计划经济体制下，我国的平均主义、“大锅饭”盛行，这种分配体制在企业中表现为，大家干好干坏一个样，都拿一样的钱，因而不能有效地调动职工的积极性，严重地阻碍了我国社会经济的发展。现在，我国已经逐步走向社会主义市场经济阶段，在所有制结构上，以公有制为主体，多种所有制并存。在分配政策上，以按劳分配为主，多种分配形式并存，并且主张“让一部分人先富起来。”这几年，收入分配的差距已经明显拉开。据统计，我国1983年的基尼系数为0.28，1990年则上升为0.3368。应当说，同许多发展中国家相比，我国收入分配不均等程度并不算高，但因短期内增幅过猛，且在继续扩大，因为引起社会的关注，其中就有企业内部分配不公的因素。

另据报道，我国的基尼系数已于1995年上升为0.4343。为了控制基尼系数，调整分配政策，国家采取了各种办法。劳动部根据五中全会和中央经济工作会议精神，提出着力缓解社会分配不公的八项举措，其中强调：严格执行、不断改进弹性工资计划；改进工效挂钩，强化国有资产保值、增值；加强企业经营者工资收入管理，要在具备条件的国有企业中积极稳妥地试行企业经营者年薪制办法，等等。

可以肯定地说，我们的目标是共同富裕。因此，当职工的经济地位得到保障之时，其社会地位也会相应地得到提高，那么，中国的未来还会有许多人愿意当工人！

（原载于《时代风采》1997年第2期，全文3000字）

【劳动关系研究】

劳动科学建构论纲

摘要：劳动科学作为一个科学系统，是以人类劳动作为研究对象，从不同学科角度对劳动问题及其规律，以及与劳动问题密切相关的社会关系进行分门别类的研究，从而形成一个系列的、各具专业特色的学科群，而每一具体学科在确定研究对象的同时，也对学科本身的外在疆界、基本内涵以及具有学科特色的研究方法进行了规定，使各门学科具有相对独立性。劳动科学是一个关系系统，在系统中，现实中的一些专业学科同劳动问题的有机结合，便构成了一个新的交叉学科，具有内在的规定性和层次结构等特点。建构劳动科学应坚持客观性原则、整体性原则和创新原则。

关键词：劳动科学；结构；联系；特点

一、劳动科学建构的客观基础

劳动作为人的第一需要，是人类社会赖以产生、存在和发展的基础。正是由于劳动的作用与影响，才使自然界达到自我意识，也正是由于劳动才创造了人本身，也创造了整个人类社会。迄今为止，人类社会的物质文明和精神文明的一切成果都是通过人类劳动创造的。所以，没有劳动，也就不会产生人类。劳动是人类特有的存在方式，动物不会有意识地进行劳动，它的某些类似于所谓的劳动行为，不过是动物被动地适应自然界的本能而已。人类则是有意识、有目的地进行改造客观世界的劳动活动。劳动不仅创造人本身，不仅生产物质生产资料和生活资料，同时也在生产人类的一切社会关系，劳动是人类社会存在的基础。人作为自然界的产物，具有自然属性，同时人不是单纯的自然存在物，也是社会存在物。人类自从出现了社会分工以来，以劳动为对象的社会分工与协作、劳动组织与管理等部门也相继出现，劳动不再是单纯的人的体力或脑力的支出，而是有组织、有分工、有协作具有复杂关系和形态、内部构造细密的人类社会生产系统。由人类劳动的社会性特质，形成了以劳动问题为核心的劳动的社会关系系统，衍生出与现有的哲学、自然科学、人文社会科学等具体学科相互交叉的、各具特色的劳动学科。这些学科都是建立在以劳动为核心的客观基础之上的。

二、劳动科学的本质规定及其逻辑关系

劳动科学研究对象亦或研究的焦点主要围绕人类劳动活动及其过程产生的劳动问题，以及由劳动问题所衍生出来的其他问题。目前关于劳动科学研究对象有诸多界定，根据笔者掌握的情况，主要有如下几种观点：一是认为劳动科学研究对象应以劳动为核心形成的社会关系；二是劳动科学研究对象是劳动过程与劳动者、生产要素、过程本身以及与社会其他构成部分之间的关系；三是劳动科学研究对象是劳动者与其组织之间的相互关系；四是劳动科学研究对象是人类劳动行为以及与此相关的一切行为、心理、状态、成因、与其反应、行为比较等。[1]以上观点均有合理之处，但是从劳动科学的外延看，人类的劳动实践活动是一个十分复杂的过程，处于联系密切的关系网络之中，其中不仅包括劳动者与劳动的社会联系，同时也包括劳动者与自然界的关系，还包括劳动主体自身的心理问题，等等。因此，劳动科学研究对象，应当从劳动者及其劳动实践活动的自然属性、社会属性等多重角度综合确定，这样才是全面的。还有一种观点认为，劳动科学应侧重劳动过程中人文方面的研究，以区别于其他自然科学学科。[2]笔者认为，这种观点只看到劳动社会属性意义，没有看到作为劳动主体的劳动者的自然属性和劳动过程中的生理需求与变化对于劳动者的意义，有失偏颇。实际上，劳动问题与生理学、卫生学相互交叉形成的劳动生理学、劳动卫生学等学科，就带有自然科学属性，在劳动科学系统中，同样占有不可替代的地位，因此，从系统研究劳动科学的角度，不可厚此薄彼，更不能取而代之。

笔者认为：可以将劳动科学的研究对象确立为劳动者与其劳动实践活动及其关系问题，其中最为核心的问题就是劳动关系中的劳动者自身存在和发展的意义、对劳动者的本质规定、劳动者自身权益及其保障，以及由劳动者权益保障所衍生出来的经济问题、法律问题、伦理问题、社会问题、生理问题、心理问题、卫生问题等等。这些问题是相关学科与劳动问题的相互交叉和有机融合，所形成的一系列具体的劳动学科，成为劳动科学系统的重要组成部分。

所谓劳动科学，是指以人类劳动作为总的研究对象，以劳动者在劳动过程中产生的劳动问题以及与劳动问题相关的一切自然和社会关系及其调整问题作为研究内容，而形成的具有内在联系和分布规律的学科群；所谓劳动科学是不同的具体劳动学科通过内在逻辑联系形成的科学系统的统称，其中每一具体劳动学科都是构筑劳动科学系统的基本要素，而劳动科学作为具体劳动学科形态的统一体，具有劳动学科的“类”的基本特征。

劳动科学不是一门单独的具体学科，而是在人类劳动实践活动本身所衍生出来的实际问题同人类社会生活的主要方面之间的相互交融和相互作用而形成的理论化、系统化、相对独立的学科群，它涵盖了人类劳动及其生产部门同人类社会生活的各个相关领域现存的内在联系，其中包括同上层建筑和意识形态领域之间的一切联系和影响，因而具有联系的广泛性特点。这种联系不是外部的、外在形式的联系，而是内在的、本质的、有机联系，劳动科学就是从理论上对这种客观联系的本质规定和多重角度的展开进行综合，它逻辑地规定了劳动科学同具体劳动学科之间的关系，深刻反映了具体的劳动学科在劳动科学系统内部的分布规律。

在劳动科学的视野下，每一门具体的劳动学科专业都有自己的内在规定，但是，由于不同学科之间存在的现实内容及研究对象的差异，使劳动科学存在明显的结构性特点。按照不同学科性质的分布态势及其规律，可以对劳动科学内部的各门具体劳动学科作如下划分。其一，如果按照对科学总体概念的划分方法，可以将劳动科学划分为两个子系统，即带有自然科学属性的劳动学科系统和带有人文社会科学属性的劳动学科系统。具体而言，由于劳动科学系统中的各门学科既有同自然科学联系紧密的学科，也有同人文社会科学联系紧密的学科，可以相应地划分为两个劳动科学的亚学科群。诸如：劳动生理学、劳动卫生学、劳动统计学和劳动保护学等学科，可以归结为具有自然科学性质的劳动科学；劳动伦理学、劳动法学、劳动社会学、劳动管理学等可以划归为具有人文社会科学性质的劳动科学。劳动哲学则是建立在所有劳动科学具体学科基础之上的一般劳动理论。如果根据各门学科基本属性进行划分，可以将劳动科学视域下的各门具体的劳动学科按其同上层建筑、意识形态与经济基础的关系，相应地划分为三类：一类为劳动理论学科，如劳动哲学、劳动伦理学、劳动美学、劳动文化学、劳动未来学等等；一类具有工具意义的可操作性的劳动学科，如：劳动法学、劳动保险学、劳动统计学、劳动心理学、劳动生理学、劳动卫生学、劳动保护学、劳动定额学等等；

还有一类是介于两者之间的劳动具体学科，这些学科的共同特点是：既有理论形态和色彩，也具有可操作性，如劳动经济学、劳动社会学、劳动就业学、劳动报酬学、劳动管理学、社会保障学等。需要提及的一点是：这种划分还可以继续进行下去。比如：劳动经济学和劳动法学作为劳动科学领域的具体学科，其外延广泛。劳动经济学作为与劳动者切身经济利益密切相关的学科，覆盖了一切同劳动问题紧密联系的经济现象，因此，劳动经济学还可以继续划分为劳动就业学、劳动报酬学等更加具体的、专业性更强的学科。又如劳动法学作为调整劳动过程中人们之间相互关系的有效武器，它所涵盖的领域也非常广泛，凡是同劳动有关的法律调整问题都属于劳动法学范畴，根据这一特点，劳动法学还可以继续划分为劳动合同法、劳动就业法等更加具体的劳动法律学科。

关于劳动科学的学科归属，有论者提出劳动科学是一门综合性较强的学科。笔者认为，劳动科学不是一门具体学科，而是涵盖与劳动问题相关的一个学科群，如果将劳动科学作为一门具体学科看待，那么这门学科的外延太大，无法从学科内涵进行科学规定，如果出现这种情况，那么其内涵只能是高度抽象的理论原则。

三、劳动科学是一个科学系统

科学研究视域下的劳动，亦或对人类劳动问题的科学考察，是从科学研究角度对人类劳动实践及其内在本质和活动规律所作出的客观揭示和深度反思，其关注的不仅是劳动的现实问题和具体问题，同时也关注人类劳动所关涉的一系列深刻理论问题。如果只是对当下出现的各种劳动现实问题进行描述，那么这种研究方式必然演变为一种就事论事式的议论，这不仅违背了对劳动科学进行系统建构的初衷，也是对劳动科学研究方式和方法的严重扭曲，其结果，有可能将劳动理论研究同劳动政策研究混为一谈。当然，重视理论研究，并非忽视对现实劳动问题的关注，理论研究恰恰要从实际问题出发，发现并揭示劳动过程及其与劳动相关的矛盾，问题在于理论与实践如何结合。此外，基于人类劳动内涵及形态的多重规定，研究劳动及其与劳动相关的问题，不能单向度地就劳动论劳动，而应从多维角度对劳动问题进行系统探究；不能仅浮于具体劳动现象之上，对其进行表面化的解读，而应深入现象的背后，对其内在本质进行理论反思；不能对某一具体劳动学科进行孤立和片面化认识，而应当在分析的基础上同其他劳动学科联系起来，有助于对劳动问题进行全面和深入的了解。由于劳动问题本身就不是孤立的，而是同其他问题存在着千丝万缕的联系，所以，从学科之间的联系上研究问题，更能够深入理解所确立的研究对象。总之，劳动及其相关关系本身就具有多重规定性，忽视这一点，也就忽视了劳动科学的客观性及其建构的科学意义。

随着人类社会的发展，使劳动的分工更加精细化，劳动部门以及劳动形态也趋向多样化和复杂化。这种客观状况反映在人们的头脑中，就形成了对于劳动及其关系问题的不同认识，也形成了不同的认识视角，这就为不同的劳动学科的出现奠定坚实的实践基础。同时，劳动问题不断向社会诸多领域的辐射、渗透和影响，不仅成为影响人们的社会生活的重大问题，同时也成为诸多学科专业关注的焦点。劳动问题同各门学科相互交融、相互渗透、相互影响的状况，使劳动问题进一步分化、理论化、学科化、专业化，成为与各门学科相互结合的交叉学科，并且获得相对独立的学科规定。比如：劳动问题与伦理问题的相互交叉，就形成了劳动伦理学；生理学与劳动问题的直接结合，就形成了以劳动为特色的劳动生理学，等等。这些具有交叉性质的劳动学科，依据一定的联系，就构成一个具有劳动共性特征的科学理论系统。

劳动科学作为科学系统，具有如下特点：第一，劳动科学系统的形成，是建立在人们的现实劳动实践基础上的，其劳动实践形式在同自然与社会的交互作用中获得内在的规定，具有不依人的意志为转移的客观性；第二，劳动科学系统的形成，是以劳动为对象的学科深度分化的同时，各门具体劳动学科高度综合的必然结果，学科之间存在的有机联系成为劳动科学系统的有力支撑，并为劳动科学的建构提供了科学依据；第三，劳动科学系统是一个开放系统，其开放性是由日益发展的社会化生产和科学技术进步决定的。尤其在经济全球化的时代背景下，包括信息技术在内的新技术推动了社会生产力的迅猛发展，与此相应，作为生产力的主体，人们在劳动过程中出现的新矛盾、新问题、新挑战及其相应的理论研究成果，一方面是对原有学科理论的丰富和推动；另一方面，根据劳动实践活动的需要，创建新的劳动学科；第四，劳动科学是一个发展的系统，学科发展是以客观实践发展变化为前提，通过对实践问题的认识和解决，推动理论的进步。劳动问题及其解决方式不是一成不变的，新问题的出现不仅要求在实践上予以解决，同时要求从理论上进行必要的概括和抽象，劳动科学视域下的各门劳动学科的发展，共同推动了整个系统的进步。

四、劳动科学是一个关系系统

劳动问题与各门学科的交叉现象说明了劳动存在于一切社会关系领域，这种交叉还表明，具体劳动学科不是两门完整学科之间的交叉。如教育心理学是由教育学与心理学交叉融合而成的，医学伦理学是由医学和伦理学交叉形成的等等，而是劳动的现实问题同各门理论学科的交融，亦或从各门理论学科的角度研究人类劳动的现实问题，从而形成相关的交叉学科。这种学科产生的方式，更加说明了人类劳动所具有的基础作用，它是人类社会生存与发展的基石，它同人们的全部社会生活息息相关、紧密相连。2009 年 11 月 5 日，在劳动科学一级学科专家认证会上，蔡昉认为："所有的劳动问题都是与'劳动'这个生产要素的复杂性与独特性相关的。劳动者的劳动既是生产要素，又与生产要素的所有者不能分离；劳动者的劳动既是社会生产的投入，同时劳动者又是社会生产所要服务的对象。劳动问题所包含的社会属性的多维性要求进行多角度的分析。"[3]

劳动科学系统内部各门学科之间的联系，确立了各自在劳动科学中的地位。比如，劳动哲学作为一般的劳动理论，是劳动科学所涵盖的所有学科理论的系统化总结，劳动哲学为其他具体劳动学科研究提供了一般方法论原则。劳动经济学及其涵盖的其他具体学科，是劳动科学的基础，也是劳动科学主要构成要素。由于劳动经济学研究对象主要是劳动关系，尤其是劳动者的权益保障，因此，这门学科在劳动科学系统中，最具现实性，是制定劳动政策、判断劳动形势，以及维护劳动者权益的主要理论依据。劳动法学、劳动伦理学都具有调整劳动关系、处理劳动问题的功能，但是两者解决问题方式和手段不同，劳动法学及其涵盖的具体劳动法律学科是依据相关法律规定调整劳动过程中出现的矛盾，是维护劳动者权益的主要武器；劳动伦理学对劳动关系矛盾的调整方式，主要是以劳动关系双方所共同遵守的道德原则进行调整。

五、劳动科学建构的意义

建构劳动科学体系适应了正在深度分化与高度综合的劳动科学发展的客观趋向，其深刻意义在于：一是将劳动科学系统作为宏大的叙事背景，研究劳动领域各门学科之间的有机联系；二是在劳动科学体系的语境下，分门别类地应用分析的方法，探求各门学科所固有的学科特点、范畴、基本规律，有利于学科建设和专业发展；三是建构劳动科学体系，就可以站在与一切劳动问题相关的学科之上，以“高屋建瓴”之势俯视各门学科及其有机联系，对于促进学科之间的密切关系与发展具有推动意义；四是建构劳动科学体系，有利于创造各门学科独立发展的良好氛围，也有利于学科之间的学术交流，共同分享研究成果，共同促进专业发展；五是有助于从各门具体学科和专业角度对各自不同的研究对象进行深度分析与思考，促进学科和专业的建设与发展，也有助于从系统的角度对劳动科学具体学科之间的联系进行综合，这也符合科学发展的一般规律；六是建构劳动科学的现实意义在于，通过对各门具体学科的深入研究，以及从整体上对劳动科学的把握，可以为劳动政策的制定提供更为深刻的、符合实际的理论支撑，有利于维护劳动者应当享有的合法劳动权益，有利于实现劳动的进步；七是建构劳动科学，可以关注与劳动问题密切相关的社会生活的各个领域，有助于人们对劳动科学与社会生活密切关系的认识；八是建构劳动科学，使之形成完整的学科体系，有利于推动各门具体劳动学科的教学和科研工作。

六、劳动科学建构的基本原则

如上所述，劳动科学系统是一个开放系统，同时也是发展的系统。根据系统这两个基本特征，在建构劳动科学系统过程中，应当坚持以下几个原则。

(1) 客观性原则。科学研究的科学意义，首先来源于其客观性，亦即按照客观事物固有的属性、规律和发展趋向确定研究思路和方法，这既是科学研究中的科学精神的体现，也是必须遵循的基本原则——客观性原则。

(2) 整体性原则。提出劳动科学这一概念，代表一种科学求实的认识态度，同时也代表一种有意义的研究视角。建构劳动科学应坚持整体性原则，将劳动科学视为具有内在结构及有机联系的系统，是遵循一定科学原则的积极建构，其中，具体学科之间通过一定联系，共同构成劳动科学系统，而不是各门具体劳动学科的杂乱堆积。因而，劳动科学作为一个科学系统，不是空洞、毫无意义的概念系统。

(3) 劳动科学的创新原则。劳动科学作为正在发育和完善的科学，随着自然科学的发展和社会科学的进步，其领域正在不断拓展，其内涵正在不断丰富。为了适应这种发展趋向，也为了满足人们对劳动科学的系统化认识，劳动科学系统中原有的一些学科正在通过汲取新的知识成分得到完善和发展，同时也催生了一批新学科，诸如劳动哲学、劳动伦理学等；一些与劳动相关的边缘学科正待建构，并且已经获得学科确立的合理性，以及来自研究者的高度关注。诸如劳动文化学、劳动未来学等等。无论是劳动科学系统内的原有劳动学科，还是新学科，都需要以理论创新的精神进行建构与完善。

七、劳动科学发展趋向

劳动作为人的本质力量的体现，是人的存在、发展的基本前提和基础。一部人类文明史，就是一部人类劳动创造和发展的历史，这一历史还将被作为劳动主体——从事物质和精神生产的人们继续书写，只要人类社会存在，其劳动实践活动就永远不会停止。作为人类劳动及其相关的现实关系的理论反映，劳动科学同样不会止步，并且随着劳动实践的发展，其内容不断被丰富、更新。当前，在各门具体的劳动学科取得丰硕研究成果的基础上，应当积极建构劳动科学体系。从系统的角度看，如果条件许可，首先应当建构劳动科学学，以此作为劳动科学系统的总论。同时关注与劳动问题相互交叉的其他学科的发展，寻求交叉的契合点，形成新的劳动学科，不断丰富和完善劳动科学的内容。

参考文献

[1] [2]　首都经济贸易大学劳动经济学院：《劳动科学体系下劳动经济学院三个本科专业的特色定位与整合研究》，http：//www.docin.com/p-112050.Html，2008年2月6日。

[3] 专家：《中国高校设立劳动科学一级学科势在必行》，2009年11月12日《光明日报》。

[4] 赵健杰、彭恒军主编：《劳动科学辞典》，企业管理出版社，1992年。

[5] 赵健杰：《异彩纷呈的工会理论园地——工会相关学科发展概观》，1994年4月8日《工人日报》。

（原载于《中国劳动关系学院学报》2010年第2期，全文7100字，《新华文摘》2010年第14期转载）

论尊重和保护劳动的时代意义

摘要：尊重和保护劳动的本质，在于尊重一切劳动形式下从事劳动实践的劳动者，维护其切身利益及合法权益。这也是实现劳动者体面劳动的内在要求。在实践中，要正确处理好“共建共享”与“共享共建”的关系，使劳动者能够分享通过自己劳动所创造的一切成果。尊重和保护劳动是构建和发展和谐劳动关系的基本前提和基础。

关键词：劳动者；体面劳动；劳动关系；新生代农民工

在社会生产力系统中，作为活劳动的劳动者是最具能动性和创造性的因素；在劳动关系系统中，劳动者作为独立的利益主体，是形成现实劳动关系不可或缺的一方。劳动关系内部力量均衡是构建和发展和谐劳动关系的内在根据，而和谐的劳动关系则是激发劳动者生产积极性、推动生产力发展的必要条件之一。构建与发展和谐劳动关系，要求用人单位应当尊重劳动、保护劳动，致力于实现体面劳动，避免因劳动关系出现的矛盾，而导致劳资双方的严重对立和对抗，影响经济发展与社会稳定。总之，坚持以科学发展为主题，以加快转变经济发展方式为主线，深化改革开放，促进经济长期平稳较快发展和社会和谐稳定，实现全面建设小康社会的目标，必须高度关注和谐劳动关系的构建，这也是中共中央关于十二五规划建议中的一项重要内容。

我们党一贯重视尊重和保护劳动，以及劳动者利益及合法权益的实现和保障问题。中共中央总书记、国家主席、中央军委主席胡锦涛同志在2010年全国劳动模范和先进工作者表彰大会上发表了重要讲话。他在讲话中，站在时代的高度，多次强调劳动光荣、劳动者伟大，强调全社会要尊重劳动、保障广大劳动群众权益，实现体面劳动，促进社会公平正义。这几个方面的内容具有紧密的内在联系，共同构成了新形势下如何正确认识和评价劳动价值和劳动者创造价值所体现的社会意义的判断标准，充分体现了以劳动者为本的重要思想。胡锦涛同志的重要讲话精神，为全面、正确、深刻地认识劳动问题及其所蕴含的全部意义提供了非常重要的方法论原则。

一、尊重和保护劳动的本质

尊重劳动、保护劳动，实现劳动者的体面劳动，就其本质含义而言，就是尊重在一切劳动形式下从事劳动实践的主体——劳动者，切实保障劳动者所享有的切身利益及合法权益。

首先，劳动者在一切社会生产形式的结构中，是最活跃、最能动、最重要的因素，如果没有劳动者同生产资料的有机结合，就不会产生现实的社会生产。所以，一切形式的社会物质资料生产，不论是简单形式的体力劳动、具有一定技术含量的复杂劳动，还是更加高级的脑力劳动，都离不开劳动者的参与，离不开劳动者主体能动性的发挥。即使是全部采取自动化的生产方式所进行的生产，同样都蕴含着劳动者的全部创造力以及为其所付出的心血和精力。所以，尊重劳动就是对劳动者作为生产过程中创造劳动价值的主体身份的尊重。

其次，不论是简单的、技术含量低的体力劳动，还是复杂的、技术含量高的脑力劳动，只要是能够创造劳动价值的劳动，都是建设社会主义现代化事业、实现小康社会所需要劳动的重要组成部分，都能够创造对整个社会进步有意义的劳动价值，就这个意义而言，劳动是没有高低贵贱之分的，劳动者也是没有身份和地位之别的，他们的劳动及其在劳动中的建树，都应该毫无例外地得到整个社会的认同和尊重。只有树立这样的劳动判断标准和评价标准，才能实现对待不同形式劳动的公平，也才能实现对待包括农民工在内的普通劳动者和从事复杂劳动的知识分子的一视同仁。事实上，改革开放30多年来，脱胎于农村的农民工经过多年来的候鸟式的劳动人口迁移方式，基本完成了自我身份上的根本转变，成为我国新型产业大军的主体力量，他们在从事苦、累、脏、险的繁重体力劳动中，创造了令整个世界为之瞩目的劳动价值，为提高我国的国家实力，提高我国在国际上的竞争力做出巨大的、历史性贡献！就这个意义上说，我国农民工是最值得尊重的劳动者群体。

再次，尊重劳动，还应当尊重劳动者在物质生产和精神生产过程中所体现的积极性、主动性、创造性，以及诚实劳动的崇高品格，尤其是当代的劳模精神更需要在全社会得到切实尊重和大力弘扬。胡锦涛同志在2010年全国劳动模范和先进工作者表彰大会上发表的讲话中，高度评价了“劳模精神”，并对“劳模精神”作出如下界定：“爱岗敬业、争创一流，艰苦奋斗、勇于创新，淡泊名利、甘于奉献的伟大劳模精神，是中国工人阶级崇高品格的生动体现，是我们时代的宝贵财富，是激励全国各族人民团结奋斗、勇往直前的强大精神力量”。他还指出：“我们一定要在全社会大力弘扬劳模精神，用劳模的先进事迹感召人民群众，用劳模的优秀品质引领社会风尚，充分发挥劳模的骨干和带头作用，在全社会进一步形成崇尚劳模、学习劳模、争当劳模、关爱劳模的良好氛围。”尊重并弘扬“劳模精神”，从一定意义上，也涵盖了对广大劳动者群众所从事的劳动及其所蕴含价值的认同与尊重，全社会应当通过对劳模精神的尊重与弘扬，进一步在整个社会上营造尊重所有劳动者及其劳动的良好氛围，让“劳动神圣”、“劳动者伟大”作为一种崇高的社会价值理念，深深地镌刻在共和国的旗帜上。

最后，尊重劳动，保护劳动，必须要切实实现体面劳动。体面劳动是国际劳工组织倡导的维护劳动者切身利益和人格尊严的重要理念。“体面劳动”的概念是由国际劳工局局长胡安·索马维亚在1999年6月第87届国际劳工大会上提出的。“体面劳动”作为一个战略目标，包括四个方面的内容，即“促进工作中的权利”、“就业”、“社会保护”（重点是社会保障、职业安全和卫生、保护移民工人）、“社会对话”等，这一理念现已被人们广泛接受和认同。2008年1月7日，中共中央总书记、国家主席胡锦涛出席了在北京举行的“2008’经济全球化与工会”国际论坛开幕式，发表了题为《可持续发展、体面劳动和工会的作用》的重要讲话。胡锦涛总书记在讲话中指出：“让各国广大劳动者实现体面劳动，是以人为本的要求，是时代精神的体现，也是尊重和保障人权的重要内容。”这表明，我国政府对保护劳动者利益，实现劳动者的体面劳动目标是高度重视的。体面劳动作为一种理念或目标，一方面在保护劳动者利益方面，具有普适性意义，是一个目标，是一项原则，同时也是一个标准。另一方面，体面劳动作为一种理念，虽然具有实践意义，但是由于它是以理念的形态被提出来的，仅具有一般意义，因此还只是抽象的理性标准，还不具备可操作性，需要将其量化或者具体化。笔者认为，提出体面劳动的初衷，并不在于这一理念有多么新颖，多么有创意，多么吸引人，而是要将这一理念落实到维护劳动者权益的实际行动当中。如果只是将其作为理念，使其束之高阁，无异于一句响亮但却空洞而毫无内容的口号，更遑论维护劳动者应该享有的切身利益及合法权益了。因此，体面劳动亟待具体化，应当成为一种迫切而现实的要求，同时需要籍此寻求一条由此达彼的联系纽带，将理念形态的体面劳动同具体实际联系起来。笔者认为，促进体面劳动的理念同维护劳动者合法权益的现实联系应当是政府的责任，但是工会组织也承担义不容辞的责任。要将体面劳动具体化，需要由政府相关部门为主导、工会组织代表劳动者利益，同雇主组织进行三方平等协商，共同研究和商定具体的、可以用来进行衡量的体面劳动的客观标准，将体面劳动理念和原则同中国的企业发展实际以及劳动者权益保障实际相结合，使体面劳动真正植根于中国的现实土壤，实现其中国化、本土化。由于我国经济发展的不平衡性，地区之间、行业之间甚至不同的企业之间都存在较大差异，因此三方协商制定体面劳动的实现标准，也不可能完全一致。这就需要积极开展区域性、行业性的三方协商，将体面劳动同区域或行业的劳动状况及劳动者权益维护状况紧密地联系起来，有的放矢地制定具体标准，实现体面劳动，切实维护劳动者利益。那些规模较大、分布较广的企业集团，可以单独进行三方协商，制定标准。

二、尊重劳动与保护劳动的内在联系

尊重劳动、保护劳动，绝非空洞的口号，而是具有丰富的内涵，是彼此依赖、相互联系的有机整体。尊重劳动和保护劳动，要求在认识和重视劳动所具有的创造意义的前提下，既要尊重劳动者劳动的付出，同时也要关心劳动者应当享有的合法权益。因此，保护劳动在一定意义上，也是尊重劳动，是实现尊重劳动的重要保证和基础。保护劳动就其本质而言，就是保障劳动者现实的利益需求，实现其合理的利益诉求，以及合法的劳动权益。尊重劳动而不保护劳动，尊重劳动就成为一句空话，这样的劳动就不是体面劳动；只有实现保护劳动，才能实现真正意义上的尊重劳动。这就是尊重劳动、保护劳动之间存在的内在逻辑关系。

保护劳动，就是保护和维护劳动者所应享有的一切合法权益，不论从事什么职业的劳动者，包括广大农民工在内，都具有自己应当享有的法定权益，就这个方面而言，劳动者的身份是平等的，没有高低贵贱之分，不存在身份和地位上的差别。当然，就劳动形式而言，存在一定的差别，有从事脑力劳动者，有从事具有一定技术含量的技术工作者，也有从事技术含量低甚至没有技术含量的体力劳动者；劳动者的身份也存在差别，有受过高等教育的知识分子，有长期生活在城市中的市民，也有来自农村的农民工。这些差别是客观存在的，但是如果对这些差别进行科学抽象，那么就可以得出如下结论：

无论劳动者所从事的职业劳动是否有差异，无论他们的身份是否有差别，但是他们作为公民，所应享有的合法权益是没有差别的，都受到国家宪法的保护；他们在为社会创造价值和财富、为推动社会向前发展等方面，也不存在任何质的差异。同时，有效保障和实现劳动者体面劳动，对于从事各种劳动形式的劳动者也是没有任何差异的。因此，在保障劳动者合法权益方面，应当高扬劳动神圣的旗帜，摒弃一切对劳动者的歧见，这是实现体面劳动最重要的思想基础。

保障劳动者合法权益及其实现，这是贯彻落实科学发展观的内在要求，也是实现可持续发展的不可或缺的重要内容。

三、尊重和保护劳动需要正确处理共建共享的辩证关系

尊重劳动、保护劳动，实现劳动者的体面劳动，在现实中，就是要正确处理好共建共享和共享共建的对立统一关系。

“发展是硬道理”，发展问题关系到一个国家的前途命运，是一个国家进步的强大驱动力。胡锦涛同志在2010年全国劳动模范和先进工作者表彰大会上的讲话中，非常明确地提出一个精辟的论断：“发展是解决中国一切问题的‘总钥匙’。”这一论断的意义重大而深远，它抓住了我们正在进行的社会主义现代化建设中不断遇到的一个最主要矛盾，就是发展问题。它表明，我国在社会主义市场经济建设过程中，在改革开放不断深入的关键阶段，所产生的一切问题与矛盾，所面临的一切复杂环境和重大挑战，最终都应当通过发展来解决，如果离开发展这一解决中国所有现实问题和矛盾的“总钥匙”，我们在前进的路上将举步维艰，寸步难行。那么发展依靠什么，除了国家制定的相关国策，以及相关的方针、政策以外，解决国家发展问题的根本，就在于必须紧紧依靠广大劳动者及其所从事的一切形式的社会劳动，充分发扬工人阶级，包括广大的进城务工人员在社会主义市场经济建设中的主力军作用，对于这一点不能有丝毫的动摇和怀疑。

我国工人阶级和广大劳动群众是推动我国现代化建设事业发展的主力军，长期以来，他们通过自己的辛勤劳动，为国家创造和积累了大量的物质财富和精神财富，为提高国家综合国力作出了不可磨灭的伟大贡献。他们理当享有由他们亲手创造的一切改革和发展成果，实现在共建中共享，这也是社会主义生产目的的内在要求。实现在共建中共享，本质上就是要在发展生产力的同时，保护生产力；人作为生产力中最积极、最活跃的因素，不是抽象的，

而是具体的，是具有内在规定性的丰富的主体，保护生产力就必须关注劳动者自身的利益需要及其实现程度。同时还要在共享中促进共建，也就是保护生产力是为了更好地发展生产力，这是最现实、最深刻和最根本的辩证法，是不可违背的客观规律，也是实现尊重劳动的题中应有之义。在处理共建和共享辩证关系中，分享改革发展成果，最根本的就是在促进充分就业的条件下，不断增加劳动者特别是一线劳动者的劳动报酬，实现劳动者切身的经济利益。要通过发挥三方机制的作用，积极开展包括工资平等协商在内的集体协商制度予以保障。党和各级政府要将保障职工和广大劳动群众经济、政治、文化、社会权益作为神圣职责，通过建立健全劳动关系协调机制，通过法律、法规和政策的制定和实施，全面予以保障。企业也要正确处理尊重劳动、保护劳动的关系，这是营造和谐稳定劳动关系的重要基础，是实现劳动关系“双赢”的不二选择。各级工会组织要高扬主动依法科学维权的旗帜，充分履行各项职能，切实发挥职工群众权益的代表者和维护者的作用。

四、尊重和保护劳动是解决劳动关系矛盾的基本前提

尊重劳动、保护劳动，应正确认识并高度关注劳动关系发生的新变化，抓住主要矛盾，采取有效措施，及时化解矛盾，将影响和侵害劳动者权益的程度降到最低限度。

在后金融危机时代，在劳动关系矛盾频发的新形势下，应当密切关注劳动关系的新变化，并根据已经变化的劳动关系，制定相应的处理对策。当前，在后金融危机时代，我国进入社会矛盾多发期，其中劳动关系矛盾令人瞩目，成为世人关注的焦点。比如南海本田停工事件、“富士康”十二连跳事件以及各种因劳资矛盾而引发的工人集体行动。据此有论者认为，我国劳动关系发生了许多新变化，诸如突发事件增多了，劳动者与用人单位之间的劳动争议事件大幅增加了，等等。笔者认为，这种认识还仅仅局限于从量的层面对劳动关系所谓的变化进行表象化的描述，并没有从根本上合理地诠释这些现象增加的内在原因。笔者认为，自从国际金融危机爆发以来，我国的劳动关系确实发生了根本性变化，这种变化主要体现在劳动关系主体一方——劳动者群体本身发生了质的变化，新生代农民工正在接替老一代农民工，成为新型产业工人的主体力量。目前，这一劳动者群体的结构也在发生巨大变化，一部分来自农村的大学毕业生正在加入这个群体，被人们称之为：大学生农民工群体。由于这一群体的特殊性，从而赋予二代农民工以更加复杂多变的规

定性。总之，笔者认为，来自农民工群体自身的变化绝不仅仅是农民工简单的新老交替问题，这一交替的背后，实则是两代农民工生活方式、行为方式、劳动方式和价值取向的根本转向，这一变化成为引起劳动关系其他变化的根本原因和内在依据。新生代农民工具有老一代农民工完全不具备的独特素质和利益诉求，诸如他们的文化程度高于老一代农民工，在利益取向上要求满足其全面的利益需求，而不仅仅局限于经济利益的实现；在生活方式的选择上，憧憬城市生活，等等。由上述各种变化，决定了新生代农民工对利益被侵害更加敏感，反应也更迅速、更积极、更强烈，他们对利益诉求的表达形式也更直接，采取的行动也更加激烈。根据劳动关系这一变化，不论是企业单位，还是工会组织，如果仍然沿袭处理老一代农民工利益矛盾的做法，对待新生代农民工，一定会出现严重问题。富士康员工连续跳楼事件印证了这一点。因此，企业应调整策略，重新认识劳动关系的新变化，积极营造构建和谐劳动关系的良好氛围，以应对劳动关系的新挑战；工会组织也应当积极调整维权方式，使其真正成为劳动者利益的表达者和代表者，切实保障劳动者的合法权益。

综上所述，尊重劳动、保护劳动，是实现体面劳动的基本前提和重要基础，同时也是促进社会公平正义实现的内在动力之一。公平正义是实现社会和谐的根本保证。实现尊重劳动、保护劳动的社会意义在于，在企业微观层面上形成的公平，是全社会形成并实现社会公平正义的重要基础。同时，在社会上倡扬尊重劳动、保护劳动，使其成为各级政府、企业乃至整个社会的共识，反过来又会对保障劳动者的合法权益、构建和谐劳动关系产生积极影响，进一步推动社会公平正义的实现和发展。2011 年是我国“十二五”计划的开局之年，是建设和实现小康社会的关键时期，也是深化改革开放、加快转变经济发展方式的攻坚阶段。坚持以科学发展为主题，就应当重视人的全面发展，其中包括尊重劳动和保护劳动，满足广大劳动者各种利益需求，这也是社会主义生产目的的本质要求。各级工会组织应当在努力贯彻落实“两个普遍”工作方针过程中，将尊重劳动、保护劳动，实现体面劳动作为自己的工作目标，切实维护广大劳动者的利益及其合法权益，推动小康社会建设的发展。

（原载于《工会信息》2011 年第 1 期，全文 6500 字）

分化：转型期劳动关系变化的态势

摘要： 转型期劳动关系的分化，具有不可避免的客观必然性，呈现出不同于计划经济体制下劳动关系的特点，诸如趋利性、多样性、变动性、发展的不平衡性和日渐增强的主体性。分化是对维系几十年的计划经济体制下的劳动关系单一模式的否定，因而具有十分重要的意义。

关键词： 转型期；劳动关系；分化；特点

在由计划经济体制向市场经济体制全面转换过程中，我国的劳动关系正在发生剧烈的变革，呈现出多元化的分化态势。相对于计划经济体制下劳动关系的单一模式，转型期劳动关系的分化态势具有以下特定内涵：其一，就劳动关系主体双方而言，在转型期间经受着不断深化的企业改革以及建立现代企业制度所带来的巨大影响。随着企业的产权关系日趋明晰化，企业的运作完全纳入市场的轨道，劳动关系为适应这一变化，必然要改变原来的模式，向以经济利益为基础的主体身份回归。其二，改革开放以来，各种不同的经济类型企业得到迅速发展，企业劳动关系由于受不同的所有制关系、分配方式的制约，其类型亦由单一模式向多样性的方向分化。其三，劳动关系的分化只是一种态势，不具有终极意义；作为一个过程，劳动关系在变革中实现分化，在分化中完成变革，因而处于分化过程中的劳动关系，尚不能形成某种固定的模式。

转型期劳动关系的分化，具有不可避免的客观必然性。改革是一场革命。在建立社会主义市场经济体制的条件下，社会的政治、经济、文化等各个领域都在发生相应的变革。作为最基本的社会关系——劳动关系是这种变革的首当其冲者。劳动关系的变革以其类型的多元化作为外在的表现形式，它所反映的深层本质则是利益关系的分化与调整。劳动关系作为一种利益关系，它赋予劳动关系双方的身份，首先是利益主体身份。改革中产生的现实的利益差别、矛盾、冲突及其调整和解决，决定了劳动关系的现实性及其实现形式。所以，就这个意义而言，劳动关系的分化，是以利益的分化与调整为基本动因的，由此决定了分化的必然性。

在社会转型期间，由社会主义市场经济的所有制关系、分配方式以及企业的经营方式所决定的劳动关系的变革与分化，呈现出不同于计划经济体制下劳动关系的特点：

1. 趋利性。转型期劳动关系实现的强烈变革，实质上是利益的分化与调整，这种分化与调整反映了劳动关系主体双方全面的利益关系。随着以市场为取向的企业改革不断深化，劳动关系的一方（用人单位或雇主）为使企业在市场竞争中能够生存与发展，在调整处理劳动关系时，必然以能否使企业获利作为处理原则；另一方（劳动者）所关注的则是能否实现自身的价值，取得相应的经济利益。因此，转型期的劳动关系凸现出鲜明的趋利性特点。

2. 多样性。改革开放给中国带来的变化之一就是形成了以公有制经济为主体，多种经济成分并存的格局，受此影响，企业劳动关系的类型具有了多样性特点。

3. 变动性。这是转型期劳动关系在分化中所体现的最显著的特点。这一特点在一定程度上反映了处于新旧两种体制转换期间劳动关系的过渡性，亦即劳动关系尚未形成比较稳定的模式，而是处于变动之中。

4. 发展的不平衡性。在建立和完善社会主义市场经济体制过程中，由于各个地区经济发展速度、改革力度的差异，致使劳动关系的变革呈现不均衡的特点。

5. 日渐增强的主体性。主要体现在劳动关系主体双方的自主性增强。从理论上讲，劳动关系双方在劳动实践中，一方面不断地实现主体的对象化；另一方面劳动关系双方相互制约、相互作用，其中的一方以肯定对方的平等身份为前提，在规定对方的同时，亦被对方所规定。在实践上具体表现为：在就业、用人、分配等方面，用人单位或个人拥有较大的自主性，不再受行政命令的干预；劳动者亦具有较强的参与意识和自我维护意识。

如上所述，劳动关系的分化态势是建立和完善社会主义市场经济体制所引起的必然结果。分化是对维系几十年的计划经济体制下的劳动关系单一模式的否定，因而具有十分重要的意义。但是，还应当看到劳动关系在分化过程中所显示出的过渡性、不成熟性、不规范性等不足，需要不断地现代化。

劳动关系的现代化，其特定涵义是指劳动关系的合理化，客观上要求消除劳动关系中存在的权力恣意支配的现象，建立起“法的支配”关系。其目标指向，是推动劳动关系从分化的态势走向整合，克服当前劳动关系存在的种种弱点，建立起以经济利益为基础的，以同志式的合作为形式的，稳定合理、互惠互利的劳动关系。劳动关系的现代化需要经历一个过程，其实现的基本条件是：首先，要有国家相应的法律予以保障，有相应的政策进行调整；其次，继续深化企业内部的改革，同时要完善企业外部的保障体系；再次，要全心全意依靠工人阶级，高度重视工人阶级在改革中的主力军地位；最后，充分发挥工会的代表和维护职能作用。

综上所述，可以得出以下结论：在新旧体制转型期间，劳动关系由单一模式向多样化方向分化，是一个历史性的变革。随着社会主义市场经济体制的确立和完善，劳动关系的未来走向，必然由分化趋于整合。因此，从劳动关系发展的总体趋势来看，分化是劳动关系变革过程中的一个不可缺少的重要环节。

（原载于1994年6月3日《工人日报》，全文2000字）

关于劳动关系与劳动者地位的理论思考

摘要：在劳动关系中，劳动者权益的实现是一个过程，其地位是指处于一定的劳动关系之中并受其制约和决定的以劳动者权益保障为主要内容的劳动者自身利益的实现程度。变革中的劳动关系对劳动者的地位产生重大影响，实现劳动者地位的主体条件在于提高其“地位”观念和自身素质；实现劳动者地位的客体条件在于加强劳动关系规范化工作，使劳动者在劳动关系中尽快改善弱者地位，实现真正意义上的平等。

关键词：劳动关系；劳动者；权益；保障

在由计划经济体制向市场经济体制全面转变过程中，我国的劳动关系正在经历着最深刻的历史性变革，由此而引发的劳动者的劳动权益及其保障问题，成为国家、企业乃至整个社会关注的焦点，成为劳动者自身利益赖以实现的目标指向。劳动者在劳动关系中的地位问题不容回避地被提出来了。

一、关于“劳动者地位”的界定

劳动者权益的实现是一个过程，受各种因素和条件的制约具有程度之分，具体在劳动关系当中，表现为劳动关系双方在利益的一致、差别和矛盾中，实现对劳动者利益的确证和认同。据此，可以对劳动者地位作出如下界定：所谓劳动者地位，是指在一定的社会经济条件下，处于一定的劳动关系之中并受其制约和决定的以劳动者权益保障为主要内容的劳动者自身利益的实现程度。

上述界定至少涵盖以下几层含义：

1. 劳动者地位的界定不是一种脱离实际的主观规定，而是处于一定的劳动关系之中的劳动者的现实利益关系在理论上的反映。

2. 劳动者地位不是空洞无物的观念，而是以劳动者享有的劳动权益为实在内容，通过对劳动权益的切实保障及其合法权益的实现得以确立。

3. 劳动者地位的确立，是以劳动者在劳动关系中作为独立的利益主体身份为前提的。不具备这个身份，等于失去确立劳动者地位的前提条件。

4. 劳动者地位的确立，是劳动关系内在利益矛盾的产物，其地位的高低，首先取决于劳动关系双方力量的对比状况。

5. 劳动者地位不能被理解为某一个机械位置，而应当理解为一种现实的利益关系。它既是劳动关系内部的利益一致、差别和矛盾的直接反映，又是判断劳动关系和谐与否的客观标志。

6. 劳动关系作为社会关系系统中的最基本、最普遍的关系，本质上是以劳动者为利益主体的一方与以支配或使用劳动力为利益主体的另一方的全面的经济利益关系。双方相互依存，又相互制约，各自以实现和满足自身的利益要求为最基本的利益取向，由此决定了双方地位的确立，首先是在调适和解决双方利益差别与矛盾的过程中实现的。

二、变革中的劳动关系及其对劳动者地位的影响

相对计划经济体制下劳动关系的单一模式，处于社会转型期的我国劳动关系正以变革的方式实现对旧有模式的否定，呈现出多元化的利益分化态势，契约化的发展趋向，并面临市场化的严峻挑战。这种变革意味着对劳动关系主体双方利益关系的调整，使双方实现向各自利益主体身份的回归。其意义在于：劳动关系双方在确定各自身份的同时，也明晰了各自的利益分野以及各自所享有的权利和义务。同时，也要经受劳动关系调整中所带来的利益冲击，对于劳动者而言，尤其如此。

1. 劳动关系多元化的变革态势，决定了劳动者地位在发展中的不平衡性

自改革开放以来，在我国以公有制经济为主体的社会经济结构中，各种不同经济类型的企业得到迅速发展。企业劳动关系由于受不同的所有制关系、分配方式以及管理方式的制约和影响，形成不同的类型。诸如：国有企业劳动关系、三资企业劳动关系、乡镇企业劳动关系以及私营企业劳动关系。不同类型的劳动关系代表不同的利益关系，它决定受其制约的劳动者利益的实现程度，从而使不同经济类型企业的劳动者的地位状况呈现一种不平衡的状态。

2. 劳动关系市场化直接决定劳动者利益的实现

在社会主义市场经济条件下，劳动者作为生产要素，进入劳动力市场，

使自己拥有了自主的就业权利和择业自由，同时迫切要求自己所拥有的合法劳动权益得到有效保障。企业在以市场为取向的改革中，逐渐从对国家的依附关系中剥离出来，成为产权明晰、权责明确、自主经营、自负盈亏的生产经营实体和市场竞争主体，并在企业用工、分配等方面拥有自主权。劳动关系双方在市场化过程中，均被赋予了以各自利益为基础的各项权利、义务和责任，引起原有利益格局的调整。劳动者由于在劳动关系中处于弱者地位，其劳动权益的保障问题越来越突出，成为劳动者维护自身利益的实在内容。

3. 劳动关系契约化是保障劳动者合法权益的有效途径

改革是一场革命，其目的是解放生产力、发展生产力，同时还应当保护生产力。劳动关系的变革同改革的目的应当是一致的，但是劳动关系变革本身所固有的难度决定了它的过程性和曲折性，使其在现实的调整中尚不规范化，难免要影响劳动者的实际利益。但是，随着改革的深入，相关法律体系的建立与完善，劳动关系的调整将向契约化方向发展，完全纳入法制化轨道，劳动者权益保障及切身利益的维护将通过法律手段予以保证。诸如：签订劳动合同，通过集体民主协商签订集体合同，依法加强企业民主管理等。

三、职工主人翁地位与劳动者地位

劳动者地位的提出，并不与职工主人翁地位相矛盾，两者在根本上是一致的。

职工在国家和企业中的主人翁地位是由我国《宪法》及其他相关法律、法规明确规定的，我们进行的改革是同社会主义制度紧密相联的，因此不论改革如何深入，只要我国的社会主义制度没有改变，职工在国家和企事业中的主人翁身份和地位就不会改变。我们的改革，从某种意义上讲，就是要真正解决职工在企业中当家做主的问题，寻求主人翁地位的最佳实现形式。

在劳动关系中确立和保障劳动者地位，是市场经济条件下实现主人翁地位的前提与基础。

首先，实现劳动者的各项劳动权益是保证职工主人翁地位的基本条件。职工主人翁地位绝非空洞的政治口号，而是具有实在内容的现实问题，它是以职工切身经济利益及其所享有的各项合法权益的实现与满足为客观基础的。在市场经济条件下，重视与保证劳动者地位，正是要将职工主人翁地位置于现实的经济利益基础之上。

其次，劳动者地位的确立，适应了市场经济条件下对职工主人翁地位的客观要求。企业以市场为取向，在转机建制中成为独立的经营实体和市场竞争主体，必然要引起企业内部利益关系的调整。在这种情况下，保证职工主人翁地位应与企业改革的实际相契合，从中寻求最佳的实现形式。

最后，职工主人翁地位与劳动者地位不完全是同一概念。劳动者地位是指在劳动关系中的劳动者同经营者的现实利益关系；职工主人翁地位则是一个外延广泛的概念，它既包括职工参与对国家事务的管理，也包括职工参与对企业的民主管理，充分行使当家做主的权利。这两者之间，劳动者地位是实现职工主人翁地位的前提与基础。在市场经济条件下，更是如此。

四、实现劳动者地位的主体条件和客观途径

1. 实现劳动者地位的主体条件

劳动者合法权益的保障不仅取决于国家制定的相关法律、政策以及社会、企业的保障机制，而且受劳动者自身主体条件的制约。

劳动者主体条件可分为两个基本层面：一个是意识层面，一个是素质层面。

（1）劳动者的地位观念

与劳动者地位密切相关的是劳动者“地位”观念的形成，它是劳动者主体意识的重要组成部分。劳动者的“地位”观念，是指劳动者在劳动关系中的现实利益关系状况在主观上的自觉反映，它是通过劳动者对自身地位的深刻反思逐步确立的。

在社会转型期间，由于劳动关系的变化，劳动者的“地位”观念具有以下几个特点：

第一，危机感。企业用工制度和分配方式的改革，打破了劳动者对于企业的过分依赖，由此而产生了危机感。特别是在劳动力市场形成买方市场的条件下，劳动力供大于求，劳动者之间的上岗竞争、就业竞争以及失业之虞，加重了劳动者的危机感。

第二，失落感。即在一些劳动者中间存在的“主人翁失落感”。它所产生的经济原因在于经济利益格局调整对劳动者切身利益的影响。“主人翁失落感”的形成是一种暂时的现象，并不意味着劳动者对自我的完全否定，而是一个劳动者对变革中的劳动关系及自身的现实地位状况的重新认识过程，它不过是以扬弃的方式实现对自我重新肯定，从而使劳动者确立了双重身份：他们既是国家和企业的主人，同时在劳动关系中又是企业的劳动者。随着市

场经济的发展，改革的深化以及劳动关系的协调运行，“主人翁失落感”将会日趋淡化。

第三，自主性。主要表现为劳动者维权意识的形成。这是劳动者“地位”观念的核心内容和主导方面，它的产生适应了市场经济的客观要求，深刻地反映了劳动者要求保障自己劳动权益的强烈愿望。就其性质而言，它是劳动者对自身劳动权益状况进行自我观照过程中逐步形成的自主意识。主要表现为：一是劳动者为提高自己的政治地位而表现出来的参与国家事务及企业民主管理的当家做主意识；二是劳动者为提高自己的经济地位而表现出来的竞争意识和劳动积极性；三是劳动者为提高自己的社会地位而表现出来的对自己的职业行为、劳动成果及社会形象而采取的认真负责的精神；四是劳动者为维护自己在劳动法律关系中的地位而表现出来的追求平等的意识。

（2）劳动者素质

劳动者素质是实现劳动者地位最重要的主体条件。一般划分为：身体素质、思想政治素质和道德水平、科学文化素质和专业技能。其中，身体素质是劳动者整体素质的自然条件和物质基础；思想政治素质是劳动者素质的“灵魂”；科学文化素质是劳动者的智能因素。这三者相辅相成，共同决定劳动者的整体素质水平。劳动者地位的实现，是以劳动者自身素质状况为基础的，如果缺乏必要的素质准备，劳动者的地位便不能顺利实现。

2. 实现劳动者地位的客观途径

在社会转型期间，劳动者的劳动权益保障问题直接关系到经济的发展、改革的深化以及社会稳定的大局，因此需要得到全社会的关注，需要通过国家制定的方针政策、法律法规进行全面保障。同时，还要加强劳动关系规范化工作，使劳动者在劳动关系中尽快改善弱者地位，实现真正意义上的平等。

首先，要在全社会大造舆论，大张旗鼓地宣传劳动者在改革开放中的历史地位和主力军作用，树立劳动者全新的社会形象，不断提高劳动者的社会地位。

其次，企业在深化改革、建立现代企业制度过程中，要坚持民主管理、坚持实行职工代表大会制度，支持劳动者积极参与民主管理，充分发挥其主人翁作用。股份制企业要正确处理董事会、监事会、股东大会同企业党委会、工会、职代会的关系，寻求最佳结合方式，探寻民主管理新的实践形式和途径。

再次，以贯彻实施《劳动法》为契机，加强对《劳动法》实施中遇到问题的研究，不断完善实施办法，将劳动者权益保障纳入法制化轨道。同时，还应加强与劳动者权益密切相关的劳动立法工作。

最后，工会在新的历史时期，其身份地位更加明晰了，其作用也更加突出了。它在维护劳动者权益方面的任务主要包括：坚持和改进民主管理工作，保障劳动者享有的民主参与权利；在实施《劳动法》的过程中，工会要依法保障劳动者签订劳动合同的工作，工会要代表劳动者的利益要求参加集体谈判，订立集体合同，保证劳动者的经济利益；当劳动者切身利益受到损害时，工会应当参与劳动争议的协调与解决；工会要代表劳动者的利益，积极参与有关劳动立法工作，加强源头维护的力度。目前，一些三资企业、乡镇及私营企业中尚未组建工会，因此要加快在这些企业中组建工会的步代，尽快使这些企业中的劳动者合法权益得到有效的维护。

（原载于 1995 年 7 月 4 日《工人日报》，全文 4500 字，中国人民大学复印报刊资料《劳动经济与人力资源管理》1995 年第 7 期全文转载）

国有企业劳动关系的变化及特点

摘要： 国有企业在转换经营机制过程中，其劳动关系正在经历着最深刻的历史性变革，呈现两个最基本的特点：过渡性和复杂性。改善国有企业劳动关系状况的前提，应实现扭亏增盈，建立起规范劳动关系的协调机制，以及充分发挥工会组织的作用。

关键词： 国有企业；劳动关系；特点

国有企业在转换经营机制过程中，正在经历着最深刻的历史性变革，尤其以劳动关系的变革更为突出，主要表现为：劳动关系正在由计划经济体制下的利益一体格局，逐步向市场经济体制下的利益分化与协调的方向发展；在这一过程中，劳动关系的两个利益主体身份处于逐渐明晰的变化之中，但是尚未完全明晰；劳动关系内部的力量对比也正在由旧的均衡态势向充满利益差别的不平衡状态转化，劳动关系的调适方式由过去的政府行为向企业行为转变，但是政府行为的影响犹在。

一、国有企业劳动关系的变化态势

目前，国有企业劳动关系伴随着企业转机建制的进程，正在发生相应的变化，主要表现为：

1. 劳动关系内部的地位差别正在逐渐拉大。国有企业在体制转型期间，根据企业转机建制的需要，经营者在企业的劳动、人事和工资分配等方面拥有更多的自主权，这种状况反映在劳动关系内部，表现为经营者与劳动者之间的地位差别逐渐拉大。

2. 国有企业劳动关系在运行机制上，正在由计划经济体制下的国家调控向市场调控转变。但是，由于目前我国的劳动力市场还不健全，劳动关系内部的协调机制有待规范，因此，在逐步实行市场调控的情况下，还不能完全排除运用行政手段进行调控。

3. 国有企业劳动关系双方的利益主体身份逐渐明晰。对于经营者而言，作为企业的法人代表身份是十分明确的；对于劳动者而言，在经历了十几年的企业改革之后，劳动者比以往任何时侯都更加关心自身的利益。近些年来，国有企业劳动争议发生率呈上升趋势便是一个佐证。

4. 国有企业劳动关系的调整逐步纳入法制化轨道。用法律规范劳动关系是保障劳动关系健康发展的基本途径。《劳动法》及其相关的法律、法规的颁布实施，为依法规范国有企业劳动关系提供了重要的法律依据。

二、国有企业劳动关系的基本特点

国有企业劳动关系就目前的状况而言，除了具有市场化、契约化等一般性特点以外，还具有自身的两个特点，即过渡性和复杂性。

1. 过渡性。这是就国有企业劳动关系变化的发展趋势而言的。国有企业劳动关系的过渡性状态，是在计划经济向市场经济过渡中逐渐显现的。现实的劳动关系虽然经历了对传统劳动关系模式的辩证否定，然而两者间的历史联系并没有完全割断；同时，适应社会主义市场经济体制需要的新型劳动关系模式尚未完全生成。这样，就必然使得国有企业劳动关系既具有计划经济体制下劳动关系的某些旧的特征，同时还带有社会主义市场经济体制下劳动关系的某些新特征。

过渡性在劳动关系中具体地表现为不规范性。

首先，在劳动关系的主体构成上，规范的劳动关系要求两个利益主体身份明晰，在此基础上，形成两个利益主体所构成的全面的经济利益关系。在现实中，企业已经形成或正在形成较为独立的经营实体和利益实体，并在劳动关系中已经或正在确立较为独立的利益主体身份。相比之下，劳动者在企业劳动关系中的利益主体身份在某些国有独资企业里，尤其是某些亏损的国有大中型企业里，还显得比较模糊。

其次，在劳动关系运行机制上，其不规范性主要体现在：虽然改变了国家调控机制的模式，但是由于市场调控尚待完善，因此，通过行政手段调整劳动关系的状况在许多企业里并没有从根本上得到改变。此外，在大部分公有制企业里，虽然已经实行了劳动合同制，但是，劳动合同从签订到实施的每一个环节，都需要依照相关的法律、法规进行规范，实践中这些环节都产生了一些问题，并需要加以解决。

2. 复杂性。与非公有制经济企业的劳动关系相比，国有企业劳动关系无论是在变革方式上，还是在具体调整中，都具有复杂化的特点，主要体现在以下方面：

其一，理论与现实的矛盾。

非公有制企业中的劳动关系，双方的利益关系非常明确。而国有企业劳动关系的确定与调整，却有许多问题需要解决。首先是理论与现实的矛盾。从理论上讲，国有企业的改革与发展，都必须要坚持以公有制为主体，坚持职工当家做主，这是不可违背的根本原则；经营者和劳动者作为工人阶级队伍中的成员，又都是生产资料的所有者，是企业的主人，因此，在劳动关系中双方的利益矛盾是容易得到有效调整和解决的。但是，在现实的劳动关系中，由于经营方式的变革，劳动关系双方的利益冲突和矛盾却是普遍存在的，如何解决这种理论与现实的矛盾对国有企业劳动关系的变革有着重要的意义。

其二，国有企业历史上遗留下来的“老大难”问题不仅增加了改革的难度，同时也使劳动者的权益保障面临更加复杂的局面。

目前，我国国有企业普遍存在着“三大历史包袱”，即债务、富余人员和企业办社会。此外，企业“经济效益较低”的状况也没有从根本上解决。

企业要发展，就必须通过改革从根本上解决历史遗留下来的上述问题，而这些问题同劳动者的切身利益又是密切相关的。在改革的配套措施尚不具备的情况下，着手解决历史遗留问题，必然要触及一部分劳动者的切身利益。如果处理不好改革同劳动者利益的关系，不把劳动者的利益损失减少到最低程度，那么必然会对劳动关系的调整带来严重影响。

其三，国有企业劳动关系的调整方式因企业经济效益的高低而表现出不同的特点。

在一些经济效益好的企业，经营者的声望比较高，他们在劳动关系中的地位也比较高。企业效益好，劳动者的切身利益及劳动权利容易得到有效保障，因而他们的生产积极性以及参与企业管理的热情也相应地得到提高。企业劳动关系就比较和谐。

企业经济效益差，经营者的权威及其在劳动关系中的地位就会相对地降低，甚至得不到广大职工群众的信赖；同时，劳动者的切身利益，首先是经济利益难以得到保障。这是一条已经被实践证明了的规律。

三、改善国有企业劳动关系状况亟待解决的几个问题

1. 扭亏增盈是国有企业协调劳动关系的前提和基础

当前，亏损是许多国有企业面临的最大困难。企业连年亏损，职工最基本的生活水平得不到保证，那么其他的劳动权益也无法实现。因此，尽快结束亏损局面，实现扭亏增盈，乃是国有企业亟待解决的重大问题。

2. 建立规范劳动关系的协调机制

首先，要依据法律进一步廓清劳动关系双方的利益分野，明晰双方的利益主体身份以及各自享有的权利和义务；其次，依据《劳动法》规范劳动合同制，不仅要规范劳动合同的签订环节，还要规范履行劳动合同的行为，以保证劳动关系依法建立；再次，国有企业要逐步推进集体谈判制度，积极探索实行集体谈判的有效途径，通过集体协商，签订集体合同，确保劳动者的合法权益；最后，要依法规范劳动争议的处理工作，建立和健全劳动争议处理制度和劳动监察体制，切实依照法律保护劳动者的合法权益。

3. 充分发挥工会组织在协调劳动关系中的重要作用

在体制转型期间，国有企业的工会组织要转变自己的活动方式，切实维护劳动者的合法权益，认真履行《工会法》和《劳动法》所规定的工会权利和义务。当前，工会应以依法调整劳动关系作为工作重点，代表劳动者的合法权益，参加集体谈判，同企业签订集体合同，切实保障劳动者的劳动权益。

（原载于1995年9月20日《工人日报》，全文2900字）

公平与正义：劳动关系调整中的伦理维度

摘要：当代中国新型劳动关系正在孕育和发展之中，其基本特征之一就是劳动关系调整中体现了强烈的道德关怀和伦理精神，这种伦理精神辐射和放大，就是如何实现公正和公平，它包括劳动关系中的利益主体身份地位的平等、分配中的公正、劳动者待遇上的保证和自身价值的实现。劳动关系的伦理调整已经成为解决劳动关系复杂矛盾的基本方式之一。

关键词：劳动关系；伦理调整；公平；正义

当代中国新型劳动关系正在孕育和发展之中，其基本特征之一就是劳动关系矛盾调整中体现了强烈的伦理精神。主要表现为：政府通过相关立法体现出对劳动者权益的道德关怀，执法机关强有力的执法行为对社会公正的维护，媒体和舆论界对非法侵害劳动者权益行为的道德谴责以及对处于弱势地位的劳动者群体的深切同情，工会对劳动者权益的积极维护，国际上的企业社会责任运动对中国劳动关系的影响以及这种运动本土化对企业伦理的考验，等等。劳动关系的伦理调整已经成为解决劳动关系复杂矛盾的基本方式之一。我国在劳动关系重建中必须对其予以高度关注。在关注这些问题，并采取法律手段解决这些矛盾的同时，有必要采取各种方式，在全社会形成一种同情弱者，谴责不法行为的氛围，以期引起政府和执法机构的应有重视。就这个意义，劳动关系在依法调整过程中，还应当本着以劳动者为本的原则，体现出尊重人、关怀人、帮助人、爱护人的强烈伦理精神。这种伦理精神辐射和放大，就是如何实现公平和正义，它包括劳动关系中的利益主体身份地位的平等、分配中的公平、劳动者待遇上的保证和自身价值的实现。等等。

一、劳动关系调整中的伦理精神

公正原则是社会伦理中的重要原则，它是建立在利益基础之上的。并通过利益的实现客观地反映出来。劳动关系中伦理的核心问题就是公正及其实现问题，就是在劳动关系调整中如何最大限度地实现公正原则，以切实保证劳动者的自身权利及合法权益。

现实的情况给劳动关系调整的公正化带来严峻的挑战。调整当代中国的劳动关系将会遇到许许多多的困难，这是因为中国的劳动关系具有复杂性和过渡性特点。笔者认为，所谓复杂性是指劳动关系在现实运行过程中，由于劳动关系正处于向市场经济过渡中的发育时期，其形式的多样性、内容的交错性、调整方式的不完善性和不规范性，造成了劳动关系调整中的各种困难。其本质在于劳动关系内在的利益主体身份的复杂性。劳动关系的过渡性，是随着我国社会主义市场经济发展过程中相伴而生的。两种不同的社会经济体制转换，不是一蹴而就的，需要一个长期的过程，这个过程既是一个辩证否定的过程，也是一个积极建构的过程。这一过程本身的意义在于，不断探索和调适相关机制，不断地改进和完善改革的内容。对于劳动关系问题，更应当作为国家经济发展总体过程中的一个重要系统，给以应有的关注！过渡中的不完善性必然要为之付出成本和代价，尤其是劳动关系的调适，问题在于如何以最小的代价实现劳动关系调整的最佳目标。

改革开放以来，由于坚持走社会主义市场经济的发展道路，经济迅猛发展，国力迅速增强。由于过分强调 GDP 的增长速度，使我国的经济在发展中付出了高昂的代价与成本。在效率与公平的关系上，在效率优先、兼顾公平的发展理念下，突出了效率，牺牲了公平，使两者关系严重失衡。这种失衡所导致的直接结果之一，就是劳动关系内在力量的严重失衡，劳动者合法权益被侵害，在一定范围和程度上引发社会震荡，并引起整个社会的关注。在目前劳动关系复杂化的情势下，有效地解决这个问题，一是需要国家的政策导向进行引导，并通过立法对有失公平的行为进行必要的法律约束；二是在依法调整过程中，对于劳动者利益被侵害，给予必要的伦理关怀，劳动关系的伦理调整应当成为重要的手段。

二、劳动关系伦理调整的属性

对劳动关系进行伦理调整是一种客观事实，但是因其属性的内隐性和表现形式的多样性，往往被人们所忽略。事实上，当劳动关系矛盾和冲突上升到一定程度的时候，对于协调和处理劳动关系矛盾的形式、过程和结果就会形成一种道德判断，从而在一定程度上影响对劳动关系矛盾的处理和解决，有时，这种影响具有决定的意义。这里，有必要廓清劳动关系法律调整与伦理调整之间的关系，进而明确伦理调整的性质。

笔者认为：劳动关系的法律调整和伦理调整是一种相辅相成的关系，它们的区别在于：法律调整带有强制性，是一种外在的调整，是一种他律；伦理调整则是通过一定的道德规范，包括整个社会所认同的共同道德准则进行调整，它所达到的效果是在一定的伦理氛围中，对调整对象进行影响，使其对自身的行为形成道德判断。因而伦理调整是一种自律。但是，如同法律一样，道德的自律性在一定条件下，也可以向他律转化。因此，就其道德活动本身而言，它又是自律与他律的统一。因为道德规范对人的约束与法律规范不同。后者是以法律的意志、权威性和强制性手段为自己开辟道路。而道德规范本身不具有这种外在的强制力，它主要借助于公认的道德原则、社会舆论以及内心信念和良心来发挥作用，实现调整的目的。在市场经济的外在环境下，对于伦理调整的对象而言，道德的自律完全是由良心范畴在发挥作用。由自律向他律的转换，是在公认的道德准则遭受严重挑战，甚至被无情践踏的情况下，引起社会的关注，并形成强大的社会压力。对于那些违背道德规范的人们而言，道德规范不再仅仅作为内在的自律，同时转化为意义更大的、强大的社会压力。

总之，在目前劳动关系协调尚待完善和规制的情况下，法律调整和伦理调整的关系是互相结合、互相补充的关系。一般情况下，应以法律调整为主，伦理调整为辅。伦理调整常常作为一种原则贯彻到劳动关系矛盾的解决当中。

三、劳动关系的制度化调整与非制度化调整的伦理视角

笔者认为，就规范的意义而言，劳动关系调整可分为制度化调整与非制度化调整。

所谓制度化调整就是在制度框架内，经过双方有组织的谈判，最后达成双方满意的协议。诸如企业内部的工资谈判、集体协商和签订集体合同，通过职代会审议来决定企业作出的同职工利益息息相关的重大决策；或者是双方不能达成一致意见，由政府作为第三方进行调整以解决相互之间的利益矛盾；或者通过法律调节，以法律诉讼的形式由法庭进行调节或裁决，等等。这种调整方式因其是依据相关的法律法规，通过协商或仲裁最后达成一致意见，可以将这种解决方式称为制度化调整方式。制度化调整具有法制化、有序化等特点。通过制度化调整，可以避免因劳动关系矛盾而引起的冲突，最

大限度地减少社会成本的付出。制度化调整是解决劳动关系矛盾的最佳路径，但是制度化调整对于主体双方的要求是必须懂得法律，并自觉地按照法律规范办事，一旦双方中的任何一方违背法律，那么劳动关系平衡态势就会被打破。同时，对参与协调或仲裁的第三方也有极高的要求，就是必须坚持公平、公正的原则。因为第三方是以裁判者的身份出现的，不偏不倚地依法行事是其必须遵循的基本准则。在协调或裁决中，任何不公正的行为都会被其中的一方所质疑，并遭遇道德的谴责！

还有一种解决方式，就是偏离或背离法律或制度的约束。在制度框架之外另辟蹊径，可以称为非制度化调整。非制度化调整因其调整过程和结果的不同，也分为两种形式：一种是积极的，另一种是消极的。前者通过自发的行动引起相关部门的重视，使其矛盾得到及时解决，没有扰乱社会秩序；后者则是通过自发行动，以强烈对抗的方式表达自己的利益诉求，常常在一定程度上造成社会秩序的混乱。对于劳动者而言，其共同特点是出于维护自身权益而又得不到实现的原因，是不得已而为之的无奈选择；对于资方，一般是非法侵害工人权益，或者侮辱劳动者人格，或者是逃避对劳动者应当负有的责任，或者是恶意欠薪等等，他们的不道德行为一旦大白于天下，将会遭到全社会的谴责。

四、伦理调整的实践意义

对劳动关系进行伦理调整，在当前具有重要的实践意义。其一，通过调整解决劳动关系矛盾，可以减少劳动关系矛盾的解决成本，最大限度地维护广大劳动者的切身利益。其二，伦理调整的宏观意义在于，在全社会维护了公平和正义的同时，形成以社会公正为主流的道德氛围。其三，伦理调整的微观意义在于，在企业内部形成良好的道德氛围，避免劳资双方因利益矛盾而产生的内耗，有利于劳资双方利益的满足和企业凝聚力的形成，促进企业发展。其四，通过伦理调整，借助于政府或行政的权力，可以及时解决劳动关系的矛盾，减少或避免由此造成的社会震荡，有利于和谐社会建设目标的实现。

参考文献

[1] 肖雪慧：《守望良知——新伦理的文化视野》，辽宁人民出版社，1998 年。

[2] 高力主编：《公共伦理学》，高等教育出版社，2002年。

[3] 唐代兴：《利益伦理》，北京大学出版社，2002年。

[4] [美] 约翰．罗尔斯著、姚大志译：《作为公平的正义——正义新论》，上海三联书店，2002年。

[5] 唐代兴：《公正伦理与制度道德》，人民出版社，2003年。

（原载于《中国劳动关系学院学报》2007年第1期，全文3600字）

论建设有中国特色社会主义企业文化的几个理论问题

——兼论企业文化建设中的劳动关系调整

摘要：建设中国特色社会主义企业文化，要以“三个代表”重要思想为指导，立足于中国加入WTO后所面临的机遇与挑战。要围绕“以人为中心”，坚持借鉴、发展和创新的原则。同时，还要关注企业文化建设中企业内部的劳动关系调整问题，努力在企业内部形成和谐的劳动关系。

关键词：“三个代表”重要思想；企业文化；建设；劳动关系；调整

江泽民同志在庆祝中国共产党成立80周年大会上的讲话中指出：“在当代中国，发展先进文化，就是发展有中国特色社会主义的文化，就是建设社会主义精神文明。”江泽民同志关于“三个代表”重要思想为我国的社会主义文化建设指明了方向，同时，也为我国的企业文化建设提供了根本的指导方针。企业文化作为社会大文化系统中的重要组成部分，在推动社会文化的发展、促进社会主义精神文明建设过程中，具有举足轻重的作用。为适应构建有中国特色社会主义文化体系及建立和完善社会主义市场经济体制的内在要求，我国的企业文化建设要立足于当代中国的现实国情，从社会主义初级阶段的实际出发，从目前我国不断深化的企业改革实际出发，努力培育和塑造有中国特色社会主义的企业文化。下面，笔者就建设有中国特色社会主义企业文化的几个基本理论问题以及企业文化建设中的劳动关系调整问题，谈些个人看法。

一、关于建设有中国特色社会主义企业文化的现实基础

在建立和完善社会主义市场经济条件下，判断一个企业成功与否的主要标准是企业在生产经营中所取得的综合效益如何。影响企业综合效益有多种因素，除了企业的体制、经营方式、生产技术、组织条件以及与企业经营密

切相关的外部联系以外，主要取决于企业成员内在潜能的发挥程度，而企业成员内在潜能的发挥程度又是以自身的素质水平为基础的。由此，笔者认为，企业成员作为企业生存和发展的本体，作为企业的活力之源，并不是完全被动的、等待开发的客体，而是具有主体性的本体，即它具有丰富和完善自身的欲求和愿望；有明确的价值取向与价值期待；有发挥自己的潜能，以达到改造客体、满足自身需要的内在冲动，等等。企业成员在企业发展战略中所具有的本体地位与主体身份及其素质水平，为建设有中国特色社会主义企业文化奠定了现实基础。

这是因为：

其一，企业文化是一种高扬人的主体性的文化，它克服了以往传统管理理论的弊端，将企业中人的因素置于企业的中心位置，深刻地揭示了在企业经营、管理和生产中的主体地位，并强调了人的自我完善、全面发展以及人生价值实现的意义。社会主义企业中的企业成员不仅是企业的经营者、管理者和劳动者，同时又都是企业的主人，他们所兼具的双重身份为其主体性的充分发挥提供了实现条件。由此确定了他们在社会主义企业文化建设中的设计者和建设者的身份。

其二，社会主义企业文化不仅仅是纯粹经济意义上的文化，而且也是一种社会文化。它从经营管理和社会的两个不同视角，肯定了企业成员的主体身份，客观地要求在实现企业经营目标的同时，实现企业的社会目标，即调适或处理企业机体内部存在的、诸如企业成员的人际关系、行为方式、情感方式、交往方式，以及完善自我、尊重人格等非经济因素和关系，以满足企业成员丰富和发展自身的需求。企业文化的经济意义与其他管理理论的经济意义是一致的，它已内含并体现于整个企业的经营运作之中；企业文化的社会意义则是特有的，即通过企业文化建设，树立崭新的企业形象，同时“以人为中心”，通过各种教育形式，不断提高企业成员自身素质，使之成为社会主义的“四有”新人，这也是企业文化对内职能的客观要求。对外职能则主要体现在企业文化的外化方面，即在企业文化的建设过程中一方面形成稳固的凝聚力，另一方面不断地将其成功的因子辐射、扩散到社会中去，并与社会大文化相互作用。当一个强有力的企业文化群落形成以后，其中的优秀、精华部分将升华为社会大文化，促进整个社会文明的进步，甚至成为时代精神和民族精神的象征，如20世纪60年代我国石油战线的“大庆精神”和90年代的“邯钢模式”等。

总之，在企业文化建设中，要抓住“以人为中心”这个内容，充分发挥社会主义企业文化所具有的教育功能。通过内隐的文化熏陶和外显的文化活动，培育企业成员的价值观、自主性及行为准则，全面提高企业成员的自身素质水平。这种教育主要是以企业成员的自我教育为主，通过自身的活动创造一个良好的文化氛围，并按照企业的样式和要求，塑造出具有较高素质水平的现代企业成员。

二、关于有中国特色社会主义企业文化的基本特征

所谓具有中国特色的企业文化，是指企业文化建设要符合中国国情，要具有中国民族性和文化传统，要与中国的企业改革和社会主义现代化建设的实际紧密地结合起来，从而形成有中国特色的社会主义企业文化体系。这里的特色，亦即特殊性。主要体现在以下几点。

（一）企业文化建设形式具有多样性特点

我国的现代化建设起步较晚，但是发展速度较快，在空间上呈现多种形态共存的复杂局面。首先，从企业的所有制形式上看，可分为国家所有制、集体所有制、混合所有制以及个人所有制等，其中占主导地位的是公有制形式。其次，从企业的具体形态上看，有国有企业、城镇集体企业、三资企业、乡镇企业、各种股份制企业以及私营企业等，各种类型企业的具体情况不同，各具自己的特殊性，同类企业之间既具有共性，又具有本企业的特点。最后，在经济体制改革过程中，为完善企业运行机制，在企业实行了各种形式的经营承包责任制。上述情况在企业改革中相互交错，由此构成了企业文化建设的复杂局面。这是建设有中国特色社会主义企业文化的基本特征之一。

（二）企业文化建设的内容及模式具有中国特色

这种内容及模式上的特殊性是由各种企业之间现实的管理水平差异以及企业成员素质水平差异造成的。这种差异既是各个企业建设企业文化的现实出发点，又是设定符合本企业实际状况的企业文化内容的客观前提，它包括企业的物质文化、制度文化以及精神文化等不同层面，其中最主要的是适合于本企业状况的企业价值观、价值评价系统，以及实现企业价值目标的各种行为规范与准则，等等。企业文化内容及模式确定，不能大大地超前于企业实际，也不能远远滞后于企业实际。总之，每个企业独特的企业文化内容及

模式构成了丰富的企业文化总体内容。这是有中国特色的企业文化基本特征之一。

（三）企业文化建设的文化背景具有中国的民族特色

中国是一个具有5000多年悠久历史的文明古国，中华民族在漫长的历史风雨中，形成了自己的文化传统、风俗习惯、民族心理、伦理意识、道德风尚、行为准则、价值观念、思维方式以及生活方式等。受传统文化的影响，我国企业在价值观及行为方式的选择上无不体现出浓郁的民族性及鲜明的传统文化特征。

三、关于建设有中国特色社会主义企业文化应遵循的基本原则

建设有中国特色的社会主义企业文化是一个充满辩证否定的发展过程。在实践中，应遵循以下基本原则。

（一）古为今用的原则

所谓古为今用，即批判地继承中华民族优秀的传统文化，从中汲取精华，并将其有机地融会消化，运用于企业文化的建设实践中。

从某种角度而言，企业文化是一种对传统文化历史积淀的非自觉反映。它作为一种文化作用系统，不是以一种非常明确的原则从外部对企业成员的行为方式进行规范，而是通过文化的潜移默化的影响，将其内化，逐渐形成企业成员的心理定势和思维定势。传统文化这种特殊作用向人们提出了如何汲取其精华以建设成功的企业文化这一课题。

毋庸讳言，我国的传统文化既有积极的方面，也有消极的方面。对待这个问题应采取辩证分析的科学态度，取其精华、去其糟粕、为我所用。

（二）洋为中用的原则

所谓洋为中用，即批判地吸取国外企业文化的合理之处，为我所用。企业文化作为管理新潮，发轫于国外，并已逐步形成较为系统的理论。国外企业文化建设的实践为我们提供了可资借鉴的方式与手段。由于企业文化最先在发达国家中推行，因而在社会制度上、生产水平上、历史文化背景以及固有的民族特性等方面均有区别。因此，对国外企业文化理论不能照抄照搬，全盘移植，而应当将其置于中国改革开放的文化背景之中，根据中国企业特

点及现状，有批判、有选择地吸收合理成分。那种拒斥国外一切先进思想的自我封闭心态以及全盘照搬的崇洋心理都是错误的，尤其是在我国加入 WTO 以后，更是如此。

（三）改造创新的原则

所谓改造创新，即对原有的企业进行改造，重塑新的企业文化。

改造旧的企业文化格局，重塑新的企业文化，使之适合于发展社会主义市场经济的要求，这是建设有中国特色社会主义企业文化的必由之路。这里的改造与重塑是同一过程的两个方面，改造即为扬弃，就是吸收旧的企业文化中的合理成分，舍弃消极的东西；重塑即为创新，亦即根据社会主义市场经济的内在要求，从企业实际出发，重新构建既有社会主义文化的共同特征，又有本企业鲜明个性的企业文化。

四、在企业文化建设中要重视企业劳动关系的调整

目前，在建立和完善社会主义市场经济体制过程中，受产权制度改革的影响，我国的劳动关系正在经历着最深刻的历史性变革，由此而引发的劳动者的劳动权益及其保障问题，已成为国家、企业乃至整个社会关注的焦点，成为劳动者自身利益赖以实现的目标指向。同时也成为企业文化建设中必须处理好的一个基本问题。

劳动关系作为社会关系系统中的最基本、最普遍的关系，就其本质而言，是以劳动者为利益主体的一方与以支配或使用劳动力的经营管理者为利益主体的另一方的经济利益关系。劳动关系双方在现实的利益差别与矛盾中，相互依存，又相互制约，各自以实现和满足自身的利益要求为最基本的利益取向，主要表现在企业经营者以企业经营利润最大化为目标，而劳动者则以劳动报酬最大化为追求目标，由此决定了双方现实身份和地位的确立，首先是在调适和解决双方利益差别与矛盾的过程中实现的。

（一）劳动关系的变革对劳动者利益的冲击

相对于计划经济体制下劳动关系的单一模式，体制转型期的劳动关系正以变革的方式实现对旧有模式的否定。这种变革意味着对劳动关系主体双方利益的调整，使双方实现向各自的利益主体身份的回归。这种回归的真正意义在于使劳动关系双方明确了各自的真实身份，明晰了各自的利益分配以及

各自所享有的权利、义务。当然，这种回归是伴随着对劳动关系主体双方，尤其是对劳动者利益的冲击而逐步实现的。

1. 劳动关系的多元化，决定了劳动者地位在发展中的不平衡性

自改革开放以来，各种不同经济类型的企业得到迅速发展。企业劳动关系由于受不同的所有制关系、分配方式以及管理方式的制约和影响，形成不同的类型。诸如：国有企业劳动关系、股份制企业劳动关系、外资企业劳动关系、乡镇企业劳动关系以及私营企业劳动关系等等。企业劳动关系还可以因地区、行业的不同，经济效益的高低，作相应的划分。不同类型的劳动关系各有其特点，它决定着受其制约的劳动者利益的实现程度，使其呈现一种不平衡状态。

2. 劳动关系市场化直接决定劳动关系双方的实际利益

在市场经济条件下，劳动者作为生产要素，进入劳动力市场，这不仅完全改变了计划经济体制下的就业、分配方式，使自己拥有了自主的劳动权利，而且迫切要求自己所拥有的合法的劳动权益得到有效保障，借以实现自身的利益。而企业在以市场为取向的改革过程中，逐渐从对国家的依附关系中剥离出来，成为产权明晰、权责明确、自主经营、自负盈亏的生产经营实体企业，不再是国家的附属物，而是名副其实的法人实体和市场竞争主体，并在用工、分配等方面拥有自主权。企业可以根据自己的生产情况、经营规模以及盈亏状况来选择和吸纳劳动力进而决定分配方式。总之，劳动关系市场化，使企业和劳动者都被赋予了以各自利益为基础的各项权利、义务和责任，成为真实的、相互独立的利益主体，形成新的利益格局。

3. 劳动关系契约化，决定了体制转型期间劳动关系将由不规范化逐步走向规范化

改革是一场革命，其目的是解放生产力，发展生产力，同时还要保护生产力。劳动关系的变革同改革目的的一般意义是一致的。随着改革的不断深入、相关法律体系的形成，劳动关系的调整必将由不规范化向规范化方向发展。劳动者权益的保障和切身利益的维护将通过有效的法律手段，诸如：签订集体合同、劳动合同、依法参与企业的民主管理等，逐步得到实现。

综上所述，就劳动关系变革中所体现的多元化、市场化和契约化的三个基本特征而言，多元化是劳动关系变革的外在形式，契约化所反映的是劳动关系的变革趋向，而市场化则是劳动关系变革的内在机制。市场化的实质不仅意味着对计划经济体制下劳动关系单一模式的变革，而且意味着将建立起

适应社会主义市场经济体制要求的、全新的劳动关系。这里的“变革”和“建立”的深层含义是指劳动关系双方的利益关系将按照市场经济的客观要求进行调整。值得注意的是，劳动关系变革不是一蹴而就的，其本身固有的难度决定了它的过程性和曲折性。

（二）企业文化建设必须重视对劳动关系的调整

企业文化建设的首要目标，是要形成能够统一企业全体员工的企业价值观，形成鲜明的企业精神，不断增强企业凝聚力和向心力，充分调动和发挥企业经营管理者和一般劳动者的两个积极性，尤其是广大劳动者的生产积极性。实践证明，在企业面临来自市场激烈竞争和严峻挑战的条件下，劳动者的积极性、智慧和创造力的发挥，对企业的生存和发展具有决定性的作用。企业改革的实践还证明，如果没有稳定的劳动关系，劳动者切身利益得不到保障，那么，他们的积极性就会被遏制。就这个意义而言，笔者认为，要使企业具有凝聚力，形成有本企业特点的企业文化，首先必须重视和关照企业中最基本的关系层面，即影响和制约经营管理者和劳动者各自切身利益的企业劳动关系，努力寻求适合本企业实际的劳动关系的调整门径。

首先，企业经营者要树立起全心全意依靠本企业员工办企业的思想，要尊重他们的主体身份和地位，引导和吸引他们积极参与企业的民主管理，逐步形成一套行之有效的激励机制。

其次，企业经营者要重视企业员工的劳动权利及各项合法权益的保障问题，要按照国家颁布的《公司法》、《劳动法》等法律法规，依法行使自己的权利，同时推动劳动关系的规范化建设，切实保障企业员工的切身利益。

第三，在建设具有本企业特色的企业文化过程中，企业经营管理者要根据不断变化的形势要求，适时地调整同广大企业员工的劳动关系，避免彼此之间出现尖锐的利益冲突。

第四，企业经营管理者建设企业文化，其着眼点应放在企业利益共同体的构建上，它客观上要求在经营者和广大劳动者之间建立起利益协调型的劳动关系。目前，利益协调型的劳动关系还只是劳动关系发展的目标模式，但是企业经营者应当殚精竭虑地探索这一模式建立的途径。

参考文献

[1] 赵子平、万泽刚：《“三个代表”学习纲要》，时事出版社，2000 年。

[2] 常凯:《劳动关系·劳动者·劳权——当代中国的劳动问题》，中国劳动出版社，1995 年。

[3] 石秀印、张潘仕：《企业文化与领导手册》，光明日报出版社，1990 年。

[4] 马德举、赵健杰、黄绍国:《企业利益共同体的理论与实践》，科普出版社，1990 年。

（原载于《河南金融管理干部学院学报》2002 年第 2 期，全文 6000 字）

论先进企业文化建设与发展和谐劳动关系

——兼论工会抓企业文化建设的立足点

摘要：先进企业文化是构建与发展和谐劳动关系的必要条件。劳动关系矛盾与冲突最深层的文化根源在于企业价值观与职工价值观之间的矛盾，工会组织抓企业文化建设是维护职工权益的重要途径，应以此为基点，通过开展职工文化活动，将职工价值观与企业价值观有机地统一起来。

关键词：企业文化；职工文化；劳动关系；价值判断

企业文化是否具有先进性，应在具体的企业管理实践中加以检验和证明；企业文化建设的具体实践形式是有先进与落后之分的，有鉴于此，在对待具体的企业文化建设实践上，应具体情况具体分析，不能抛弃一切条件和前提，将其等同于先进的同义语。企业文化的建设实践昭示一个真理：判定一个企业的企业文化先进与否，其重要标准之一，就是企业内部劳动关系是否和谐、稳定，是否在和谐劳动关系基础上实现企业的进步与发展，企业员工多重利益诉求是否得到满足。由于关涉到劳动关系问题，要求工会组织在建设企业文化具体实践过程中，应当鲜明地提出要建设先进的企业文化，因为只有先进的企业文化才是构建与发展和谐劳动关系最重要的文化基础。

一、劳动关系及其矛盾的文化根源

从一般的企业管理角度看，企业发展是以企业所有生产要素共同作用为基本前提的，是企业内在的、外在的各种现实关系相互作用的结果。无数企业发展的经验和事实证明，在诸多生产要素中，人是最具能动性、最具创造性的要素，其中劳动者是企业发展不可或缺的主体力量。在企业一切现实关系中，劳动关系作为企业的基本关系层面，是决定企业生存与发展的全面价值关系。

平衡劳动关系的力量对比，协调和解决劳动关系的内在矛盾，以调动劳动者与经营管理者的积极性，是一切企业管理理论与实践的出发点和落脚点。从以泰勒、法约尔、福特为代表的科学管理阶段到以梅奥、马斯洛等人为代表的行为科学阶段，经过企业管理理论的丛林阶段，再到企业文化以及今天的企业再造阶段，沿着企业管理理论与实践发展的历史轨迹，不难看出，每一个新理论的提出，都是对前一理论的辩证否定，其共同本质都是为了破解企业内部客观存在的劳动关系矛盾的难题，都是在努力寻求如何最大限度地激发劳动者生产积极性的有效路径。在这一艰辛的探索过程中，经历了从重视物的因素到重视人的因素乃至以人为本的不断进化过程，经历了将劳动者视作“经济人”、“社会人”、“自我实现的人”和“复杂人”的历史演进。从企业管理理论及管理方式的发展过程，乃至劳动关系发展的历史沿革进行考察和梳理，可以从中探求劳动关系矛盾的本质及其深刻的文化根源。

笔者认为，劳动关系矛盾的直观表现在于劳资双方经济利益的摩擦和冲突，这是引发利益矛盾的现实基础和根本原因；其深层文化根源则在于企业价值观与职工价值观之间的矛盾与冲突。以企业价值观为核心，通过企业精神文化、制度文化和物质文化的积极建构，便形成了企业文化的基本样式；同样，职工在一定的企业环境中，以其基本利益取向为基础，通过对自身在企业中的角色、地位和作用的自我认识和判断，以及对实现自身利益和自身发展的自我观照，形成相对稳定的基本信念，从而形成职工的价值观，并以此为核心，形成职工的行为规范，构成了职工文化。所谓职工文化，按照笔者的理解，是指内生于一定企业文化条件下的、以职工基本利益诉求以及同企业文化相互作用、相互影响的全面利益关系中，所形成的职工价值观，以及在职工价值观主导下的职工思维方式、职业道德取向、行为方式及活动内容的总和。[1]笔者还认为，劳动关系矛盾的本质，在于企业文化和职工文化之间的冲突，这种冲突实质上是企业价值观与职工价值观之间的冲突，是两种由利益取向相悖性决定的价值取向的对立和矛盾。[2]诚然，职工文化的形成是在一定的企业生产经营环境中实现的，是以一定的企业文化为条件的，但是，就其基本属性而言，职工文化绝不是企业的附属物，更不是企业文化的附属物。职工文化不是完全被动的、受支配的，而是具有一定独立形态的、一定目的性的、内涵丰富的一种文化形态。根据企业文化与职工文化两者之间的联系与区别，在建设企业文化过程中，企业方面不能将职工视作迥异于自身的纯粹“他者”，也不能将职工文化视为“异在”，而应以包容的文化心态接纳职工文化，寻求企业价值观同职工价值观相互契合之点。

首先，企业应将尊重劳动、尊重劳动者的创造价值作为基本理念。在企业的生产经营中，职工乃企业之本，是企业生存与发展所要依靠的基本力量。职工作为企业生产过程中的活劳动，同物的要素最大区别就在于他具有自觉性、主体能动性和创造性，是企业发展必须依靠的主体力量，也是国家走向繁荣富强必须依靠的基本力量。如果缺少职工这一能动的、富有创造性的生产要素，无论企业的规模有多大，也无论企业资金有多么雄厚，企业的生产经营系统根本无法运行，这一论断已被近年来屡屡发生的企业用工荒所证明。[3]

其次，广大职工群众是推动国家经济社会繁荣进步的主力军。职工作为企业生产过程中直接创造劳动价值者，不仅为企业发展作出贡献，而且为社会的进步和国家的繁荣兴盛作出不可磨灭的历史贡献。因此，尊重劳动的神圣地位，尊重劳动者的劳动价值和创造力量，实现劳动者的体面劳动，应成为企业乃至整个社会都应遵循的基本理念。[4]

再次，职工作为人，其基本需求及其满足是多方面的，既有最基本的经济利益诉求，也有政治利益诉求和精神文化利益的需求；既有生存的基本需求，也有情感需求，以及对未来发展的美好憧憬，由此便构成了当代劳动者全面的利益结构。马斯洛提出的需求层次论仍具有重大的实践意义。企业管理方如果不重视或者不顾及劳动者全面的利益需求，甚至为了攫取利润而完全漠视劳动者需求的层次性，那么企业将面临来自劳动者利益诉求方面所形成的巨大压力和严重挑战。

最后，劳动关系内部的两个利益主体，其利益取向虽然具有相悖性，但是这种相互背离并非是完全绝对的，在一定条件下具有相对性，这就为企业经营者和管理者同劳动者之间的利益协调，构建和发展和谐的劳动关系，共建企业命运共同体提供了现实可能性。有效联结企业与职工的利益链条，在于如何将企业发展愿景同职工切身利益及合法权益的满足，高度统一起来。两者之间虽然是一种矛盾关系，但并非不可调和，这就要求企业方面和职工方面通过换位思考，彼此在沟通中达成深度理解。[5]

二、关于企业文化具体建设形式的价值判断

根据上述对包括企业文化在内的企业管理历史流派的解读，不难看出，对待企业文化具体实践形式也有一个鉴别与判断的问题，企业文化实践本身也有一个优劣良莠问题。也就是说，企业文化建设实践并非都具有褒扬的意

义，也并非不论是什么企业，只要与企业文化建设相联系的，就一定具有积极的意义。实践证明，对待具体企业的企业文化建设，要具体分析、具体判断、具体评价、具体对待。理论的先进性源于实践，并且在实践中得到检验，证明其具有真理性，并且在指导实践中能够发挥其指导作用。企业文化理论也是如此。由于理论具有一般性，而企业的具体情况却是千差万别的，所以判断某一企业的企业文化建设，应作具体分析，不能一概而论。

近些年来，我国一些企业也打着建设企业文化的旗号，却在本质上从来不重视、不尊重劳动者的尊严和劳动者的价值，甚至将劳动者视作获取利润的活的生产工具。

2010年上半年深圳“富士康”公司接连发生跳楼事件，跳楼者以自己最宝贵的生命进行抗争，引起整个社会的强烈关注。据了解，深圳“富士康”公司的企业文化建设设施齐全、公司制度完备，但是准军事化的管理、员工之间缺乏沟通的人际关系，以及无休止的加班作业，使我们有理由将这种企业文化样式归结为缺少人际沟通的“加班文化”，在这种冰冷的“加班文化”主导下，客观上剥夺了员工的社会交往权利，员工不过是活的、创造利润的生产工具，成为现代化机器的附属物，更为严重的是员工成为缺少社会交往的原子化个体，这是违反了人的基本社会本性的企业制度。因为人虽然具有自然属性，但是人首先是社会动物，具有社会属性，因此马克思说：“人的本质不是单个人所固有的抽象物，在其现实性上，它是一切社会关系的总和。”。[6]同样，在这种“加班文化”制度的影响下，“富士康”的企业文化建设的相关设施形同虚设，其制度建设缺乏对人的社会属性的关注，其企业精神缺失“以人为本”的精神，其企业价值观则缺少对员工的以人性关怀为基础的人文关怀。“富士康”跳楼事件使我们不得不从价值的角度重新审视和辨别企业文化建设中客观存在的优劣问题，不得不重新反思企业文化建设和发展过程中存在的一些认识误区。

上世纪80年代初期企业文化作为崭新的管理理论传入我国，正值改革开放的初期，我国企业以积极、开放的心态认同和接受了这一舶来品，并同本土的企业管理实践有效地结合起来，形成了有中国特色的企业文化建设格局。但是，在企业文化的移植和嫁接过程中，在人们的思想中形成了一种思维定势，即只要提及企业文化，必然同先进划等号，不论是什么类型的企业，不论企业的生产经营状况如何，也不论企业内部是否和谐、是否有效率，都愿意冠以企业文化的头衔，以显示其在管理理念方面不落伍。笔者认为，企业文化等同于先进的代名词，这是企业管理实践中形成的认识误区。作为一种管理理论，其先进与否是同企业具体管理成果紧密联系的，亦即衡量企业经营管理的重要标准之一就在于企业内部是否和谐，因为劳动关系和谐是企业产生高效率的基本前提之一，是最重要的必要条件。这既是衡量企业文化是否先进的重要尺度，也是判断企业文化建设优劣的事实依据。这里涉及到一个重要理论问题，也是一个辩证关系问题，即企业文化建设的形式与内容的基本关系问题。内容决定形式，形式服务于内容，并在一定条件下对内容具有反作用，这是形式与内容的辩证关系。企业文化建设的具体实践形式也遵循形式与内容的辩证法。一个企业如果只是从形式上追求所谓的企业文化建设，甚至将企业文化作为标签贴在表面上，而在实际上却违背企业文化建设所应遵循的基本原则和理念，那么这种“挂羊头、卖狗肉”的形式主义做法不仅对于企业的经营管理和发展极为不利，而且必将损害企业的长远利益，也对企业文化造成损害。

从企业文化建设实践的角度来看，“富士康”跳楼事件所具有的典型意义在于，企业文化建设如果只重视物质文化和制度文化建设，而在企业价值观方面缺少对劳动者的人文关怀，缺乏对劳动者现实利益需求的关注，那么其物质文化设施尽管全面和先进，也只能成为毫无意义的摆设；其制度文化尽管非常严密、规范，也只能成为限制劳动者多重利益追求的羁绊和束缚。

温家宝总理从2008年以来，在不同场合多次强调：一个企业家身上应流淌着道德的血液，不能只流淌利润的血液。“企业家不仅要懂经营、会管理，企业家的身上还应该流着道德的血液。”这是温总理向企业家们提出的最基本的道德要求，希望企业家在生产经营中应遵循基本的职业操守，不可以见利忘义，应当勇于承担起企业的社会责任。就现实而言，温总理反复强调的“企业家的身上还应该流着道德的血液”应当成为企业家道德自律的一个基本原则。因为太多的事实不断证明：企业家身上如果缺少“道德血液”，必然会堕入极端利己主义深潭，必将贻害社会，贻害消费者。近些年来食品安全问题、环境污染问题频发，诸如含三氯氰胺的劣质奶粉、含有“瘦肉精”的火腿肠、含有塑化剂的食品等产品都给社会造成极其恶劣的影响，致使广大消费者一再发出“我们还能吃什么”的质疑。此外，最近某制药厂对周围环境的污染也引起全社会的共同关注。上述企业的违规行径是不道德的，理应受到全社会的谴责。

如果将这一原则置于企业文化建设实践之中，同样具有重要意义，对于提高企业家在企业文化建设中的道德感，不仅是合理的，而且更具实际意义。这一原则要求，企业家在推动企业文化建设上，不仅对产品的质量和安全要负起社会责任，同时也要对职工的多重利益需求及其满足负起应尽的责任。按照笔者的理解，只有将两者兼顾和有机统一起来，才是完整意义上的“道德血液”所涵盖的科学内涵。实质上，企业的道德感所指向的对象都是人，应从内外两个层面和两个向度树立起鲜明的道德意识，对外的指向是广大消费者，他们是企业的“上帝”，其基本路径是通过物（商品）的中介，向消费者传达企业的诚信；对内的指向是企业劳动者，他们是决定企业兴衰的主体力量，其基本路径是企业应树立尊重劳动者创造价值的意识，通过改善劳动者的劳动环境、提高劳动者的工资待遇和其他福利、满足劳动者的各种需求，与劳动者共同营造“企业命运共同体”。[7]

就以上论述，笔者认为，构建和谐劳动关系不应成为工会组织的特有责任和劳动者群体的唯一期盼，也应成为企业家的共识和为之努力的方向，从一定意义上讲，企业为了自身发展，更应当将发展和谐劳动关系纳入到企业发展的整体战略当中，纳入到企业文化理论和实践当中。

三、工会组织抓企业文化建设的基本点

工会组织抓企业文化建设，是工会工作的题中之义，其基本点就是站在维护职工群众的切身利益与合法权益的立场，通过企业文化建设，将职工价值观与企业价值观整合统一起来，使劳动关系更加和谐，从而最大限度地激发和调动职工的积极性，推动企业不断发展。

关于工会组织抓企业文化建设，中央政治局委员、中华全国总工会主席王兆国同志曾经多次在批示和谈话中强调其必要性及意义，他认为：全总要对企业文化有专门研究和推动措施，工会抓好这项工作也是加强工会软实力建设的有效而重要的内容。何谓“软实力”？作为概念最早是由美国哈佛大学教授约瑟夫·奈于上世纪90年代提出来的。他认为“软实力”是同“硬实力”相对应的、包括以文化和价值观念、发展模式、生活方式、意识形态等所具有的吸引力所体现出来的形态。由于涉及到文化和价值观问题，因此按照笔者的理解，工会的软实力是指工会在开展企业文化活动中所形成的文化号召力、影响力以及在此基础上形成的凝聚力和社会形象。这表明，工会组织抓企业文化建设的立足点，就是着眼于提高自身的软实力，这是工会工作不可或缺的重要组成部分。

工会组织抓企业文化建设，其出发点和落脚点一定要有自己的独特视角，这个视角就是要以满足职工利益诉求、维护职工切身利益及合法权益作为基本立场，其根本目的就是通过抓企业文化建设，使企业价值观同职工价值观高度契合、高度统一，使职工能够认同企业的价值观，而企业也应当将“以职工为本”作为企业生产经营和发展的基本理念，成为企业价值观的重要组成部分，从而使企业价值观能够适合并满足职工的利益。这种相互认同、相互包容的价值观，就构成了劳动关系和谐的文化基础和思想前提。这也是工会抓企业文化建设、构建与发展和谐劳动关系、更好地维护广大职工群众的利益及合法权益的正当性与合理性。

工会组织形成抓企业文化建设的价值取向，应当在以下方面达到高度的文化自觉，即应当鲜明地提出抓先进企业文化建设，而不是泛泛的企业文化建设，因为就企业文化建设的具体实践形式而言，是有先进和落后区分的。所谓的先进企业文化，其先进性至少应该满足以下几个必要条件：一是企业价值观与职工价值观高度同一；二是企业劳动关系和谐稳定；三是企业发展的同时，职工的各种利益诉求能够得到满足。

工会组织抓先进企业文化建设，应在以下几方面下功夫。

其一，企业文化并不等同于“老板文化”，必须校正这种错误认识。企业方面和工会组织都应明确企业文化是包括企业内部各个要素高度融合、共同发挥作用的整体文化形态，其中，职工作为企业生存与发展的主体和能动力量，是形成和发展企业文化必须倚重的重要力量。企业文化建设的目标之一，就是要改善劳动关系双方利益博弈的局面，对于企业而言，尤其应改变利益协调中的“零和”博弈心态，变利益博弈关系为利益交往关系，从而实现企业内在劳动关系的利益协调。笔者一直主张，企业劳动关系本质上是一种利益交往关系，它涵盖了劳动关系内在的合作博弈和非合作博弈的全部关系。[8]所谓利益交往关系是指劳动关系主体双方为了最大限度地实现各自利益、谋求最小的解决矛盾的成本而进行的交流沟通与协商所形成的联系。交往关系原属于哲学范畴，运用交往关系范畴可以涵盖和诠释劳动关系矛盾及其解决的基本路径和过程，具有一定的合理性和普遍性。哈贝马斯提出的交往理论，对于理解劳动关系具有一定的指导意义。他认为，人们之间的交往行为是一种主体间通过符号协调的相互作用。它以语言为媒介，通过对话，达到人与人之间的相互理解和一致，以便形成有效的社会规范。其中相互理解是交往行为的核心。[9]我们将劳动关系理解为劳资双方的利益交往关系，其积极意义在于：将协调方式建立在运用语言相互沟通的劳资谈判上，避免以激烈的矛盾冲突方式解决劳资矛盾，这也是解决劳资矛盾的最佳方式。在利益交往关系中，工会组织代表劳动者的意愿，通过谈判表达和维护劳动者的切身利益及合法权益，表达劳动者多重的文化需求，最终达到劳动关系双方相互理解，形成共识。这是建构和发展和谐劳动关系的基本路径。走向谈判的工会，将是劳资双方利益交往关系的必然要求。

其二，工会组织抓企业文化，要营造一个符合职工人性要求的文化环境，要关注职工群众多重利益需求。上世纪80年代曾经被理论界广泛讨论的社会主义生活方式问题，至今仍具有重要的现实意义。其中作为社会主义生活方式的主要内容之一——闲暇时间所蕴含的当代价值日益凸显。“富士康”跳楼事件一再印证了闲暇时间是职工全面发展不可或缺的基本条件之一。马克思曾经指出：“时间是人的积极存在。它不仅是人的生命的尺度，而且是人的发展的空间。”自由时间是不“被生产劳动吸收的，而用于娱乐和休息从而为劳动者的自由活动和发展开辟广阔天地的余暇时间”，“是为全体社会成员本身发展所需要的时间”。[10]闲暇时间是一个社会进步的标志，在劳动关系领域，职工拥有闲暇时间既是企业劳动关系和谐的表征，也是满足职工发展个性、提高自我、实现交往的必要条件。工会组织要为职工积极争取获得更多的闲暇时间，避免企业以“加班时间”挤占职工宝贵的“闲暇时间”。

其三，工会抓企业文化建设的同时，必须抓好职工文化建设，这是一个同时态的过程。一方面在企业营造尊重劳动者创造价值的浓厚氛围，一方面在维护职工权益的同时，要用社会主义核心价值引导职工，通过开展各种活动，不断提升职工的思想道德水平、科学文化素质和劳动技能。其目的就是将企业文化和职工文化有机地统一起来，从而形成企业凝聚力和向心力，共同应对企业面临的各种严峻挑战。在实践中，工会应利用自身的资源，通过开展丰富多彩的文化活动，陶冶职工情操，认同企业价值观，引导职工群众为企业发展贡献力量。

其四，通过工会组织开展各种文化活动，调动职工生产积极性，推动企业发展，进一步对企业开展企业文化建设发生影响，使企业方真正认识到企业文化建设的真谛，认识到调动职工积极性对于实现企业发展战略的全部意义，以及满足职工多重利益需求对于调动职工积极性的重要意义。

其五，工会组织抓企业文化建设，切忌不要搞轰轰烈烈的形式主义，做表面文章，而应脚踏实地地推动企业文化建设健康发展。

判断和谐劳动关系的基本标志是企业内部劳动者与企业实现“双赢”，亦即“双赢”是体现和谐劳动关系的主要表现形态，从企业文化的视角看待“双赢”，可以理解为实现“双赢”，就是职工文化与企业文化在价值观上的高度统一，要求企业文化理念符合职工的基本利益需求，广大职工对企业文化的核心——企业精神的高度认同，这种认同不是职工对企业价值观的被动接受，而是自觉自愿的接受。在一定的企业文化环境中，形成的职工文化及其建立其中的职工对于企业的归属感，是形成和发展劳动关系和谐的文化动因和基础，工会组织抓企业文化建设，应致力于职工归属感的实现。[11]

当然，企业价值观与职工价值观的统一，不是绝对的、无差别的统一，而是以利益差别为前提的统一，这就要求企业与职工在双方产生矛盾的根本点——利润和工资方面，应围绕企业的发展全局树立大局观念。具体而言，企业方面不可为了攫取最大利润，而置职工切身利益于不顾；职工方面，应根据企业生产和经营的实际，通过协商谈判提出合理的利益需求，企业和职工双方，共同营造劳动关系和谐的“双赢”局面。

2011 年是“十二五”规划的开局之年，今后 5 年我国将以转变发展方式和调整经济结构为主线，逐步实现经济转型与社会转型。企业工会组织应根据“十二五”规划提出的各项要求，以维护职工群众利益及合法权益为基点，以企业发展为关注点，发动职工与企业共同营造劳动关系和谐、共促企业发展的良好的企业文化氛围。

参考文献

[1]［2］［3］［4］［5］［7］［8］赵健杰：《建设先进企业文化是发展和谐劳动关系的必然选择》，《工会信息》2011 年第 6 期。

［6］马克思：《马克思恩格斯选集》第 1 卷，人民出版社，1995 年。

［9］贺翠香：《劳动·交往·实践——论哈贝马斯对历史唯物主义的重建》，中国社会科学出版社，2005 年，第 124～123 页。

［10］马克思：《马克思恩格斯全集》第 23 卷，人民出版社，1979 年，第 294 页。

［11］黄河涛、简洁：《论工会在企业文化、职工文化建设中的地位和作用》，《中国劳动关系学院学报》2011 年第 1 期。

［12］黄河涛、田利民：《企业文化学概论》，中国劳动社会保障出版社

（第二版），2010 年。

（本文为中华全国总工会委托科研项目“企业文化与职工文化关系研究”的部分成果。

原载于《中国劳动关系学院学报》2011 年第 3 期，全文 8500 字，中国人民大学复印报刊资料《工会工作》2011 年第 4 期全文转载）

肥了“和尚”穷了庙

——对一种特殊的企业现象透析

摘要：当前，在一些企业里，出现一种反常现象：一方面企业亏损、职工连工资也领不到，企业濒临倒闭；另一方面，企业少数领导者利用自己特殊身份和手中权力，贪污腐化、奢侈享乐。这种腐败现象如不能及时得到遏制，必然助长腐化之风，不知要有多少企业毁于这种腐败之中。因此，当务之急是加强企业监督制衡机制，有效地遏制住这种歪风的蔓延，切实保证国有资产不再流失。

关键词：腐败；企业监督机制；职工群众

一、从一幅漫画谈起

前些日子，一家报纸登载了一幅漫画，题为“肥了和尚穷了庙”，很是耐人寻味！画面上，一个腹凸臀鼓的胖大和尚占据画面的主要位置，袈裟尽管十分宽大，依然裹不住他的肥硕体躯。只见他右手拿着“大哥大”，左手拍着圆鼓鼓的肚皮，兜里插着厚厚一叠公款，正在对着“大哥大”讲话：“今天在哪家酒店吃?!”他笑容可掬，嘴里涎水直流，一副贪婪像跃然纸上。在其身后，是一座又旧又破的小庙，庙墙砖石裸露、千疮百孔，庙门紧闭。两根圆木吃力地顶住倾斜的庙身，小庙周围，杂草丛生，好一幅荒凉景象！

在某些企业里，也出现了这样一种反常现象：一方面企业亏损、职工连工资也领不到，企业濒临倒闭；另一方面，企业少数领导者利用自己特殊身份和手中权力，竭尽挥霍之能事，贪污腐化、奢侈享乐。职工们气愤地将这种损公肥私、损害国家和企业利益，肥了个人的行为称作“穷庙富方丈”。

这种现象尽管发生在少数企业里，其负面影响是不可低估的。今年 8 月下旬中央电视台“新闻调查”节目报道了一家地方发电厂发生的案例，该厂厂长从去年下半年开始，利用公款大吃大喝，大肆挥霍，吃垮了企业食堂，又到县里吃，县里吃腻了，为换口味又驱车到省城里吃，甚至专程到北京的豪华宾馆里吃。就在他豪饮“人头马”酒，细品珍馔百味过程中，企业的钱一点点被吃光，好端端一个企业就这样被吃掉，半年时间里，这位厂长竟然吃掉80多万元，一辆新轿车也在接送厂长吃喝中几乎跑散了架。像这样的“败家子”还可以举出若干个。

1995年10月，沈阳机床齿轮厂因负债3000多万元宣告破产。几家新闻单位深入该厂采访，了解破产原因，得出的结论竟然是：该厂有个败家厂长。1994年这个厂非常困难，由于缺少资金，数九寒冬工厂尚未供暖气，职工有病无钱医治，退休老工人拿不到赖以生存的退休金。而该厂厂长对此置若罔闻，竟带人飞往贵阳，大吃大喝，几天就挥霍了10多万元；职工集资40万元，可这位厂长购买“奥迪”轿车就花掉30多万元；该厂年总产值仅200余万元，而当年招待费就花掉了30多万元；该厂厂长在厂里有一位与之关系特殊的女子，由厂里出钱给这位女子买了4处房子，连她的化妆、美容的花销全由吴厂长报销。

据沈阳市城调队曾搞过的一项调查表明：所调查的百名厂长中，70%的厂长上任后都给自己购置了住房，购置高级轿车的现象则更为普遍。

吉林省通化市1995年查处20户亏损企业，其中有24名厂级领导干部动用职工生活福利费、技改资金等187万元，为自己超标准购房、建房。与此相应，这些企业累计亏损高达5321万元，欠发职工工资268万元，其中有的企业长达8个月不给工人发工资。重庆市近年来企业亏损面也比较大，亏损原因与企业经营者有直接的关系。1994年1月至1995年10月全市共查办国有、集体企业中的经济犯罪案574件，厂长经理犯罪的就有251人，占企业经济案犯人数的34.7%。1995年厂长经理犯罪案比1994年增加56%，犯罪金额少则几十万元，多则上千万元。

“穷庙富方丈”现象在国有特大型企业、大集团公司也曾发生过，其对国家、企业及职工利益的损害更为严重。前几年，首都钢铁公司连续发生了管志诚、于惠荣、杨立宇、赵东祥、邵军、应海明、周北方等五起震惊全国的特大经济犯罪案件，这五起经济犯罪金额均在100万元以上。中国长江动力（集团）公司原党委书记兼董事长、总经理于志安利用手中职权，将国有资产转移据为己有，后外逃菲律宾，经营起一家由长江动力（集团）公司出资50万美元但却以他个人名义注册的电厂。

上述活生生的案例，不能不令人深思和警醒：“穷庙富方丈”根由何在？

二、“月光下的劳动”与“树荫里的劳动”

“穷庙富方丈”现象不仅严重地侵蚀了国家、企业和职工的利益，挫伤了广大职工群众的积极性，而且严重地损害了企业中的干部群众关系和企业家形象。有人将工人在企业中的劳动行为形象地比喻为“月光下的劳动”。其含义是：工人在从事生产过程中犹如在月光下劳动，其每一个动作细节均可以被经营者看得一清二楚。而经营者的劳动犹如在月夜的树荫里面进行，他究竟在干什么，谁也不清楚，也无法看清楚。这个比喻从一个方面说明了我们的企业缺乏比较完善、有效的对经营者进行监督的机制。企业内部现行监督机制严重滞后，有些企业的职工代表大会制度没有很好地坚持，严重地削弱了企业的民主管理和民主监督。在这种情况下，才发生了像于志安这种“内部人控制”现象。据武汉市总工会介绍：自1991年以来，于志安所在的长江动力（集团）公司长期不召开党委会、职代会。他集党委书记、董事长和总经理职权于一身，在企业里具有绝对的权力和权威。因此，他可以我行我素，集团公司副职以下所有人员的命运都由他来安排和摆布，他想提谁就提谁，想免谁就免谁。该公司总工程师、总经济师和一位副总经理就是这样被他免掉的。一次，美国的一个商人要送给该公司一台机器，于志安马上派人去运。这时，一位干部提出异议，认为花掉几万元运回一台旧机器得不偿失。于志安第二天便免了这位干部的职，尽管事后证明这位干部的意见是正确的。于志安这种霸道作风由此可见一斑。正是在这种状态下，于志安可以任意支配上千万元的巨额资产，每年的财政、税务查账有五六次，但是该企业的账无人敢查。1993年，于志安花费7.5万美元办了一个长期护照，可以任意出国，甚至连翻译也不带。他去哪个国家，做什么买卖，没人知道。这就为他日后转移国有资产、化公为私，在国外办厂铺平了道路。此外，上级部门放松对企业的领导和管理为衍生“穷庙富方丈”现象留下可乘之机。有的地方“富方丈”毁掉“穷庙”之后，一走了之。辽宁省朝阳县试验设备厂从1990年初到1995年8月，由原厂党总支书记兼厂长王某承包五年，其结果工厂越办越穷，工人一年开不出一分钱工资，累计亏损额达到343万元。而王某却越来越富，富得流油。他毁掉了工厂，捞足了实惠，一走了之。像这种贪污腐化分子本该予以查办，绳之以法，但是尽管职工上访告状，王某却能逍遥法外，这不能不令人深思！这种腐败分子不能及时得到处理，必然助长腐化之风，不知又要有多少企业毁于那些败家子厂长的手里。因此，当务之急是加强企业监督制衡机制，有效地遏制住这种歪风的蔓延，切实保证国有资产不再流失。

三、“硕鼠”不除，企业不兴

记得当年彭德怀同志痛斥党内左倾机会主义路线给红军造成的重大损失时，曾经讲过这样一句话：“儿卖爷田不心疼!”将这句话用来鞭挞现实中那些糟蹋企业的“败家子”们是颇为贴切的。我们说：职工群众是企业发展的主体力量，那么，企业厂长经理们则应称作是主导力量。如果一个私心很重、欲壑难填的人占据了这个位置，尽管企业资金多么雄厚，技术力量多么强大，职工积极性多么高涨，都无法使企业走向振兴之路。对此，江泽民同志曾经说过这样一句话：搞好一个企业，一个厂长不够；搞垮一个企业，一个厂长足够了！因此，必须采取必要措施，及时、有效地清除那些占据企业领导位置的“硕鼠”们，不能再让他们继续为所欲为了！“硕鼠”不除，企业不兴；“硕鼠不去，后患无穷”。让我们每个人都要确立清除“硕鼠”的责任感，在全社会形成“硕鼠过街，人人喊打”的局面，使“穷庙富方丈”的反常现象在我们的企业里成为历史的陈迹！

（原载于《时代风采》1997年1期，全文3000字，简洁为本人笔名）

【工会理论研究】

异彩纷呈的工会理论园地

——工会相关学科发展概观

摘要：工会具有广泛的群众性特点，具有广泛的社会联系。这种广泛性在理论上的反映，主要表现为与工会相关学科的创立、完善和发展。联系的广泛性，又具有层次性特点，这是从理论上划分与工会相关学科界限的依据。工会的外部联系在理论上的反映，形成一系列与工会相关的劳动学科；工会的内部联系，主要是工会组织与职工队伍的有机联系，是形成有关职工问题交叉学科的内在依据。

关键词：工会；学科；理论

工会作为工人阶级的群众组织，具有广泛的群众性特点，也具有广泛的社会联系。这种广泛性在理论上的反映，主要表现为与工会相关学科的创立、完善和发展。目前，在工会理论研究领域，已初步形成一个以工会基本理论为核心的学科群。

自党的十一届三中全会以来，我国的工运事业走上了蓬勃发展的道路。随着改革开放不断深入发展，工会领域的改革拓展了我国工会运动的空间，扩大了工会与社会生活的广泛联系。面对生气勃勃的工会运动实践，工会理论一方面要回答实践提出来的新问题；另一方面，要以正确的理论指导不断发展的工会运动实践。由于原有的工会研究领域过于狭小，在一定程度上限制了工会理论研究向深、广两个向度的发展。因此，一些工会理论研究者在进行工会基础理论研究的同时，将研究触角伸向与工会相关的各个领域，取得可喜的研究成果。一批与工会相关的新兴学科应运而生，一些老学科也得到丰富和完善，从而使工会理论研究领域学科林立，异彩纷呈。

如上所述，工会组织具有广泛的社会联系，这种联系既具有广泛性，又具有层次性特点。后一个特点是划分与工会相关学科界限的依据。

首先是工会的外部联系，主要指与工会工作密切相关的社会联系，其中最重要的是有关劳动的问题。这种联系的理论表现，就是与工会实际工作密切相关的劳动科学体系中的有关学科内容，已成为工会工作不可分割的重要组成部分。劳动科学体系中的某些新学科的创立，适应了改革开放的要求，同时也为进一步深化工会改革、推动工会工作的发展，提供了重要的理论依据。与工会工作密切相关的劳动学科主要有：劳动经济学、劳动法学、劳动社会学、劳动美学、劳动伦理学、劳动心理学、劳动生理学、劳动卫生学、劳动保护学、劳动保险学、劳动管理学、劳动就业学、劳动报酬学，等等。

其次是工会的内部联系，主要是工会组织与职工队伍的有机联系。职工群众是社会主义物质文明和精神文明建设的主力军，是深化改革、建立和发展社会主义市场经济的主体力量。他们在社会主义现代化建设事业上，占据重要的地位。工会与职工群众是密不可分的。一方面，职工群众是工会赖以生存和发展的本体，两者之间须臾不可脱离；另一方面，工会又是职工群众具体利益的真诚代表者和维护者。近些年来，随着改革开放事业的发展，我国工人阶级队伍也发生了很大的变化，其内部结构、整体素质均有不同程度的改变。为了从不同的理论视角反映和分析这些变化，一些理论工作者进行了艰苦的理论探索，一批有关职工问题的新学科相继创立。主要包括：职工思想政治教育学、职工思想政治教育心理学、职工教育学、职工社会学、职工伦理学、职工文化学、职工人口学，等等。以上学科内容，都与工会工作的有关内容密切相关。比如，职工的思想政治教育工作，除了党、团组织以外，工会组织也负有义不容辞的责任，它本身就具有教育职能，是一所教育职工群众的“共产主义大学校”。在实施教育的具体形式和手段等方面，工会较其它组织或群众团体亦具有自己的优势和特点。

最后是工会组织的自身关系，主要体现为工会活动本身的发展态势及其理论表现。随着工会运动实践的发展，工会理论研究领域在继续深化工会基础理论研究的同时，开始了对工会活动某项内容的专题研究。一些工会理论研究者借助于其他相关学科的方法论优势，在深入研究过程中，创立了工会的新兴边缘学科。诸如：工会领导学、工会公共关系学、工会信息理论、民主管理学等。一些专题研究虽然尚未形成一门完整的学科，但是成果斐然，具有重要的理论价值和实践价值。如工会经济活动、工会组织活动、工会社会活动等。

上述三个方面与工会相关的学科理论，每一个工会工作者都应当对其有所了解，这样有助于从不同角度加深对工会活动规律的认识，有助于把握工会工作的主动权，有助于提高工会工作者的理论素质。

工会相关学科的创立和发展，是工会运动实践的必然结果，是对工运客观现实的理论概括，而绝非个别人头脑中杜撰的产物。有些学科，虽然刚刚创立，其内容或学科体系尚有不完善之处，但是，这些学科一经问世，就显示出它们的生命力。至于尚需完善、有待深化之处，则要求每一个工会理论工作者和实际工作者都去关心它，为加强这些学科的理论建设贡献力量！

（原载于1994年4月8日《工人日报》，全文1800字，中国人民大学复印报刊资料《工人组织与活动》1994年第2期全文转载）

工会理论建构中的两个基本问题

摘要： 工会学研究的基本向度应当是深刻揭示工会运动的内在矛盾及其规律，其研究对象也应当是工会运动的内在矛盾及其规律。这一规定反映了工会运动的本质，是对工会理论研究内容的高度概括。与此相关，工会理论建构中有两个基本问题需要厘清，一是关于工会学的对象与学科性质的联系与区别，二是工会学研究对象与研究方法之间的内在联系。

关键词： 工会学；研究对象；学科性质；研究方法

建构有中国特色社会主义工会理论体系，是工会理论建设的一项重要工程，也是工会运动实践的内在要求。对于体系构造中的一些基本理论问题，笔者感到有必要搞清其科学含义和内在的联系，而不能忽视它或避而不答。

1. 关于工会学的对象与学科性质的联系与区别

就整个社会系统而言，工会领域是一个特殊的组成部分，具有自己特定的内容和活动方式，其内在矛盾和外在联系也具有特殊性。工会学作为反映工会运动实践的系统化理论，其对象的确定，首先要从工会的特殊矛盾入手，寻求具有本质特征的内容。工会是一个历史范畴，是在社会发展到一定历史阶段产生的；工会又是一定的经济矛盾、政治矛盾和社会矛盾的产物，由此决定了工会运动是一种矛盾的运动。其中代表和维护工人阶级的具体利益，既是工会组织的天职，又是贯穿于工会运动过程始终的基本内容。工会所要解决的一切复杂矛盾，其落脚点都可以归结为维护工人阶级切身利益上来。这一特点使我们明确，虽然工会工作千头万绪，但是其内在矛盾及其展开，并非是无序的，而是有规律可循的。因为工会学研究的基本向度应当是深刻揭示工会运动的内在矛盾及其规律，其研究对象也应当是工会运动的内在矛盾及其规律。这一规定反映了工会运动的本质，是对工会理论研究内容的高度概括。

所谓工会学的学科性质，是关于工会学学科质的规定。从表面上看，工会学研究对象与学科性质似乎区别不大，实质上，这两者之间既有联系，又有区别。

首先，工会学研究对象的确定是对工会运动特殊矛盾的高度概括，反映了工会运动的本质内容。而工会学研究对象所蕴含的特殊矛盾，又是界定工会学学科性质的主要依据。因此，两者之间具有不可分割的相互依存的内在联系。

其次，工会学研究对象与学科性质又存在着明显的区别，主要体现在：(1) 两者的外延不同。学科性质是关于该学科质的规定，其外延大于学科对象；(2) 广义的学科性质，除了以学科对象作为界定自身的重要依据以外，还应当回答该学科属于什么类型的科学。对工会学而言，它应当属于应用科学的范畴，这是由工会活动所具有的强烈的实践性决定的。根据这一特点，在构造理论体系时，首先应当明确：工会理论是应用理论，它既具有完整的理论形态，又具有可操作的特征。此外，工会学属于综合性的边缘学科，其学科内容与政治学、经济学、社会学、组织文化学、社会心理学以及科学社会主义理论、工人阶级理论等密切相关。这一特点决定了，工会研究应当遵循一个基本的方法论原则，即在哲学一般方法论的指导下，借鉴和吸收与工会学相关的其他学科研究方法的长处和优势，逐渐形成工会学所特有的研究方法。在这一点上，不宜将某一学科研究方法原封不动地搬过来，或者完全套用这些方法构造工会理论体系。

2. 工会学研究对象与研究方法之间的内在联系

对象与方法之间存在着内在的必然联系。工会学研究方法不是人们主观臆造的产物，而是在一定的社会历史条件下，由主体对客体进行研究过程中，逐步形成和发展的。就工会学的对象定义而言，是一种逻辑规定和科学抽象，但就其所蕴含的内容而言，则是客观的、实在的。在不同的社会历史条件下，对象的实际内容不断地发展、变化，因此，它要求有一定的方法与之适应。对象的发展和变化程度制约着方法的发展程度，一定方法的发展水平是对一定对象发展水平的反映。比如，工会学的对象是工会运动的内在矛盾及其规律，但是50年代工会活动规律与当前的工会活动规律，从内容到形式均发生了很大的变化。对社会主义市场经济条件下的工会运动规律进行研究，如果仍然沿用50年代的方法，肯定是不适应的，必须寻求新的方法来代替。

总之，工会学理论及其方法的形成与发展，是以该门学科研究对象的产生和发展为转移的，这种关系揭示了工会学方法的唯物主义基础，即工会学研究方法不是人的主观随意的臆造；由这一关系又引出如下结论：工会学的研究方法是一个不断完善的过程。

（原载于 1994 年 11 月 4 日《工人日报》，全文 1700 字）

邓小平关于“新时期工会基本任务”思想的提出及其重要意义

摘要：把实现社会主义四个现代化的宏伟目标作为工会在新时期基本任务的思想，是构成邓小平有中国特色社会主义工运理论的重要组成部分。邓小平提出以实现四化作为新时期工会基本任务的观点，规定了我国工会在新时期的指导方针和工作中心，经过工会十大、十一大和十二大，这一思想逐渐演化为“工会以经济建设为中心”的指导方针。

关键词：邓小平；工运理论；中国工会九大；工会；基本任务

把实现社会主义四个现代化的宏伟目标作为工会在新时期基本任务的思想，是构成邓小平有中国特色社会主义工运理论的重要组成部分，是指导工会在新的历史时期开展工作的根本方针。实现四个现代化，必须要以经济建设为中心，进行深层次的、全方位的改革，不断地解放和发展社会生产力。我国的经济建设和改革开放的实践证明，工会在积极参与改革，组织亿万职工群众投入到经济建设中去的作用是巨大的，是其他任何组织都不可替代的。

以实现四化作为新时期工会的基本任务，是邓小平同志在我国的改革开放即将拉开帷幕之际提出来的。这一思想集中体现在邓小平同志在中国工会九大的致词上，是贯穿于整个“致词”的一条主线，它为中国工会在新的历史条件下开展工作规定了正确原则，指明了前进方向。

1978 年，是中国社会主义发展史上具有里程碑意义的重要年代。在这一年里，揭批“四人帮”和拨乱反正的伟大斗争取得重大的胜利，我们国家面临着历史性的变革。中国工会九大正是在这种形势下召开的。邓小平同志非常关心这次大会，他不仅出席了大会，而且作了题为“工人阶级要为实现四个现代化作出优异贡献”的致词。致词紧紧围绕实现四化这一中心，强调工会要为实现经济改革以及企业的各项改革“作出新的杰出贡献”，[1]系统地阐述了工会组织怎样为实现四化目标发挥自己的作用。邓小平同志在致词中规定的工会以经济建设为中心开展活动的一系列原则，至今仍具有重大的现实指导意义。值得注意的是，邓小平同志的上述思想同工会九大之后召开的十一届三中全会的基本精神是一致的，这表明：作为改革开放的总设计师，邓小平同志早就酝酿、形成了把党的工作重点转移到经济建设上去的宏大构想，并着手把这一战略思想贯彻到每一个局部工作之中。从这个意义上而言，邓小平同志把实现四化作为新时期工会基本任务的思想，是他的关于党的工作重点转移思想在工会工作方面的具体化，充分体现了邓小平同志对新时期工会工作的重视。

一、以实现四化作为工会的基本任务标志着新时期工会工作中心的确立

确立工会在新时期工作中心的思想原则，是邓小平同志站在时代的高度，科学地分析了粉碎“四人帮”两年来的客观形势，依据党的工作重心即将进行战略转移的发展趋势，而适时提出来的。

1. 邓小平同志在工会九大致词中，全面概括和总结了粉碎“四人帮”两年来的基本情况，正确地估量了当时的客观形势及其发展趋势，从而果断地确定了新时期的工会工作重心。

粉碎“四人帮”反党集团，结束了长达10年的动乱局面。我们国家在党中央的领导下，深入开展了揭批“四人帮”的伟大斗争，同时进行全面的拨乱反正。历经两年的努力，这场斗争取得决定性的胜利，基本上肃清了林彪、“四人帮”反党集团在各个领域散布的流毒。在全国职工队伍中，通过揭批“四人帮”，消除了“四人帮”反党集团在工人群众中造成的消极影响，进一步提高了工人阶级的政治觉悟，从而为党的工作重心的战略转移、也为中国工会在新时期工作中心的确立，奠定了坚实的群众基础。由于具备了这些条件，邓小平同志在工会九大致词中提出：揭批“四人帮”的斗争，“在全国广大范围内已经取得决定性的胜利，我们已经能够在这一胜利的基础上开始新的战斗任务”。[2]根据邓小平同志这句话的前后联系，可以看出，他已经明确提出了党的工作重心转移问题，即从揭批“四人帮”、拨乱反正转移到以经济建设为中心、以实现四化为目标，以及转移的时机选择等，这里也内在地包含了确立工会在新时期工作中心的思想。

2. 从我国的基本国情出发，以解决我国社会主义社会的主要矛盾为切入点，是邓小平同志确立新时期工会工作中心的内在根据

对我国基本国情的正确认识，是邓小平同志处理建设有中国特色社会主义的一系列重大理论问题和实践问题的出发点。在邓小平同志的论著中，他不止一次地以中国的基本国情作为解决建设有中国特色的社会主义问题的前提条件。他在党的理论工作务虚会上的讲话中，把基本国情精辟地概括为两条：一是底子薄；二是人口多，耕地少。明确提出：“现在搞建设，也要适合中国情况，走出一条中国式的现代化道路。”[3]新时期工会工作中心的确立，也同样要以基本国情为出发点。这是因为，新时期的工会工作首先要服从于和服务于党的工作重心，而提出党的工作重心转移的指导方针是以中国的基本国情作为客观基础的。

与基本国情相联系的是我国先进的社会制度同落后的社会生产之间的矛盾。对这一矛盾认识的正确与否，直接关系到我国社会主义建设事业的前途和命运。早在党的八大，就明确提出这个矛盾，并将其作为我国社会主义的主要矛盾。但是，后来由于“左”的思想长期在党内占据统治地位，使我们党在社会主义主要矛盾问题上所获得的科学认识被严重扭曲，最后导致“文革”混乱局面的发生，给我国的社会主义建设事业造成极其严重的影响和损失。正反两方面的经验教训使我们党认识到发展社会生产力的必要性和迫切性。邓小平同志在全国科学大会开幕式的讲话中，精辟地论述了发展生产力同巩固社会主义制度的辩证关系，充分体现了以邓小平同志为核心的中国共产党第二代领导集体在解决社会主义主要矛盾问题上所采取的科学态度。他指出：“在无产阶级专政的条件下，不搞现代化，科学技术水平不提高，社会生产力不发达，国家的实力得不到加强，人民的物质文化生活得不到改善，那末，我们的社会主义政治制度和经济制度就不能充分巩固，我们国家的安全就没有可靠的保证。”只有“把我们的国家建设成为社会主义的现代化强国，才能更有效地巩固社会主义制度。”[4]

发展社会生产力，必须以经济建设为中心，全心全意依靠工人阶级，充分发挥工人阶级的主力军作用，这就决定了工会在新时期的工作中心必须以实现四化为目标，组织亿万职工群众积极投身于社会主义现代化建设和改革开放的伟大洪流中去。

改革开放以来的工会运动实践证明了邓小平同志确立的新时期工会工作中心的思想是极有远见的，是同客观形势的发展和工会工作的实际相一致的。

二、以实现四化作为工会的基本任务是改革开放的客观要求

改革是一场革命，是邓小平同志提出的一个非常重要的论断。这是一个

具有深刻理论内涵的命题，但它首先是一个实践命题。这一命题是以他对我国社会主义革命和建设所走过的曲折历程进行深层反思为基础，通过总结正反两方面的经验教训而提出来的。他站在历史的转折点上，立足于基本国情，运用历史唯物主义的基本观点，审时度势，科学而准确地把握住我国改革的本质内容，即："这场革命既要大幅度地改变目前落后的生产力，就必然要多方面地改变生产关系，改变上层建筑，改变工农业企业的管理方式和国家对工农业企业的管理方式，使之适应于现代化大经济的需要。"[5]总之，就是要改革不适应生产力发展的一切因素，它包括政治体制改革，经济体制改革，以及企业管理方式的改革，等等。邓小平同志认为："进行这些改革，是全国人民的长远利益所在"，[6]也是工人阶级的根本利益所在。他依据工人阶级的先进性质与特点，确定了工人阶级是现代化建设事业的主力军身份、地位与作用，并对工人阶级在社会主义现代化建设及改革开放事业中的作为寄予厚望。他指出："工人阶级最重要的特点之一就是同社会化的大生产相联系，因此它的觉悟最高，纪律性最强，能在现时代的经济进步和社会政治进步中起领导作用。"因此，他坚信，为了社会主义利益，为了四个现代化的利益，"全国工人阶级一定会在这些改革中起大公无私的模范先锋作用。"[7]

与工人阶级作为改革和经济建设主力军身份相适应，工会作为工人阶级的群众组织，要为实现改革、推动经济建设的发展而全面发挥自己的作用，这是改革对工会工作的客观要求，是新的历史时期赋予工会的神圣任务，也是由置身于改革大潮中的工人阶级与工会的基本关系确定的。如前所述，深化改革，发展经济，同工人阶级的根本利益是一致的。工会作为工人阶级具体利益的表达者和维护者，其工作中心的确立，首先应该服从于工人阶级的根本利益，并组织工人阶级群众为实现自己的根本利益而奋斗。因此，新时期的工会应当树立大维护观，即以经济建设为中心，充分发挥"两个维护"的作用，在维护全国人民总体利益的同时，更好地表达和维护职工群众的具体利益。

工会以经济建设为中心，推动改革事业的发展，具体体现在工会应根据自身特点，独立自主地开展工作。邓小平同志在工会九大致词中，着重强调了工会的宣传群众和组织群众工作的重要性。他认为："各工会组织一定会用深入群众的宣传组织工作积极协助各企业顺利地实现这些改革，为革命和建设的事业作出新的杰出贡献。"[8]邓小平同志这一观点在当时具有特殊的指导意义。粉碎"四人帮"以后，我国面临着百废待兴、百业待举的紧迫局面。

十年“文革”，给我国的国民经济造成灾难性的后果。在企业里，无论是在生产技术方面，还是在生产管理方面，都处于十分落后的状态。在这种形势下搞改革，进行四个现代化的建设，必须有一个启动过程。首先是动员改革的主体力量——工人阶级，帮助他们自觉抵御来自文革期间的各种消极因素的惯性冲击，树立支持改革、参与改革的坚定信念，提高他们参与改革的自觉性，组织他们投身于改革。这个任务必须由工会来承担。邓小平同志根据工会在宣传、组织职工群众方面所具有的优势，提出：工会组织要通过宣传工作，“教育全体会员认识实现四个现代化的伟大意义，努力提高自己的政治、管理、技术、文化水平。”[9]改革的实践证明了工会的宣传、组织群众工作的重要意义。当前，在建立和完善社会主义市场经济体制的新形势下，在建立现代企业制度、不断深化企业改革的过程中，工会的宣传、组织工作在引导职工群众围绕经济建设这个中心，积极参与企业的各项改革方面，仍具有十分重要的作用。

总之，改革的实践客观上要求工会组织必须以经济建设为中心，围绕这一中心独立自主地开展工作。否则，工会工作就将偏离正确的方向。

三、完成工会在新时期的基本任务，就必须充分发挥工会的社会职能作用

邓小平同志不仅确定了工会在新时期的基本任务，而且详细地阐述了完成这个基本任务的手段，即充分发挥工会的社会职能作用。

关于工会的社会职能问题，曾一度被人们争论不休，直到工会十一大才明确把工会社会职能规定为：维护、建设、参与和教育等四项职能。实际上，邓小平同志早在工会九大“致词”中，就已经对这四项职能的基本内涵进行了精辟论述。

首先，邓小平同志强调了工会的教育职能。他认为，工会要以经济建设为中心，教育工会会员认识实现四化的重大意义，不断提高自己的思想政治素质、科学文化素质、专业技术水平和管理能力。

其次，邓小平同志十分重视工会的参与职能。他一方面强调：“工会要教育全体会员积极参加企业的管理”，充分行使企业主人的权利；另一方面，他要求“所有的企业必须毫无例外地实行民主管理”，“企业的重大问题要经过职工代表大会或职工大会讨论。”[10]工会作为职工代表大会或职工大会的工作机构，应当代表职工的利益积极参与管理。邓小平同志认为，工会参与职能

发挥得好坏，“影响着工人当家做主的权利行使得怎么样，也影响着企业管理的好坏怎么样。”[11]当然，也影响着工会在新时期基本任务的完成。

再次，新时期的工会工作以经济建设为中心，并没有否定工会的维护职能。相反，只有把经济建设搞上去，把企业管理好，提高经济效益，才能从根本上维护职工群众的切身利益和长远利益。因此，必须正确处理维护职工的具体利益同发展经济之间的辩证关系。邓小平同志批评了那种利用各种借口不关心职工具体利益的企业领导，指出：“工会要努力保障工人的福利。”[12]他认为，在维护职工群众具体利益方面，“工会组织有更大量的工作应该做。工会组织要督促和帮助企业行政和地方行政在可能的范围内，努力改善工人的劳动条件、居住条件、饮食条件和卫生条件”，等等。只要工会认真履行维护职能，能够替职工群众说话办事，“就会在工人群众中享有很高的威信，可以为四个现代化作出重大的贡献。”[13]这里，邓小平同志深刻地阐述了工会组织发挥维护职能作用与促进经济建设之间的内在联系。

最后，工会发挥建设职能作用与工会以实现四化作为新时期的基本任务，两者的意义是一致的，如果说两者存在差别，那么这种差别也只在于前者是工会全部社会实践活动的一个重要方面，后者则是工会在新时期全部活动的目标指向，亦即前者是实现后者的重要方式，两者之间具有直接的同一性。邓小平同志在工会九大致词中，通篇都在论述工会组织要为实现四个现代化而发挥自己的建设职能作用。

邓小平同志的上述思想，比较明晰地勾画出新时期工会四项社会职能的基本框架，论证了工会要以“经济建设为中心”的观点，为我们提供了一条如何完成工会在新时期的基本任务的实现途径。

四、把实现四化作为新时期工会基本任务的重要意义

1. 邓小平同志把实现四化作为新时期工会基本任务的一系列精辟论述，消除了文革时期极左思潮给工会带来的冲击和干扰，是邓小平同志提出的“解放思想，实事求是，团结一致向前看”这一方针在工会领域的具体贯彻，因而具有解放思想的重大意义。

2. 邓小平同志把实现四化作为新时期工会基本任务的思想，是构成他的建设有中国特色社会主义总体战略的重要组成部分，从中体现出他对工会工作的高度重视。

3. 以实现四化作为新时期工会基本任务的观点，实质上规定了我国工会

在新时期的指导方针和工作中心，经过工会十大、十一大和十二大，这一思想逐渐演化为“工会以经济建设为中心”的指导方针。就这个意义而言，可以说，邓小平同志的上述思想为开创工会工作的新局面指明了方向。

4. 邓小平同志围绕新时期工会的基本任务而展开的论述，为我们确定了工会“以经济建设为中心”，围绕这个中心，充分发挥四项社会职能作用的工作方式。

5. 邓小平同志上述思想的提出不是偶然的，乃是他在纷繁复杂的社会环境中，立足于基本国情，以一个战略家的洞察力，准确地抓住中国社会的主要矛盾以及工会工作的主要矛盾而获得的一个真理性认识，因而具有重要的方法论意义。

参考文献

[1] 邓小平：《邓小平文选（1975 年 ~ 1982 年）》，人民出版社，1989 年，第 126 页。

[2] 邓小平：《邓小平文选》第 2 卷，人民出版社，1994 年，第 135 页。

[3] 邓小平：《邓小平文选（1975 年 ~ 1982 年）》，人民出版社，1989 年，第 149 页。

[4] 邓小平：《邓小平文选（1975 年 ~ 1982 年）》，人民出版社，1989 年，第 83 页。

[5] 邓小平：《邓小平文选（1975 年 ~ 1982 年）》，人民出版社：1989 年，第 125 ~ 126 页。

[6] [7] [8] [9] 邓小平：《邓小平文选》第 2 卷，人民出版社，1989 年，第 136 页。

[10] [11] [12] 邓小平：《邓小平文选》第 2 卷，人民出版社，1989 年，第 137 页。

[13] 邓小平：《邓小平文选》第 2 卷，人民出版社，1989 年，第 138 页。

（原载于《工会理论与实践 - 中国工运学院学报》1994 年 3 期，全文 6000 字）

论“三个代表”重要思想对马克思主义工运理论的丰富与发展

摘要：“三个代表”重要思想从工人阶级先进性与党的先进性的相互关系出发，深刻揭示了中国工人阶级作为发展社会生产力、创造社会先进文化、实现全国人民根本利益等方面的实践主体所具有的主力军作用，为全面认识工人阶级的先进性质及其历史地位和作用提供了重要的方法论原则，是对马克思主义工运理论的丰富和发展，为新世纪我国工运理论建设和工会工作发展指明了方向。

关键词：“三个代表”；马克思主义工运理论；中国工人阶级

“三个代表”重要思想从工人阶级的先进性与党的先进性的相互关系出发，深刻揭示了中国工人阶级作为发展社会生产力、创造社会先进文化、实现全国人民根本利益等方面的实践主体所具有的主力军作用，为全面认识工人阶级的先进性质及其历史地位和作用提供了重要的方法论原则，是对马克思主义工运理论的丰富和发展，为新世纪我国工运理论建设和工会工作发展指明了方向。

江泽民同志在“七一”讲话中，全面而深刻地阐述了“三个代表”的重要思想。笔者认为，江泽民同志关于“三个代表”重要思想是一个具有普遍指导意义的、内涵十分丰富的、系统的科学论断，是一个有机的整体，其中所包含的工运思想是对马克思主义工运理论在新的历史条件下的丰富与发展。

一、“三个代表”重要思想从党的先进性质决定于工人阶级先进性这一高度，进一步肯定了工人阶级作为先进社会生产力，在社会主义现代化建设中所具有的不可替代的历史地位和作用，为全面认识工人阶级的先进性质及历史地位和作用提供了重要的方法论原则

江泽民同志所阐述的“三个代表”重要思想，从党的建设高度对我们党

近80年的发展历史作了精辟的概括，提出：我们党“始终代表中国先进生产力的发展要求”。工人阶级作为党的阶段基础，其固有的先进性决定了本阶级先锋队组织的先进性质，而党要始终保持其先进性，必然要求工人阶级始终保持并发扬自己的先进性。工人阶级作为社会先进生产力的代表，在中国共产党的领导下，为中国人民的解放事业和社会主义建设事业立下了不朽的功勋。在改革开放和建立、完善社会主义市场经济体制的今天，我国工人阶级继续保持自己的先进性质，发扬自己的光荣传统，在不断变幻的市场经济条件下，在国家的产业结构调整、深化企业改革和建立现代企业制度中，充分发挥主力军和“带头羊”作用，为促进改革、推动发展、维护稳定发挥了极其重要的作用。江泽民同志对我国工人阶级在改革开放历史时期，工人阶级所作出的巨大贡献给予了高度评价。他指出：“历史和现实的实践都证明，中国工人阶级不愧为先进生产力的代表，不愧为推进中国革命、建设和改革事业的中坚力量，不愧为我们国家的领导阶级。”

工人阶级作为先进生产力的代表，其先进性主要体现在他们代表着生产力的前进方向，代表着社会发展的总趋势，代表着人类文明和进步的根本要求。在现实生活中，不论改革深入到哪一个层次，也不论企业改革、建立现代企业制度遇到多么大的困难和问题，都不能对工人阶级作为先进生产力代表的性质与地位有丝毫的怀疑和动摇。

工人阶级作为一个阶级整体，除了广大普通工人群众以外，还包括广大的知识分子、经营管理者，他们对当代高科技的深入研究以及对最先进的经营管理理念的实际把握，都为推动我国科学技术赶超世界先进水平、为成功地经营和管理企业作出了巨大贡献。应当说，他们在发展先进社会生产力方面占有举足轻重的地位。但是，这并不能因此而否定广大工人群众在发展生产力中的创造作用。江泽民同志关于“三个代表”重要思想从党的先进性决定于工人阶级先进性的高度出发，充分肯定了工人阶级作为阶级整体在代表和发展先进生产力中的不容置疑的地位和作用，从而使这一观点奠定在辩证唯物主义和历史唯物主义的基础之上，为从总体上、从时代的发展变化上，全面认识工人阶级的先进性质、历史地位和作用提供了一个重要的方法论原则。

二、“三个代表”重要思想通过党与工人阶级之间的关系，第一次明确了工人阶级作为先进的精神生产力，在代表中国先进文化的前进方向上所具有的重要地位和作用中国的先进文化，从本质上讲就是有中国特色的社会主义文化；党要成为中国先进文化前进方向的代表，其实质就是创造和推进建设有中国特色的社会主义文化，使社会主义物质文明建设和精神文明建设协调发展，推动社会全面进步。根据马克思主义的基本原理，生产力包括物质生产力和精神生产力。与此相适应，工人阶级作为先进生产力的代表，它本身必然兼具物质生产力和精神生产力的两重形式。

江泽民同志在“三个代表”重要思想的论述中，第一次明确提出我们党始终代表着“中国先进文化的前进方向”。这一科学论断也同时涵盖了这样一种决定关系，即工人阶级作为党的阶级基础，作为包括物质生产力和精神生产力的先进生产力的代表，它本身也是实践党的代表“中国先进文化的前进方向”的依靠主体。这一基本观点是对马克思主义工运理论的创造性发展。

我们党是以马克思主义理论武装起来的工人阶级先锋队组织，辩证唯物主义和历史唯物主义是指导我们党的重要理论基础，也是保证我们党代表中国先进文化前进方向的世界观和方法论。在党的领导、宣传和教育下，我国工人阶级在长期的革命斗争和建设实践中，逐步形成的优良传统以及在改革开放新的历史条件下所表现的艰苦奋斗的创业精神，认真负责、兢兢业业的主人翁责任感，以及爱岗敬业、公而忘私的高尚品质，为整个社会树立了崭新的形象。工人阶级良好的精神风貌和先进的思想观念及其所产生的巨大辐射力，集中反映了时代的要求，代表着我国社会先进文化的前进方向。

工人阶级不仅以自己的先进的阶级意识和思想观念、良好的社会形象去影响整个社会文化，而且它本身在创造先进的物质生产力的同时，也在创造着先进的精神生产力，创造着代表这个时代发展方向的先进文化。在长期的革命斗争、社会主义建设以及改革开放的实践中，工人阶级一方面创造了大量物质财富，另一方面创造了巨大的精神财富，他们在思想文化的各个领域辛勤劳作，为繁荣和发展有中国特色的社会主义文化事业作出了重要贡献。

工人阶级作为我们党代表先进社会文化发展方向的依靠主体，不仅是先进社会文化的创造者、传播者、实践者和倡导者，同时也是优秀传统文化的继承者、先进社会文化的捍卫者。

自改革开放以来，随着国外先进的科学技术、先进的管理理念进入国门，西方一些颓废的人生观、价值观以及腐朽的生活方式也从各种传媒渠道进入中国，不同程度地对人们的思想观念、价值观念、行为方式产生消极影响；长期以来，在思想领域中的马克思主义同形形色色的非马克思主义、反马克思主义思潮的斗争，一刻没有停止，科学同迷信的斗争，也一直没有停止过，比如我们同"法轮功"邪教组织的斗争，同封建迷信思想的斗争；对如何对待我国优秀传统文化方面，社会上还存在着不同的认识。应当说，我国在思想文化领域所面临的形势是很严峻的。如何充分发挥工人阶级先进文化在文化领域的主导地位，用马克思主义和科学的思想占领文化阵地，建设有中国特色的社会主义文化，是实现我们党始终代表"中国先进文化前进方向"的重要保证。

我国工人阶级在党的领导下，一方面，坚决同消极、腐朽的思想文化作斗争；另一方面，在建设社会主义精神文明过程中，正确地处理文化发展中的辩证关系。主要体现在以下几个方面：

（1）正确处理文化发展中的借鉴问题。坚持有选择、有批判地吸收和保留外国思想文化中好的东西来丰富和满足我们的需要；

（2）正确处理文化发展中的继承问题。继承中国古代传统文化中的优秀遗产是丰富和发展有中国特色社会主义文化的重要内容，但是这种继承是剔除糟粕、吸取精华的扬弃过程，因此要坚决反对旧文化中一切消极的东西，坚持文化发展中的革命性和科学性。同时，要坚持历史发展的辩证法，尊重历史而不能割断历史。

（3）正确处理文化发展中的创新问题，把吸收来的外国先进文化同具有本民族特点的优秀文化相结合，实现文化创新的目的。实践证明，我国工人阶级在文化的借鉴、继承和创新上，充分发挥了积极性和创造性，为建立和完善有中国特色的社会主义文化作出了巨大的贡献。

在新的历史条件下，工人阶级要成为党的"始终代表中国先进文化的前进方向"的依靠主体和实践主体，除了要做社会主义精神文明建设的推动者和主力军以外，其自身的整体素质也要不断提高。要用马克思主义、毛泽东思想和邓小平理论武装自己，不断提高自身的思想政治素质、科学文化水平，并以"有理想、有道德、有文化、有纪律"的样式加强工人阶级的建设，只有这样，工人阶级才能用自己的先进思想影响和带动整个社会。这也是"三个代表"重要思想的内在要求。

总之，"三个代表"重要思想不仅从物质文明建设，而且第一次从精神文明建设方面明确论证了工人阶级的主力军作用，为我们全面正确地认识工人阶级的历史地位和任务提供了重要的理论依据，丰富和发展了马克思主义工运理论。

三、“三个代表”重要思想始终把实现、维护和发展中国最广大人民的根本利益作为党的最大的政治，这也是全心全意依靠工人阶级的题中之义，为我国工会在新形势下进一步突出和履行维护职能提出了更高的要求

始终代表中国最广大人民的根本利益，是我们党的奋斗纲领、目标任务和根本宗旨的集中体现，也是我们党作为无产阶级政党的本质特征。中国共产党作为中国工人阶级的先锋队，自诞生之日起，就把全心全意为人民谋利益作为其根本宗旨和行为准则。我们党奋斗的 80 多年的历史，实质上就是为广大人民群众谋取利益的奋斗史，是全心全意为人民服务的历史。

在改革开放新的历史条件下，以江泽民同志为核心的党的第三代领导集体始终坚持党的全心全意为人民服务的宗旨不动摇，他所提出的“三个代表”的重要论断，进一步丰富和发展了党的宗旨理论，同时也为工会履行维护职能，更好地代表和维护职工群众的切身利益提出了更高的要求。

解放生产力，发展生产力，全心全意依靠工人阶级，是建设有中国特色社会主义的本质要求；同时，保护生产力，维护和实现包括工人阶级在内的最广大人民群众的切身利益，是建设有中国特色社会主义的根本目的。工人阶级作为先进社会生产力的代表，在社会主义物质文明和精神文明建设中，充分发挥主力军的作用，同时它自身的利益也需要得到表达、维护和满足。全心全意依靠工人阶级应当是发挥工人阶级历史作用和维护工人阶级切身利益的辩证统一。

工人阶级切身利益包括工人阶级所享有的当家做主的政治利益和民主权益、经济利益以及精神利益。在建立和完善社会主义市场经济体制过程中，在产权关系、劳动关系发生重大变化的条件下，工人阶级切身利益维护的问题日益凸现出来。在社会经济结构尤其是产业结构的战略性调整中，职工队伍的一部分工人面临下岗、出现就业的困难，在我国加入 WTO 以后，就业形势在一段时间里将更加严峻；一些新建企业职工的合法权益得不到有效保障；有些企业中侵害职工合法权益的现象屡屡发生；近年来，由于某些企业经营者追求利润最大化，忽视了安全生产，致使工伤事故连连不断，职工的生命安全受到严重威胁，等等。这些侵害职工群众切身利益现象的存在，表明当前维护职工权益的形势十分严峻。“三个代表”重要思想关于“始终代表中国人民最根本的利益”的表述，从党的根本宗旨的高度，为工会工作提供了重要理论依据，向工会工作提出更高的要求，即：要把党的全心全意为人民谋利益的宗旨，通过工会这一联系党与工人阶级群众之间的桥梁与纽带，贯彻

落实下去，通过工会代表和维护职工的切身利益与合法权益，使党的根本宗旨具体化，使其成为检验工会工作成败的最高标准，成为每个工会工作者开展工作的行为准则。将党的根本宗旨同工会的维护工作紧密结合，这种结合会使工会履行维护职能的态度更加坚决，使工会的维护工作更加有力，使工会工作的视野更加开阔。

四、“三个代表”重要思想在思想观念上澄清了有关工人阶级的理论是非，为推动马克思主义工运理论的发展提供了重要的方法论原则

改革开放20多年来，我国正在发生翻天覆地的伟大变化。与此相适应，我国工人阶级队伍也发生了新的、巨大变化。工人阶级不仅在数量上不断增加，而且在素质上不断增强，尤其是知识分子作为工人阶级队伍的一部分，大大提高了工人阶级的整体素质。随着我国经济结构的调整和企业改革的逐步深入，以及非公有制企业的快速发展，传统的产业工人数量在相对减少，在非公有制企业从事劳动的工人在增加，大量来自农村的农民工正在实现身份的转变，成为工人阶级队伍的一员，传统工人阶级的高度同质性特征正在发生变化，分化为不同的社会阶层。在新形势下，如何正确认识工人阶级队伍发生的新变化，如何认识当代工人阶级的先进性，这是我们党全面贯彻落实“全心全意依靠工人阶级”根本方针所必须解决的重大课题。江泽民同志所阐述“三个代表”重要思想，为我们提供了重要的方法论原则。

首先，在思想观念上澄清了有关工人阶级的一些理论是非。在发展社会主义市场经济的新形势下，基于工人阶级队伍的新变化，工人阶级还有没有先进性？工人阶级还是不是先进社会生产力的代表？有的人片面认为，随着科学技术的发展，生产方式的变化，普通工人作为体力劳动者，代表不了先进生产力，知识分子和企业经营管理者才是先进生产力的代表；由此，也有的人片面地认为，当代我国工人阶级已经不具有先进性了，等等。“三个代表”重要思想从党与工人阶级的密切关系出发，明确地论证道：工人阶级的先进性质和历史地位是不容置疑的。事实也是如此，知识分子和经营管理者固然在发展先进的社会生产力方面具有举足轻重的作用，但是任何高科技要转化成现实生产力，必须依靠广大工人的创造性劳动。况且知识分子也属于工人阶级的一部分。这样就从根本上回答了普通工人群众也是先进生产力的重大问题。此外，工人阶级队伍发生的新变化，既是一种客观的变化，也是工人阶级对建立与发展社会主义市场经济体制的一种主动积极的适应，这种变化不能、也不可能改变工人阶级的先进性。从这个意义而言，如果说，工

人阶级的先进性有所变化，那也只能是在继承工人阶级传统的先进性的基础上，其先进性的表现形式被赋予了新的时代特征，具有了更加丰富的内涵。

其次，为全面而深刻地认识党的全心全意依靠工人阶级的根本方针提供了重要方法，纠正了对这一根本方针的偏狭理解。工人阶级是一个整体范畴，它既包括普通工人，也包括广大知识分子和管理者。江泽民同志曾明确指出：知识分子是工人阶级中掌握科学文化知识较多的一部分，是先进生产力的开拓者，在改革开放和现代化建设中有着特殊重要的作用。保持党的先进性，全心全意依靠工人阶级，必须依靠工人阶级的整体，而不是其中的某一部分。

最后，“三个代表”重要思想从始终保持党的先进性的高度，从党和工人阶级之间的紧密联系出发，论证了在社会主义现代化建设的一个长期历史阶段，全心全意依靠工人阶级的必要性、必然性、实现途径。正如江泽民同志曾经指出的那样：工人阶级是我们党的阶级基础，是我们国家的领导阶级。我们党所领导的改革和社会主义现代化建设的全部活动与整个进程，都必须全心全意依靠工人阶级。江泽民同志的论述为我们全面、深刻地理解这一根本方针提供了一个崭新的认识视角。

综上所述，江泽民同志关于“三个代表”重要思想包含着十分深刻的工运理论观点，是对马克思主义工运理论的丰富和发展，为新世纪我国工运理论建设和工会工作发展指明了方向！

参考文献

[1] 尉健行：《认真学习“三个代表”的重要思想　努力实现新建企业工会组建工作的突破》，2000 年 6 月 28 日《工人日报》。

[2] 编写组：《全面加强党的建设的伟大纲领》，人民出版社，2000 年。

[3] 编写组：《立党之本　执政之基　力量之源》，红旗出版社，2000 年。

[4] 中国工运学院编写组：《邓小平工人阶级与工会思想研究》，中国工人出版社，1994 年。

[5] 李永海：《工人阶级主人翁地位不容动摇》，《工会理论与实践—中国工运学院学报》1996 年第 4 期。

[6] 赵健杰：《一论全心全意依靠工人阶级》，《工会理论与实践—中国工运学院学报》1996 年第 3 期。

[7] 赵健杰：《二论全心全意依靠工人阶级》，《工会理论与实践—中国工运学院学报》1996 年第 4 期。

[8] 赵健杰：《三论全心全意依靠工人阶级》，《工会理论与实践—中国工运学院学报》1996 年第 6 期。

（原载于《工会论坛》（山东省工会管理干部学院学报）2002 年第 2 期，全文 6200 字，中国人民大学复印报刊资料《工会工作》2002 年第 5 期全文转载）

SA8000与中国工会维权

摘要： SA8000是“社会责任国际”依据国际劳工组织公约、世界人权宣言及联合国儿童权益公约制定的，以保护劳动环境和条件、劳工权利等为主要内容的一套管理标准体系。对中国工会组织来说，面对SA8000这一涉及劳动者权益的新兴标准，必须重视并深入研究它，利用好这一标准，更好地维护我国劳动者的权益。

关键词： SA8000；经济全球化；工会

在经济全球化和我国加入世贸组织的形势下，劳动关系调整和工会维护劳动者权益面临更加严峻的考验，呈现出国际化的显著特征。目前，SA8000已成为国际企业界、工会界关注的焦点。

所谓SA8000（Social Accountability 8000）是“社会责任国际”依据国际劳工组织公约、世界人权宣言及联合国儿童权益公约制定的，以保护劳动环境和条件、劳工权利等为主要内容的一套管理标准体系。

SA8000标准体系中所规定的企业社会责任是：企业或组织在赚取利润的同时，必须主动承揽对环境、社会和利益相关者的责任。SA8000标准的内容包括：禁止童工劳动、劳动歧视、健康安全、集体谈判、差别待遇、工作时间和劳动报酬，等等。因此，任何企业或组织申请并通过SA8000标准认证后，就等于向客户、消费者和社会公众展示出自己良好的社会责任形象。

一方面，SA8000标准以加强社会责任管理为名，通过该管理体系认证，把人权问题与贸易问题结合起来；另一方面，通过SA8000管理体系认证和推广，将劳动者各种权益置于其下，能够使劳动者权益保障机制化和刚性化。因此，有人认为，SA8000标准的宗旨是为了保护人类基本权益，体现了市场经济中的人道主义精神；也有人认为，以劳工标准为本质的SA8000是技术性贸易壁垒的一种表现形态，它已逐渐被当作一种取得竞争优势的手段。

作为一项国际标准，SA8000 对于发展中国家，尤其像我国这样一个劳动力资源丰富，劳动密集性产业在产业结构中占有很大比重，且不少企业的劳动生产环境和条件尚待继续改善的国家来说，确实是一个严峻挑战。就目前我国企业现状而言，按照 SA8000 规定，生产企业如果达不到其要求，相关的进口方就可能阻止其产品的进口。事实上，据统计，截至 2003 年 8 月，我国共有 42 家企业通过了 SA8000 认证。这些企业主要分布在东南沿海贸易较发达的省份，耐人寻味的是这些企业通过 SA8000 认证的推动力不是来自企业内部，而是来自国外的采购方。显然，我国一些外贸企业已经感受到来自 SA8000 咄咄逼人的压力，这将对我国的出口贸易造成冲击，同时也会影响企业的经济效益以及劳动者的切身利益。

面对 SA8000，是主动采取策略应对还是被动接受，都是一个无可回避的考验。值得注意的是，我国最高立法机构已经通过相关的三个国际公约和宪法修订，大大改善了 SA8000 标准在中国转化的社会经济环境。在 2003 年 11 月世界经济论坛的中国企业高峰年会上，国务院副总理黄菊曾呼吁跨国企业应该超越单纯的经济活动，担负起更加广泛、更加体现人本精神的社会责任，企业只有具备高度的社会意识，才能获得广泛的社会认可，实现长远、持续的发展。对中国工会组织来说，面对 SA8000 这一涉及劳动者权益的新兴标准，必须重视它并深入研究它，利用好这一标准，更好地维护我国劳动者的权益。

为此，各级工会一定要加强和改善职业安全卫生管理，加强劳动保护的检查力度，积极改善国内企业的劳动环境和生产条件，以迎接来自国际上的各种复杂的形势和考验。二要加强对 SA8000 的研究力度，使企业了解这个标准内容以及所带来的挑战，树立危机意识。同时应立足于我国企业的实际状况，如我国劳动密集型企业在推动经济发展、吸纳就业人员和保持社会稳定等方面发挥积极作用。但其中不少企业目前并不具备 SA8000 所要求的条件，如果按照 SA8000 的标准要求，这些企业原有的劳动力资源优势势必丧失，企业劳动者利益也将相应地受到损害，所以，在应对 SA8000 的挑战时，应根据不同类型企业有不同的要求，而不是一切盲目地顺应。三要积极配合政府，以此为契机，进一步贯彻今年“两会”的精神，检查和治理拖欠农民工工资的问题，各地政府要落实最低工资制度，对于使用童工、违反工资和工时规定、存在严重职业安全的企业处以重罚。

（原载于 2004 年 4 月 7 日《工人日报》，全文 1600 字）

工会地位研究的方法论思考

摘要： 工会地位作为基础理论问题，是构筑全部工会学理论体系的重要基础，也是决定工会组织作为的主要理论依据。针对工会地位研究方法上存在的片面性、外因论和静止论等不足，在对工会地位的认识上，应坚持实事求是的原则、发展的原则、主体性原则和整体性原则，有针对性地克服方法论中的偏差。

关键词： 工会地位；理论；研究方法；原则

工会地位问题，是构筑全部工会学理论体系的重要基础，也是决定工会组织作为的主要理论依据。

从客观的角度讲，工会作为工人阶级的群众组织，其社会历史地位是一种客观存在，而不是人们主观臆造的产物。从理论研究的角度讲，工会地位的理论判定及其与客观实际的契合，取决于人们对工会组织同周围社会组织和社会事物之间关系的全方位科学考察及正确的理论抽象。这里，就研究本身而言，有一个研究方法问题，从这个意义上说，理论研究能否客观、准确地揭示工会地位及其变化规律，主要取决于研究方法是否得当。因此，重视理论研究的方法论问题，是深入探讨工会地位问题的基本前提。

一、工会地位研究方法存在的几个问题

随着工会运动实践的不断发展，工会的社会地位问题日益引起人们的重视。许多研究者从各个不同的视角对工会地位进行深层次的思考，提出了许多新论点，从而使这一理论不断地丰富和完善。

但是，在有关工会地位的理论研究中也存在一些偏颇之见，究其缘由，除了某些客观原因以外，主要归结为研究者的主观原因，其中最突出的是研究方法问题。

近几年来，有关工会地位理论研究的方法论方面的缺憾和不足，概括起来主要有以下几点：

1. 片面性。主要表现为将工会地位简单地等同于工会与党、工会与行政之间的关系，并将其绝对化。这种认识显然是不全面的。诚然，工会与党、政之间的关系是确定工会地位的主要因素，是工会在诸多社会关系中的本质联系，但是，这种关系并没有涵盖工会组织与整个社会所发生的全部关系。如果扩大研究视界，便可以看到，工会地位作为关系范畴，是诸多社会关系与工会组织相互联系、共同作用的结果。因此，工会地位处于关系系统之中。如果深入剖析这个系统，其内在结构至少包含以下三个层面：

其一，工会的本体关系层面，这是决定工会社会地位的本体要素。即工会组织与工人阶级的关系。工人阶级是工会组织最深厚的群众基础，工人运动实践是工会赖以产生、存在和发展的基本原因；工会则是工人阶级赖以形成阶级整体的组织者，是保护工人群众切身利益的真诚代表者和维护者。就这个意义而言，工人阶级的社会地位以及工人运动的实践活动直接关系到工会组织的社会地位。

其二，主要制约关系层面，即工会组织与党和国家之间的关系，在社会主义企事业单位中，具体表现为工会与党和行政的关系。

工会及其活动作为重要的社会历史现象，具有广泛的社会联系，其中对工会社会地位起主要制约作用的因素是政党和国家政权。列宁曾就社会主义条件下的工会地位问题作过明确论述，他认为工会就它在无产阶级专政体系中的地位来说，是站在——如果可以这样说的话——党和国家政权之间的。如果将列宁这一论述推而广之，就可以得出如下结论，不论是在社会主义条件下，还是在资本主义条件下，工会与政党和国家的关系，始终是制约工会社会地位的主要原因。

首先，在资本主义社会，工会作为工人阶级群众组织，一方面要领导工人阶级开展反对资本家剥削的经济斗争，另一方面还要使这种经济斗争转变为反对整个资产阶级的政治斗争。这就要求工会组织必须选择和接受无产阶级政党的政治纲领，以此作为自己的政治斗争方略和目标，在党的领导下通过自己的活动，取得应有的社会历史地位；在社会主义条件下，工会作为党联系工人群众的桥梁和纽带，必须自觉地接受党的领导。在党的统一领导下，工会组织通过独立自主地开展工作，充分发挥自己的社会作用，从而赢得自己的社会地位。反之，如果脱离党的领导，工会运动便会走向歧途。

总之，工会组织接受一定阶级的政党领导或影响，通过自身的活动来确定自己的地位，这是一条规律。

其次，工会地位还受一定的国家社会制度和政治体制的制约和影响。国家的社会制度不同，直接决定工人阶级在国家中的地位，也决定工会在国家的地位。我国颁布新《工会法》的宗旨之一，就是确立工会的法律地位，即以法律的形式保障工会在国家政治、经济和社会生活中的地位。

对于工会而言，它是工人阶级的群众组织，其社会地位一方面受国体影响，另一方面其社会地位的实现又受政体的影响。衡量工会社会地位的重要标志之一，就是工会在国家的民主政治建设中，能否行使参与权利，充分发挥其民主参与和民主监督的作用。这是因为民主政治建设是国家政治体制的核心问题，它一方面要求工会组织积极参与，在参与中不断提高工会的社会地位；另一方面，民主政治制度的完善程度又是工会发挥民主参与和民主监督作用的基本前提。两者相辅相成，交互作用。

综上所述，工会及其社会地位离不开政党和国家的直接制约和影响，它们之间的关系构成了工会关系系统中的最主要的关系。

其三，广泛的社会关系层面，是指除了以上所述关系之外的一切社会联系。工会作为重要的社会群众团体，其活动及其社会联系具有广泛性特征。工会在其活动过程中，与其它社会组织相互作用，形成一定的交往关系，诸如工会与青年组织、妇女组织的联系，工会与各种民间团体的关系，工会与其他社会党派组织的关系，工会与农民阶级的关系，工会与其他阶级、阶层的联系，工会组织的国际联系等等。这些社会关系的确定是工会活动有效程度的重要标志，可对工会社会地位的提高发生重要影响。

对工会社会地位具有重要影响的关系，除了上述三个主要层面以外，还包括工会组织同自身的关系，亦即工会活动与工会自身建设的关系，一定的社会政治、经济和文化传统同工会的关系等等。明确与工会地位密切相关的上述关系，对于全面克服工会地位研究中的片面性倾向，具有重要的方法论意义。

2. 外因论。这是一种只强调外部条件对工会社会地位的决定作用，忽视工会组织自身能动作用对其社会地位影响的片面性认识。

工会地位问题不仅是一个重要的理论问题，也是一个实践命题；工会的社会地位不仅与其外部关系密切相关，而且还取决于工会组织的自身建设及活动。

有一种观点认为：当前，工会地位不高，尤其在一些企业和事业单位中的工会，发挥作用不大，因而地位低下。他们认为，造成这种状况的原因很多，但是最主要的原因是工会主席没有担任某一级党委常委，或者没有享受同级行政副职的全部待遇。还有人甚至将工会地位直接归结为党政工三者领导之间的个人感情。

由于完全忽视工会自身的能动作用，从而引发工会组织无所作为的思想认识。这种认识不仅在指导工会地位研究的思想方法上造成混乱，而且在实践上也是有害的。如果运用这种观点指导工会的实际工作，那么工会工作必然因其失去自主性而陷入被动的境地。

事实上，工会及其活动是充满勃勃生机的伟大实践，其社会地位的获得遵循外因与内因的对立统一关系，即工会的外部社会关系，尤其是工会与党政之间的关系，对工会地位具有重要影响。但是，这种影响不具有最终的决定意义，工会的社会地位还取决于工会本身能动性的发挥程度。

导致外因论发生的主要原因是：研究者没有完全理解工会地位的科学内涵，对地位作庸俗化的解释；或者从研究者的本位出发，将自己所置身的具体环境中的局部经验作为一般性结论，甚至对某些非正常的现象不作具体的分析，而简单地将其夸大为普遍现象。当理论与实际出现矛盾时，以实际经验代替理论，并以此为出发点，着重从外部条件中寻求解决问题的钥匙，完全忽视事物本身的内在根据。

3. 静止论。其典型观点是：工会的社会地位早已框定，因此，研究工会地位的目的，不是寻求在现有条件下如何提高工会社会地位的途径，而是解决工会如何到位的问题。这种观点在一定条件下具有一定的合理性。但是，如果沿着工会运动实践的历史发展轨迹进行考察，这种观点便显示出理论的局限。

工会地位不是抽象的，而是具体的、历史的。其确立与提高是一个过程，它伴随着工会运动实践，通过对工会与周围事物和现象矛盾关系的调适和解决，不断向前推进。因此，工会地位并非一经确定就具有绝对不变的特性，它只具有相对不变的性质。如果说，工会地位具有一定的质的稳定性，那么这种稳定也必然是工会与其他社会组织及事物相互作用中达到的一种动态平衡。这是因为工会地位本质上是关系范畴，工会的社会地位只有在同其周围的社会组织及社会事物的相互作用中，才能确定或提高。而社会诸多关系随着一定的社会政治、经济和文化的发展变化，也在不断改变，从而，必然引起工会社会地位的变化。

设定工会地位是静止不变的主张，从方法论的角度讲是不正确的。这种观点将其研究对象看作是一成不变的东西，其内部也是绝对同一、毫无变化的。导致静止论的主要原因是：首先，研究者对所考察的对象，缺乏历史的了解，没有从社会发展的视角来看待工会的社会历史发展的全过程，而只是从工会的现实活动中截取某一片段，然后主观地将其凝固化。其次，缺乏对事物及其发展的辩证本性的深刻了解。绝对与相对的辩证统一关系，是一切事物发展变化所遵循的基本准则，这一准则也适合于工会地位的发展变化。静止论者割裂了两者的辩证关系，否定工会地位的相对稳定。最后，以直观、机械决定论作为逻辑证明手段，从而掩盖了事物之间所具有的辩证关系。在工会学的论著中，当论及工会地位时，一般都从工会性质出发，认为工会性质决定工会地位。这种观点无疑是正确的。但是，有人据此演绎出如下的逻辑结论：既然工会地位是由工会性质决定的，那么工会性质是不变的，所以工会地位也是不变的。笔者认为，这一论点是片面的。其一，工会性质是工会组织的本质规定，是全部工会学理论体系中最基本的范畴。它决定或影响工会学的其它范畴，后者不过是前者依照一定的逻辑关系的展开，因此，工会性质和工会地位不是同等程度的概念，两者之间有层次上的分别，不能相提并论。其二，工会性质具有一定的稳定性，工会的存在与发展是由工会性质决定的。如果性质发生变化，将引起工会组织的一系列变化，而工会地位则不然，它一方面受其性质决定，另一方面又受到诸多社会关系及工会运动实践的深刻影响，因此，工会地位的稳定是一种动态稳定。

综上所述，工会地位研究方法所存在的不足需要认真纠正，其有效途径是学习唯物辩证法，学会运用辩证的思维方式去观察问题和解决问题。

二、工会地位研究的方法论原则

坚持正确的方法论原则，校正理论研究视角，克服研究方法上的形而上学倾向，是工会理论建设中一个值得认真研究的重要问题。它要求研究者必须加强理论修养和辩证思维的锻炼，能够掌握和运用正确的方法论原则，来指导具体的理论研究活动。

关于工会地位的研究，除了有针对性地克服方法论中的偏差以外，应当坚持贯彻以下方法论原则：

1. 实事求是的原则。实事求是既是一般的方法论原则，又可以化为具体的研究方法，它是研究一切理论问题的基本出发点。

坚持实事求是原则，首先要从工会现实地位的实际出发，对工会地位进行全面客观的分析，防止片面性和主观武断，这是保证理论研究具有科学性的基本途径，也是发现问题，逐步将理论探讨引向深入的重要前提。其次，以工会地位的现实状况作为研究对象，从“实事”中求是，寻求工会地位发展变化的规律性，这是将工会地位的理论研究提升到规律性层次的重要方法论原则。最后，通过对工会地位现状的理论分析，从中寻求解决工会地位存在问题的基本对策和正确途径，有助于进一步提高工会的现实地位。

2. 发展的原则。即坚持用发展的眼光看待工会运动实践，评价工会地位，并将研究的视线指向工会运动的未来走向。

这里的发展除了具有一般的方法论意义以外，还具有下述特定内涵：其一，坚持发展的原则是以坚持实事求是客观性原则和研究问题的科学态度为基础的，而不是对研究对象进行主观、任意的拔高；其二，将工会地位看作是活生生的工会运动实践的产物，而不是置于某种社会时空中固定不变的“位置”。工会地位问题就其本来意义而言，是作为工会理论与实践辩证统一关系的产物，是不断地发展变化的事物，因而它不具有终极的固定意义；其三，坚持发展的原则，不仅要对工会现实地位作出科学合理的评价，而且还应对工会历史发展的运动轨迹进行全面考察与反思，并以此为基点，将研究方向指向工会地位的未来发展趋向，从中揭示出带有规律性的东西。

3. 主体性原则。是主体能动性与实践性的有机结合，因而这一原则兼具方法论原则、具体研究方法以及具体的工作指导原则等特点，是适合于工会地位研究的特殊方法论原则。

（1）作为方法论原则，它要求研究者舍弃在工会地位研究中的无所作为的观念，正确对待工会地位问题中存在的理论与现实的反差，坚定提高工会地位的信念。

（2）作为研究方法，它要求研究者深入到实践当中，发扬科学求实的精神，积极主动地进行调查研究，从实际中发现问题，探寻解决问题的方法。

（3）作为具体的工作指导原则，它要求研究者兼具研究者与实践者的双重身份，在实践中研究，在研究中实践，彻底摆脱工会现实地位不高的困惑，充分发挥主体能动精神。

总之，贯彻主体性原则，既是对工会理论研究的内在要求，也是对工会工作的实际要求。

贯彻主体性原则并非是作者头脑中杜撰的产物，近些年来地方工会的一些成功实践证明了主体性原则的重要的方法论意义。比如：连云港市总工会创造和推行的“共保合同“制，滕州市总工会办经济实体等等。这些典型例证，正是在一边实践，一边进行理论探索中取得成功的。其共同特点是，将工会作为代表和维护职工群众切身利益的人格化主体，以提高工会地位、更好地维护和表达职工群众具体利益为出发点，将理论探讨和大胆实践结合起来，将主体性与实践性结合起来，从而实现了两者间的有机统一。

4. 整体性原则。整体性原则既是研究工会地位的方法论原则，也可以化为具体的研究方法。这一原则要求研究者应从整体上把握研究全貌，运用系统方法对工会地位进行全方位的思考。

工会作为一种重要的社会现象，与外部社会事物存在多种的社会联系，其中包括本质的联系、非本质联系、内在联系、外在联系、主要联系、次要联系，等等。而工会的社会地位又是社会对工会实践活动结果的一种评价，因此，研究工会地位问题，必须从系统论的角度出发，将工会组织置于一定的社会时空背景，从不同的视角对其透视和定位研究，从而准确地确定工会地位的现实状况。

整体性原则还要求研究方法的多样性。这样可以进行多角度、多方位的研究，避免因运用单一的研究方法而产生的局限性。

（原载于《中国工运学院学报》1992 年第 2 期，全文 5800 字）

论工会与党的关系

摘要：工会与党的关系是工会关系系统中最重要的关系，其实质是工人阶级先锋队组织与本阶级大多数群众之间的关系。自觉接受党的领导是工会组织开展工作必须坚持的重要原则，也是中国工会特有的政治优势。加强党对工会的领导，必须不断改善党对工会的领导；工会在接受党领导的过程中，必须依法独立自主地开展工作。

关键词：中国共产党；领导；工会组织

一、工会与党的关系的实质

在我国政治体制中，工会同党的关系是极其重要的关系，深刻地决定各级工会组织能否坚持正确的政治方向，充分发挥工会组织的应有作用。

（一）工会组织是联系党与工人阶级群众的桥梁与纽带

工会与党的关系，本质上是工人阶级先锋队组织与本阶级大多数群众之间的关系问题。中国共产党是中国工人阶级的先锋队，是中国革命、建设、改革事业的领导核心。“党是工人阶级的先锋队，工会是工人阶级的群众组织，是党联系职工群众的桥梁和纽带，是国家政权的重要社会支柱，是职工利益的代表者和维护者。在党的领导下，中国工会动员和组织广大职工，与党同呼吸、共命运，为实现党在革命、建设和改革时期的中心任务艰苦奋斗、顽强拼搏，不断发展工人阶级的先进性，为推动历史前进和社会进步发挥了积极作用。”[1]工会只有充分发挥自己的作用，才能起到联系党与工人阶级群众的桥梁和纽带作用。

（二）工会组织接受党的领导的必然性及其重要意义

马克思主义政党理论认为，群众是划分为阶级的，阶级通常是由政党来领导的。政党是一定阶级或阶层根本利益的代表，因而具有强烈的阶级性。无产阶级政党公开承认自己的政治纲领和奋斗目标，这不同于某些阶级的政党为了某种需要而极力掩饰自己的政治纲领和阶级性，给人以所谓超阶级的“公正”假象。[2](P146)事实上，任何政党都具有阶级性，所谓超阶级的政党是不存在的。

政党与一般社会团体具有密切的联系。同一般社会团体相比，政党是“政治的，是以从事政治活动为主要目的的团体。”[3](153)从政党与各种社团组织的关系上看，它们总是处于相互联系之中的，这也是政党的基本特征之一。资本主义国家，政党为了争取更多群众的支持，拉更多的选票，总是千方百计地争取或控制一些群众团体；而各种群众社团组织为了获得政治支持，也投靠某个政党或者某种政治势力。这样，政党与社会团体之间就必然形成某种政治关联。在社会主义制度下，党与社会团体联系的实质，是通过这些社会团体，广泛联系广大人民群众，宣传党的路线、方针和政策，使党的路线、方针和政策更加深入人心，更能反映人民群众的意志和愿望；各个社会群众团体则在党的领导下，充分发挥社团组织的重要作用，广泛联系和紧密团结本社团的会员群众，为实现党和国家的宏伟目标而奋斗。因此，不同制度下的政党与各种社会团体的关系具有本质区别。

工会作为国家重要的社会政治团体，同样遵循政党与社会团体之间关系的一般规律，这就要求工会组织必须接受党的领导，并在党的领导之下，贯彻落实党的“全心全意依靠工人阶级”的根本方针，团结、组织、动员广大工人阶级群众，为实现社会主义现代化、构建和谐社会而建功立业，贡献力量。同时，工会接受党的领导，对于坚持走中国特色社会主义工会发展道路，具有重大的政治保障意义。

（三）工会组织接受党的领导是一项基本政治原则

从工人运动的历史来看，工会作为工人阶级群众组织，必然要接受一定的政党来领导。这是因为，工会是劳动关系矛盾的产物。工人阶级反对资本家最初的斗争，是采取诸如怠工、破坏机器或生产工具等个别的经济斗争行动展开的。由于劳动阶级尚处在“自在阶级”阶段，缺乏自觉的阶级意识，因此不可能采取有组织的集体行动。长期斗争实践使工人群众认识到，组织起来，以集体的力量对抗资本压榨的重要性，于是各种工会组织便应运而生了。但是，自发的工人斗争只能产生工联主义，工人阶级要实现由“自在阶级”向“自为阶级”的转变，必须接受科学社会主义思想的灌输，组建代表工人阶级根本利益的政党。恩格斯曾经指出无产阶级政党成立对于工人阶级的重要意义，就在于“使无产阶级在决定关头强大到足以取得胜利，无产阶级必须（马克思和我从1847年以来就坚持这种立场）组成一个不同于其他所有政党并与它们对立的特殊政党，一个自觉的阶级政党。”（参见恩格斯：《马克思恩格斯选集》第4卷，第469页）

此外，从工会组织同政党的关系上看，工会在组织工人群众进行经济斗争和政治斗争过程中，总是要以一定的政治纲领为指导，而工会本身没有自己的政治纲领，因此它要选择和接受某个政党的政治纲领，这也就意味着接受这个政党的影响和领导。工会如果不接受无产阶级政党的领导，就只能接受资产阶级或小资产阶级政党的影响，这是一条基本的规律。

尽管有的工会组织公开宣称自己是完全独立的，完全不受政党的影响和控制，但事实上，这样的工会组织是无法存在的。在历史上，凡是进步的、革命的工会，都必然靠近并且自觉接受无产阶级政党的领导。这是因为，无产阶级政党是马克思主义武装起来的工人阶级的先锋队组织，是按照先进的组织原则和制度建立起来的无产阶级政党，真正代表广大工人阶级的根本利益和意愿，代表了人类社会历史发展的前进方向，具有远大的前途。这已被无数历史事实所证明。

作为工人阶级的群众性组织，工会既包括先进分子，也有中间的和落后的成员。应该说，如此广泛而复杂的群众性特点，决定了工会组织难以发挥政党强大的政治影响力，但能发挥政治组织的社会优势，成为联系党同工人阶级群众的纽带。由此，党和工会组织虽然性质有所不同，但是两者具有共同的阶级基础；虽然两者发挥的作用有所差异，但都致力于把广大工人阶级群众紧密地团结在党的周围，凝聚强大的战斗力。这表明，工会要充分发挥桥梁和纽带作用，要坚持正确的政治方向，就必须自觉地接受共产党的领导。正如列宁所指出的：“工会要紧紧靠近党，这是唯一正确的原则。”

（四）工会组织接受党的领导的历史考察

从中国工会运动史的角度看，中国现代工会组织是在党的帮助与指导下建立起来的。1925年5月1日，中国工人运动全国性的领导机关——中华全国总工会成立伊始，就明确宣布接受中国共产党的领导，在党的领导之下，为维护工人阶级群众的切身利益而斗争。在中华全国第三次劳动大会的《中国职工运动总策略决议案》中，明确地提出工会组织和工人阶级政党与工人阶级的关系以及各自的地位。决议案认为：“全国工人在屡次奋斗中，只学得一种组织方式，就是公开的工会组织，而且是比较原始的简单的组织形式。我们并不否认公开的工会组织的重要，可是仅有公开的工会组织是决不够的。工人阶级的组织形式有好些种，……工人阶级第一个组织形式就是工人阶级政党。工人政党在于团结目的一致和最能奋斗之工人为全国工人阶级利益而奋斗。”[4](P95)一部中国工会运动史，就是一部中国共产党领导中国工会运动的历史，党的领导赋予了中国工会运动鲜明的时代特征。无论是在民主革命时期、在社会主义革命和建设时期，还是在改革开放新的历史时期，中国工会始终坚定不移地接受共产党的领导，始终保持正确的政治方向。这是我国工会组织形成的光荣传统和历史经验的结晶，也是中国工会所具有的极大的政治优势。正是基于上述事实，《中国工会章程》明确规定：“中国工会是中国共产党领导的职工自愿结合的工人阶级的群众组织”。

党对工会的领导是以尊重工人阶级群众的地位为前提的，通过在工人阶级群众心目中的崇高威望赢得的。当前，在建立和完善社会主义市场经济体制过程中，党如果得不到工人阶级的理解和信任，党的领导就不可能得到实现。党要通过工会组织加强同工人阶级队伍之间的血肉联系，支持工会更好地代表和维护职工群众当家做主的权利、享有的合法权益。同时，在党与工会的关系上，党要根据不断变化的形势，加强和改善对工会的领导，维护党与工人阶级群众之间的相互信任的关系，从而进一步巩固党的领导。作为连接党与工人阶级群众的桥梁和纽带，党与工会之间的关系，实质就是工人阶级先锋队组织同本阶级群众之间的密切关系。因此，党依靠本阶级群众，需要通过工会将工人阶级群众组织起来，实现劳动人民当家做主。

二、坚持党对工会的领导与工会独立自主地开展工作的辩证关系

2005年7月，中华全国总工会十四届六次执委会通过的《关于坚持走中国特色社会主义工会发展道路的决议》明确指出，工会组织必须坚持自觉接受中国共产党对工会的领导。这是工会工作的根本政治保证。同时，在党的领导之下，工会必须依照《中华人民共和国工会法》、《中华人民共和国劳动法》以及同工会及工会会员相关的法律、法规、政策和工会章程独立自主地开展工作，这是工会组织开展活动必须遵循的根本准则。两者不可偏废和背离，否则工会工作就将陷入被动，进而影响党的全局工作目标的实现，难以

维护广大职工群众的切身利益。工会接受党的领导与独立自主地依法开展工作是辩证统一的。正确处理工会与党的关系问题，不仅是一个重大的政治原则问题，也是一个重要的认识方法问题。因此，在强调对政治原则必须坚持的同时，必须重视认识方法的作用及其认识论意义和实践指导意义。

当前，在建立与完善社会主义市场经济体制过程中，我国的社会环境、经济关系发生了很大的变化，社会经济关系、劳动关系的巨大变革使工会工作面临许多新问题、新挑战。这就需要工会组织一方面要在坚持党对工会领导这一原则指导下依法独立自主地开展工作，才能更好地贯彻执行党的路线、方针和政策；另一方面，工会依法开展工作是由工会与党的性质决定的。工会是工人阶级的群众组织，党是工人阶级的先锋队组织，前者的群众性与后者的先进性，决定了党的活动不能脱离广大工人阶级群众，更不能以自己的先进性去取代工会的群众性，独揽或包办工会的全部工作，造成党群不分的局面。党群不分，实际上是把党组织混同于一般的群众组织，降低了党的政治领导地位，使党组织难以发挥总揽全局、协调各方的作用。工会作为职工自愿结合的群众组织，必须从自身的特殊性出发，在党的领导下，依照相关的法律法规和工会章程，把广大职工群众团结和组织起来，共同为实现党的路线、方针而奋斗。特别是随着改革开放的逐步深入，各种社会矛盾，尤其是劳动关系矛盾日益凸现的形势下，切实维护工人群众的切身利益与合法权益，保持社会稳定，确保经济建设环境的和谐有序，是党赋予的重大政治任务。工会如果不能有效地履行自己的社会职能，不能更好地维护职工群众的利益与合法权益，就无法体现出党始终依靠劳动人民的先进本质。

在正确认识和处理工会与党的关系方面，还要厘清以下三个方面的问题。

（一）工会接受党的领导与工会依法独立自主地开展工作，不是绝对对立的，而是一种互为条件、辩证统一的。建国以来，我国工会发展史证明：什么时候工会与党的关系处理得好，工会运动就会得到蓬勃的发展；反之，什么时候工会与党的关系处理得不好，工会工作就没有起色，或者直接使党的事业受到损害。因此，在坚持党对工会领导与工会独立自主地开展工作这一原则时，不要把两者的关系绝对化，实际上，工会独立自主地开展工作是加强党对工会领导的题中应有之义。

（二）工会接受党的领导，不是被动地接受，双方之间的关系也不是被动地领导与被领导的关系。正因为如此，工会应持一种主动、积极的态度，既要主动、自觉地争取和接受党的领导，同时又要主动积极地、依法独立自主地、创造性地开展工作，这两个积极性缺一不可。被动地接受和适应党的领导，必然导致工会工作无思路、协调劳动关系矛盾无魄力、维权工作无勇气的被动局面，这完全违背了党对工会领导的初衷，抹杀了工会工作的重大现实意义。

（三）工会接受党的领导与工会依法独立自主地开展工作，是一项根本原则，鲜明地体现了工会工作的真实性和制度化。为此，工会应当有创新的思路和创新的举措，必须根据不断变化的实际情况，充分发挥主观能动精神，正确处理和解决遇到的各种矛盾和问题，切实将党的领导原则转化为工会工作的实际动力，进一步推动工会的制度化建设，提升工会工作的和谐化程度。

这里必须指出，当前坚持党对工会的领导，实际上就是坚持党对工会的领导权问题。应当说，各种政治势力争夺对工会领导权的斗争，从工会产生之日起，就从未停止过，只不过表现形式不同而已。因此，加强党对工会的领导，要特别警惕和防止出现脱离党的领导的“第二工会”，始终巩固党对工会的领导权。对于工会而言，争取党的领导和自愿接受党的领导，同样是一种政治意识和政治责任感的具体体现，也是维护中华全国总工会团结统一的内在要求。应当清醒地看到，近些年来国际上的一些反动势力一直在想方设法对我国工会进行渗透，他们常常利用一些突发的群体事件，通过各种渠道介入，大肆进行活动，鼓吹建立非法的工会组织，妄图破坏党对工会的领导，分裂工会组织，破坏我国工会的团结和统一。因此，对于坚持党对工会的领导这一政治原则问题，决不能掉以轻心。

国内外复杂的现实要求工会组织必须能够充分履行社会职责，切实发挥作用，代表广大职工群众的意愿和要求，切实维护职工群众的具体利益，真正把工会建设成职工群众之家。只有这样，才能保证工会组织的高度统一，才能避免诸如“打工仔协会”、“打工妹协会”等地下伪工会组织的出现，这是当前加强党对工会领导的根本要求。因此，加强党对工会的领导，在工会工作实践中，必须反对两种倾向：一种倾向是把党对工会的领导变成对工会工作的包办代替，使工会事无巨细地样样依赖党组织，在事实上完全成为党委下属的一个工作部门，完全丧失了依法独立自主地开展工作的主动精神和体制功能；另一种倾向就是淡化和脱离党的领导，鼓吹所谓工会独立。这两种倾向都与工会工作的正确方向相背离，在实践中贻害无穷。

三、加强和改善党对工会的领导

党的领导是做好工会工作的政治保证，是坚持走中国特色社会主义工会发展道路的重要政治前提。实践证明，凡是工会工作开展得有声有色、充满活力和创新精神、职工权益得到切实维护与保障、劳动关系稳定和谐的地方，都满足一个必要条件，即那里的党组织对工会的领导一定是正确有力的，不论是一个地区，或者是一个基层单位，概莫能外。

加强与改善党对工会的领导，要求各级党组织将这一工作提高到加强党的执政能力建设的高度来认识，充分认识工会组织在国家政治、经济和社会生活中的重要地位及其重要功能，高度重视和大力支持各级工会组织依据法律、法规和工会章程，创造性地开展工作。通过加强和改善党对工会的领导，使工会组织同党中央在政治上保持高度的一致，在协调劳动关系、维护职工群众利益、维护社会稳定、推动小康社会的建设等方面，充分发挥工会的作用。

（一）要加强党对工会的政治领导。党对工会的领导集中体现在政治路线、政治方向、政治原则、重大决策等方面的领导，而不是包揽工会的日常工作和具体事物。这一方面要求党的各级组织必须重视工会工作，并对工会工作进行正确的指导；另一方面，要求工会组织在开展各项工作中，凡是涉及到政治方向、政治原则等重大问题时，必须事先向党组织请示汇报，主动争取党组织的领导和支持，以确保工会工作始终保持正确的政治方向。

（二）要大力加强党对企业工会工作的领导。企业工会工作是工会工作的重要领域，也是处理和解决劳动关系矛盾的主要领域。在国有企业中，党组织处于政治核心地位，发挥政治核心作用。1997 年 1 月，《中共中央关于进一步加强和改进国有企业党的建设工作的通知》指出："坚持党对国有企业的政治领导，发挥国有企业党组织的政治核心作用，充分依靠和调动职工群众的积极性和创造性，这是我们的政治优势，是建立有中国特色现代企业制度的本质要求。"发挥政治优势的重要条件之一，就是要求企业党组织通过加强对工会的领导，把全心全意依靠工人阶级的根本方针落到实处，充分发挥职工群众的积极性，促进企业的改革与发展。同时，《通知》要求工会处理好改制企业职工的权益维护问题，保持企业稳定。因此，加强党对工会的领导并通过工会作用的积极发挥，有利于调动职工的积极性，有利于维护职工的合法权益，对于进一步推动国有企业改革、改制工作具有重要的现实意义。对于非公有制企业，各级党组织要积极支持工会"组织起来，切实维权"的工作方针，努力提升工会"组织力"，最大限度地发挥工会维权作用，最大限度地维护职工的合法权益。

（三）加强党对工会的领导，必须强化工会组织内部的党的建设。早在1989年，《中共中央关于加强和改善党对工会、共青团、妇联工作领导的通知》就明确规定，要在工会组织内部体现和实现党的领导，就是要按照党的要求，充分发挥工会中的党组织和党员的作用，把党的路线方针政策落实好，把职工群众团结好。具体体现在通过工会内部党组织的活动以及党员的先锋模范作用来实现党的意志，宣传贯彻党的方针政策，从而使党的主张经过工会的民主程序，变成工会组织的决议和广大职工群众的自觉行动。这也是企业党组织实施对工会领导的一个重要途径。

（四）加强和改善党对工会的领导，必须从工会作为群众组织的性质和特点出发，创造性地开展工会工作。党的十六大强调，各级党委要按照总揽全局、协调各方的原则，支持人民团体依照法律和各自的章程独立自主地开展工作。同时，党组织应当支持工会依照法律和章程，执行其上级组织的决议，独立自主地、创造性地开展工作。只有这样，工会组织才能更好地体现各自的性质和特点，才能广泛地吸引和团结所联系的群众。按照这一原则精神，各级党组织要根据工会工作所面临的实际，大力支持工会组织做好工作，同时还要做好指导工作，以保证工会工作始终能够坚持正确的政治方向。当前，随着劳动关系矛盾的凸现，工会的维权工作面临严重的局面和巨大的挑战，必须在协调和解决劳动关系矛盾、维护职工群众利益的工作实践中不断地创新工作思路和工作方法。

（五）支持工会组织依法独立自主地开展工作，这是加强和改善党对工会领导的主要目的之一。《中共中央关于进一步加强和改进国有企业党的建设工作的通知》指出："强调坚持党对国有企业的政治领导，但不能以党代政、以党代企。"同样，也不能以党代工，党工混淆。为此，党要"领导和支持工会、共青团等群众组织依照法律和各自的章程，独立自主地开展工作。"这表明，加强和改善党对工会的领导，决不能退到党群不分、以党代群的老路上去，更不能束缚工会干部的手脚。这一切要求党要尊重工会在组织上的相对独立性、尊重法律赋予工会的地位、权利和义务，并且为工会独立自主地开展工作创造条件。

参考文献

［1］王兆国：《高度重视和切实加强企业工会工作——在全总十四届九次主席团（扩大）会议上的讲话》，2006年7月20日《工人日报》。

[2][3] 政治学概论编写组：《政治学概论》，北京大学出版社，1982 年。

[4] 中华全国总工会中国职工运动史研究室编：《中国历次全国劳动大会文献》，工人出版社，1957 年。

[5] 丁胜如：《论社会转型期政府在劳动关系中的职责》，《中国劳动关系学院学报》2006 年第 2 期。

[6] 秦勤等：《充分发挥工会在构建和谐社会中的作用》，《中国劳动关系学院学报》2006 年第 5 期。

[7] 孙春兰：《自觉坚持党对工会工作的领导保持工会工作的正确政治方向》，2006 年 7 月 20 日《工人日报》。

[8] 本报特约评论员：《坚持自觉接受中国共产党对工会的领导——三论坚持走中国特色社会主义工会发展道路》，2005 年 7 月 9 日《工人日报》。

（原载于《中共天津市委党校学报》2007 年 1 期，全文 7700 字，中国人民大学复印报刊资料《工会工作》2007 年第 3 期全文转载）

试论工会理论政策研究的地位和作用

摘要： 探讨工会理论政策研究在工会工作中的地位和作用这一命题，可以将其理解为工会理论研究、工会政策研究与工会工作实践三者之间的现实关系。工会理论研究和政策研究地位的确立，是在同工会工作实践的互动关系中实现的。

关键词： 工会理论；工会政策；工会工作；互动关系

工会理论政策研究是工会工作的重要组成部分，也是做好工会工作的基本前提和保证。自改革开放以来，尤其是在建立和完善社会主义市场经济体制过程中，我国各级工会组织在党的领导下，高举邓小平理论的伟大旗帜，面对纷至沓来的新的问题、新的机遇和新的挑战，创造性地开展工作，不断开创工会工作的新局面，取得许多重要成果和突破性进展。这些成果和进展无一不凸显出理性的力量和智慧的光彩！工会工作实践反复证明，工会理论研究是工会工作的灵魂，工会政策研究是工会工作的生命，两者在工会的全部活动中均占有不可替代的、举足轻重的地位和作用。严格地讲，工会理论和工会政策并不是同一事物，两者具有层次上的分别，它们各自都具有区别于他者的自身规定性，由此决定了工会理论研究虽然具有同工会政策研究相互联系的一面，但是两者不能相互替代，更不能偏执一方。因此，笔者认为，探究“工会理论政策研究的地位和作用”这一论题，首先必须对“工会理论研究”和“工会政策研究”之间的相互关系进行必要的解析，以找出两者的共同特征，廓清两者不同的内涵与疆界。

笔者认为，在现阶段，我国的工会理论研究主要是指在邓小平理论及其工人阶级与工会思想的指导下，工会工作者立足于工会实践，对工会的基本理论、相关理论以及工会工作实践中提出的一系列亟待解决的现实问题进行深入的理性思考，力求使其理论化、系统化和完善化的一种积极的理性探索活动。工会理论研究的目的有二：其一，揭示工会运动的基本规律和特殊规律，对原有的工会理论进行发展，对零散的观点进行理论整合，构建有中国特色的社会主义工会理论体系；其二，对工会面临的现实问题作出理论回答，为制定工会政策、工会立法和指导工会工作实践提供必要的理论依据和方法论原则。

现阶段，我国工会政策研究是指在邓小平理论指导下，广大工会政策研究者以工会理论为依据，直面工会工作实践，通过深入细致的调查研究获取大量的、来自基层的第一手材料，并以这些材料为基础，针对其中所反映出来的问题进行分析和研究，找出解决问题的途径与办法。同时依据党和国家的有关方针、政策及有关的法律法规，制定相关的政策。工会政策研究的目的，一是根据工会工作实践的要求，及时制定出一个时期的工作思路、工作方针和工作对策，直接对工会工作进行指导；二是工会政策研究成果可以成为上级工会制定政策的参考，也可以成为行政部门、立法部门乃至国家进行决策的客观依据。

由以上可知，工会理论研究与工会政策研究既有共性，又有特殊性。其共性方面主要表现为：两者的工作性质都具有研究和不断探索的特征，都遵循着由感性到理性、由表及里、由浅入深的认识规律；两者的最终目的，都是指导工会工作实践，为工会实践服务。

但是，工会理论与工会政策相比较，两者之间的区别也是十分明显的。笔者认为，工会理论及其研究是基础，它对工会政策研究和制定，具有不可或缺的指导意义。而工会政策及其研究在同工会工作实践的关系上，虽然也具有指导性，但是较之工会理论更具有现实性和直接性，就这个意义而言，它是工会基本理论的具体化。

此外，在对工会理论和工会政策所作出的价值判断上，两者的区别也是显而易见的。判断工会理论的意义或价值，一要看它在工会工作实践中所体现出来的真理性和客观性；二要看它对工会工作实践的指导性。判断工会政策的价值标准主要在于它在工会工作实践中所体现出来的合理性、针对性、及时性、有效性和指导性。

从上述两者的相互关系中可知，工会理论研究和工会政策研究虽然同属于具有理性认知的研究活动，有许多共同特征，但是两者在研究性质上、研究目的上、发挥作用上，以及对工会工作实践的指导等方面，都存在着层次上和程度上的区别，各自都具有不同的规定，由此决定了两者在工会工作中所拥有的不同的地位和作用。

所谓地位问题，就其本质而言，属于关系范畴。探讨工会理论研究和工会政策研究在工会工作中的地位和作用，可以将其理解为工会理论研究、工会政策研究与工会工作实践三者之间的现实关系。事实上，工会理论研究的地位与工会政策研究地位的确立，正是在同工会工作实践的互动关系中实现的。从理论上看，这三者之间相互联系所构成的逻辑链条是必然的。

首先，工会工作实践是形成工会理论、制定工会政策的客观源泉。比如，在当前社会变迁、体制转轨的条件下，我国逐渐形成以公有制为主体、多种经济成分并存的利益格局，形成了不同的利益群体。大量新建企业的出现与发展，向工会工作提出新的、更高的要求，需要工会组织认真研究不同利益群体之间的利益关系，不同类型企业内部的劳动者权益的维护与保障问题，新建企业组建工会及活动方式等问题。对于这些新问题的回答与解决，只靠工会工作实践本身是难以完成的，只能将其提供给工会理论和工会政策研究者进行研究，从理论和政策的高度给予回答和解决。近些年的工会工作实践表明，工会运动实践的每一次重大发展，都伴随着工会理论研究的进步和工会政策研究水平的提高。没有工会工作实践提供的鲜活内容，工会理论与政策研究就不可能取得进展。与此相适应，在深化改革的新形势下，与职工切身利益息息相关的新问题不断提出来，诸如职工下岗和再就业问题、职工的医疗保险和养老保险问题、职工的劳动卫生和安全问题、劳动争议的调处等问题，这些问题一方面需要上升为理论和政策的高度；另一方面，工会工作实践比以往任何时候都更加需要工会理论与工会政策的指导。缺乏或没有工会理论和政策指导的工会实践，必然是非自觉的实践、盲目的实践。

其次，工会理论研究相对于工会政策研究，它在工会工作实践中的地位与作用是十分重要的，可以形象地将其规定为基础地位和作用，这是由工会理论本身的性质决定的。

笔者认为，在工会理论、工会政策与工会工作实践三者关系中，工会理论是基础，它对于工会政策的制定和工会工作的开展都具有指导作用。比如，工会工作总体思路的提出，不是工会工作经验的简单叠加，而是建立在深厚的理论基础上的，即邓小平理论及其工人阶级与工会思想是制定工会工作总体思路的重要理论武器和指导思想，中国工会七十年的光辉历程的理论概括为工会工作总体思路的形成提供了宝贵的历史借鉴和基本原则，工会理论和工人阶级理论是构成工会工作总体思路的重要理论基础，劳动关系理论是确立工会工作总体思路的理论前提，《劳动法》及其相关研究为制定工会工作总体思路提供了法律依据和保障。总之，工会工作思路、方针和政策的形成，须臾离不开工会理论的指导，工会理论的方法论意义是不可替代的。

工会理论对工会工作实践的指导意义是十分重大的。中国工会运动实践不断证明，当一种新的工会理论或观点提出以后，必然对工会工作产生重要影响。前些年，随着劳动关系发生重大变化，工会理论界对这一问题进行了深入探讨，不仅确立了劳动关系理论在工会理论体系中的地位，改变了传统的“就工会论工会”的认识方法，而且将工会工作引入一个更为广阔的天地，从而使工会的身份、地位、代表性、基本职责更为明晰，工会的各项权利更为确定，这就为工会组织创造性地开展工作指明了方向。

最后，工会政策研究在同工会理论研究和工会工作实践的关系中，处于一种中介地位，发挥着非常重要的作用。

笔者认为，理论指导实践是一条普遍原则。但是，理论对于实践的指导，并不是将理论生搬硬套在实践上，而是将两者有机地结合起来。两者之间的结合需要一个中间环节将理论具体化，使其既符合实践的要求，又能体现出理论的本质，且具有可操作性，这一必不可少的中间环节就是政策和策略。

工会政策研究相对于工会理论研究，具有以下基本特征：一是对于工会工作实践的指导更具有直接性；二是具有十分鲜明的现实针对性；三是将工会理论的基本观点和原则具体化，形成可以实际操作的方针政策；四是及时性，工会政策研究和制定必须紧随工会工作实践的发展，而不能稍有滞后，只有这样才能有效地保证工会工作的顺利开展。

综上所述，工会理论研究和工会政策研究在工会工作中都具有十分重要的地位和作用，都负有非常神圣的历史责任和使命。正确认识和处理两者之间的相互关系，是做好工会工作的重要保证。

（原载于《工会论坛——山东省工会管理干部学院学报》2000 年第 5 期，全文 3400 字）

工会维权观：内在结构及其相互关系研究

摘要：中国特色社会主义维权观是关于中国工会维权实践及其规律的高度概括、全面总结和系统化表述。维权观的提出，表明中国工会对于自身本质的认识达到了理论的自觉和前所未有的高度。“以职工为本”作为维权观的核心内容，是“以人为本”科学发展观在工会工作领域里的具体展开，深刻体现了中国特色社会主义宪政精神。“以职工为本，主动维权依法维权科学维权”的科学表述明确了工会维权目的与手段的辩证关系。主动维权、依法维权和科学维权作为维权观的重要组成部分，三者在宏观上体现为一种精神和理念，在维权实践中又体现为必须坚持的基本原则，在具体的维权工作中，还体现为维权方法。

关键词：工会；维权观；主动维权；依法维权；科学维权；辩证关系

中共中央政治局委员、全国人大常务委员会副委员长、中华全国总工会主席王兆国同志立足于我国国情和工会面临的新形势，在2006年12月召开的全总十四届十一次主席团（扩大）会议上，首次阐述了中国特色社会主义维权观（以下简称维权观）的基本内容，明确提出工会要“以职工为本，主动维权依法维权科学维权。”工会维权观的提出，适应了新形势下我国工会协调劳动关系矛盾，维护职工群众切身利益与合法权益的客观要求，集中体现了党对工会维权工作的总体要求，具体体现了“三个代表”重要思想和科学发展观对工会工作的内在要求，是从宏观上对中国特色社会主义工会维权实践的高度概括与总结，它全面系统地回答了在新的社会历史条件下各级工会组织为什么维权和怎样维权等一系列重大理论问题和实践问题，为深入推进工会维权机制建设指明了方向，提出了更高的要求。这是中国工会在维权方略、维权机制、维权方式上的重大飞跃，是对马克思主义工会理论的丰富与发展，对于工会进一步做好新形势新阶段的维权工作、推动社会主义和谐社会的构建具有重大的理论指导意义和重大的实践意义。

维权观的理论表述言简意赅，内涵丰富，明确提出了“以职工为本”这一核心与三种维权方式，即主动维权、依法维权和科学维权，构成了具有内在联系的有机整体。“以职工为本”与主动维权、依法维权和科学维权方式是对各级工会在具体的维权工作中逐步积累的维权经验的高度概括和总结，同时也是工会开展维权工作所必须坚持的基本原则。从理论上明确工会维权观的本质规定，厘清主动维权、依法维权和科学维权之间的辩证关系，有助于更加全面深入地认识和理解维权观，更好地指导工会维权工作实践。

一、中国特色社会主义维权观的本质规定及其方法论意义

中国特色社会主义维权观作为中国工会维权的根本宗旨和最高价值理念，可以做如下理解和评价：维权观是关于中国工会维权实践及其规律的高度概括、全面总结和系统化表述，它以高度凝炼的语言和严谨的逻辑性生动地表达了工会工作的本质内容，规定了工会维权的基本方向以及所必须遵循的基本原则，第一次以理论的形态明确地回答了工会维权的出发点和落脚点、工会维权的基本方式和主要内容等一系列重大原则问题。维权观的提出，表明中国工会对于自身本质的认识达到了理论的自觉和前所未有的高度，是对工会自身所肩负历史使命、现实要求、未来发展的深刻理论反思，是对中国工会成立以来，尤其是改革开放20多年来维权工作实践的规律性表达，这是中国各级工会组织不断探索维权路径的过程中所取得的重大理论成果，是经过工会维权实践反复检验的真理性认识，也是我国工会组织在不断探索中国特色社会主义工会发展道路过程中的实践的必然、理论的必然！它为中国工会今后的维权实践指明了方向。

中国特色社会主义工会维权观在充分体现工会维权的普遍性特征的基础上，又充分体现了中国工会维权的特殊性，既反映了工会的一般维权规律，又深刻揭示了中国工会特殊的维权规律，由此，将中国工会同外国工会原则地区别开来。

中国特色社会主义维权观是一个具有内在紧密联系的有机系统，其中“以职工为本”是维权观的核心理念，是工会全部工作（包括维权工作）的出发点和落脚点，它具体体现了工会“两个维护”的基本要求，即工会在维护全国人民整体利益的同时，更好地代表和维护职工群众的具体利益，以及促进劳动关系双方互利共赢的基本原则；体现了竭诚为职工群众服务的维权

宗旨，和谐发展、互利共赢的维权理念，统筹兼顾、突出重点的维权方法，以及党政主导、工会运作的维权格局等内容，这些原则和内容都是工会维权实践中带有根本性、决定性和基础性意义的问题。上述理念、原则都是从“以职工为本”这一最高理念中派生出来的，是为“以职工为本”这个理念服务的。但是，从工会维权的角度看，要坚持“以职工为本”，实现职工群众的切身利益，还必须依赖于有效的维权手段和方式，即主动维权、依法维权和科学维权。

1.“以职工为本”作为维权观的核心内容，是“以人为本”科学发展观在工会工作领域的具体体现

党的十六届三中全会提出“坚持以人为本，树立全面、协调、可持续的发展观，促进经济社会和人的全面发展。”首次提出“以人为本”的概念，这种提法不是对西方人本主义思想和中国传统民本主义思想的简单复制，而是基于马克思主义的立场、观点和方法基础上的辩证否定，从人的全面发展的视角充分肯定了人的价值以及人的权利及其实现的重要意义，“以人为本”这个命题构成了科学发展观的核心内容。中共中央总书记胡锦涛同志对“以人为本”的基本内涵作了深刻的揭示，他明确指出：“坚持以人为本，就是要以实现人的全面发展为目标，从人民群众的根本利益出发，谋发展，促发展，不断满足人民群众日益增长的物质文化需要，切实保障人民群众的经济、政治和文化权益，让发展的成果惠及全体人民。”在党的十七大报告中，胡锦涛同志进一步明确指出：“科学发展观，第一要义是发展，核心是以人为本，基本要求是全面协调可持续，根本方法是统筹兼顾。”中国特色社会主义维权观则将科学发展观进一步具体化为“以职工为本”，鲜明地体现出工会工作的最高理念就是以实现职工群众的全面发展为根本目标，以切实维护职工群众的经济、政治、文化权益为基本价值取向，通过主动维权、依法维权和科学维权，使其合法权益得到切实保障。由此可以看出，如果将科学发展观与工会维权观视作蕴含关系的话，那么保障和实现职工群众的经济、政治和文化权益，不仅是维权观的基本要求，也是科学发展观的内在要求。

2.“以职工为本”深刻体现了中国特色社会主义的宪政精神

自改革开放以来，中国在建设法制社会的过程中，更加关注人权，注重对公民权利的尊重与保护。十届全国人大二次会议对宪法进行了第四次修正，增加了“国家尊重和保障人权”的内容，并将其作为宪法的第33条第3款确定下来。这是新中国自从制定宪法以来，第一次明确地将“人权”写进宪法，

充分表明党和国家对人权的重视。胡锦涛同志在党的十七大报告中进一步强调："尊重和保障人权，依法保证全体社会成员平等参与、平等发展的权利。"表明我们党对人权保障的重视。

"人权入宪"的核心价值在于维护和保障公民所享有的基本权利，同时也体现出党中央倡导的"以人为本"的基本原则。工会维权观中的核心内容是"以职工为本"，这种提法不仅是对科学发展观的进一步展开，而且也顺应了中国特色社会主义宪政的发展方向。

"以职工为本"如果从工会维权的视角出发，可以将其理解为"以维护职工所享有的合法权益为本"，由此而引发出以下规定：职工作为权利主体，需要得到权利的实现和保障。而职工权利作为公民权利的重要组成部分，属于人权范畴，不仅受相关的劳动法律法规的保护，而且从根本上受国家宪法的保护。因此，对于工会维权观的理解，必须将其置于中国特色社会主义宪政的背景之下。《工会法》第4条明确规定："工会必须遵守和维护宪法和法律，以宪法为根本的活动准则。"第5条还规定："工会组织教育职工依照宪法和法律规定行使民主权利。"这表明：工会的一切工作，包括维护职工群众的利益，都是按照宪法的要求进行的。

3. "以职工为本，主动依法科学维权"的科学表述明确了工会维权目的与手段的辩证关系

从工会的角度看，工会工作包含方方面面的内容，各种工作都具有不同的目的，可以划分为不同层次的工作目标，但是这些具体目的必须服从服务于一个终极目的，这就是"以职工为本"。工会坚守"以职工为本"是由工会自身性质决定的，因为"以职工为本"对于工会而言，它是工会安身立命之本，如果离开了职工这个根本，工会就没有存在的必要了。工会强调"以职工为本"，最重要的是在开展各种活动过程中，始终不忘职工群众具体利益的实现和保障这一终极目的，始终围绕这一终极目的进行工作，这就要求工会组织的一切工作必须围绕职工这个根本而展开。

工会实现"以职工为本"这一根本目的，必须有必要的手段进行保障。如果将"以职工为本"作为目的范畴，那么维权观中的主动维权、依法维权和科学维权便依次构成实现"以职工为本"目的的基本手段或方式，由此构成了目的与手段之间的辩证联系。从理论上看，目的决定手段，手段服务于目的，并根据形势的发展而不断完善。工会维权观强调"以职工为本"，提出以"主动依法科学维权"作保证，实质上从维权观的理论高度将中国工会维

权的主要手段或基本方式确定下来，这是对中国历史和现实，尤其是改革开放以来工会维权具体方式方法的高度概括和系统总结，是经历过无数次维权实践检验过的基本维权方式。

综上所述，笔者认为，中国特色社会主义工会维权观的提出，是中国工会发展历史上第一次以理论的形态对工会全部维权工作作出了科学的概括和规律性表达，完全彻底地摆脱了“就工会维权论工会维权”的传统的经验论窠臼，将工会具体的维权工作提升为科学理论，反过来指导工会具体的维权实践；工会维权观的提出，进一步开阔了工会工作的视域，明晰了工会维权的总体思路，明确了“为什么维权”与“怎样维权”的内在联系，为工会维权工作指明方向；工会维权观的提出，为构建中国特色社会主义工会理论体系奠定了坚实的思想基础，提供了重要的方法论原则。事实证明，中国工会实践的发展不仅需要工会现实政策的及时指导，更需要工会基础理论的强力支撑，工会维权观的提出，开启了工会理论系统化的构建工作。另外，从维权观形成的过程来看，它遵循从具体到抽象，再由抽象上升为具体的辩证发展过程。

二、主动维权、依法维权、科学维权的本质规定

全面、准确地认识工会维权观，还必须正确理解工会的基本维权方式，即主动维权、依法维权和科学维权各自的本质规定及其三者之间的辩证关系。

1. 主动维权及其本质规定

工会系统曾经流行过一种提法：工会的地位取决于工会的作为。作为工会的一个重要命题，它深刻揭示了工会组织主观能动性的发挥与工会地位之间的辩证联系，无数工会工作实践证明了这个命题的合理性。工会维权观则将这个命题更进一步地明确化和具体化，提出“主动维权”这个命题，强调工会维权重在主动，强调工会主观能动性的发挥对于维权的意义，并将其作为工会维权的主要方式确定下来，使其更加具有针对性。

关于工会主动维权，按照笔者的理解，是指工会组织在维护职工合法权益过程中，坚持“以职工为本”为最高理念，在维权行动中积极主动作为，最大限度地履行工会的维护职责，并且在维权过程中表现出应有的进取精神和高度的责任感、使命感和职业道德感。

主动维权就其本质意义而言，就是工会维权的主动性问题，它包括两个方面的内涵：一是工会维权行动的主动性，它属于工会实践层面；二是工会

在维权行动中所表现出的高度的责任感和强烈的责任意识，属于工会组织意识层面。笔者认为，这两者并不是相互分割、互不联系的不同过程，而是在维权实践中达到高度的统一，是工会主动维权的不同侧面的反映，两者相互联系，相互作用，缺一不可。工会主动维权要求工会工作者必须具备高度的职业道德感和认真为职工群众负责的精神，只有在这种精神的支配下，工会工作者才能够勇于面对维权过程中出现的各种困难，才能够有效应对各种复杂局面，积极主动地维护职工群众的切身利益。但是，在工会维权实践中，仅仅具备责任意识还只是工会实现主动维权的思想基础，是一个必要条件，要实现主动维权还要求工会工作者必须具备敏锐的洞察能力，敢于负责任的维权勇气，能够处理解决各种复杂问题的维权能力以及高超的维权工作艺术。

在现实中，工会维权是否主动，主要表现为两个方面：一是工会在维权工作中，眼界宽阔，能够从劳动关系矛盾的日常表现中发现问题的焦点，并进行及时的协调和处理，做到未雨绸缪，使矛盾得到缓解或解决。二是职工群众权益受到侵害之后，工会主动进行维护。笔者认为，就劳动关系矛盾作为过程而言，工会对其解决有一个介入先后的问题。事先预防和事后解决不仅反映出工会工作的不同理念，也深刻反映出工会的不同维权方式：是主动维权，还是被动维权。一般而言，工会的维权在很大程度上属于事后维权，这样就增加了维权难度和维权成本，这种情况有时是不可避免的，因为当代劳动关系矛盾具有突发性特点，是不可预测的。然而，即使在事后维权中，也并不完全意味着工会是完全被动的，也能够表现出维权的主动性。在这种情况下，判断主动维权的重要标准在于：工会干部是否敢于主动承担维权责任，化被动为主动；是否全面履行维权职责，始终不渝地积极维护职工权益；是否善于利用各种条件，协调各种利益关系和矛盾，及时有效地维护职工群众的切身利益及合法权益。据此，笔者认为：正确判断主动维权还是被动维权，既需要看工会维权的精神状态，还需要看维权的最终效果，仅有维权的积极性和热情，达不到维权的实际效果，职工群众不满意，不能算作主动维权，这里，维权动机和维权效果是高度统一的。

由此可见，工会实现主动维权，对工会干部提出更高的要求，除了不断提高工会干部的维权素质以外，客观上要求工会干部应走职业化道路，这是一个必然的发展趋势。工会干部的职业化，要求凡是从事工会专职工作的人，首当其冲就是要在思想上牢固树立为职工群众服务的职业道德意识，这是做好工会工作的道德基础，也是实现主动维权的思想基础。

2. 依法维权及其本质规定

在建设法治国家的时代背景下，中国工会一直秉承“依法维权”的理念，并将其作为工会维权的基本方式和有效手段，付诸于维权工作实践。事实证明，在建设社会主义市场经济过程中，法律是工会维权的最有力武器，依法维权是工会充分履行维护职能的最有效手段。中共中央总书记胡锦涛同志在参加全国政协十届五次会议工会、青联、妇联界委员联组讨论时指出：工青妇组织“要倾听群众呼声，反映群众诉求，积极开展维护群众权益工作，毫不妥协地同侵犯群众合法权益的行为作斗争，同时要坚持依照法律和政策办事，建立科学有效的利益协调机制、诉求表达机制、矛盾调处机制、权益保障机制，使维护群众权益工作走上法制化、规范化轨道”。工会依法维权的目标就是要实现工会维权法制化。

“人权入宪”以及建设和发展中国特色社会主义宪政，为工会依法维权提供了更加有利的条件和根据。所谓宪政，毛泽东同志曾经将其界定为：“宪政是什么呢？就是民主的政治。”（参见《毛泽东选集》第2卷第690页）这一界定为大多数学者所接受。有关宪政的定义很多，笔者综合了诸多相关定义，认为：所谓宪政，就是以宪法为最高根据，运用民主原则和法治精神治理国家，以保障人权为目的而形成的政治制度。

宪法首先是公民权利的宪法，这是宪法的核心价值所在。但是，尽管宪法赋予了基本人权以最高的法律意义，尽管宪法对保障人权、保障公民基本权利作出明确规定，但是，这还只是一种应然，如果在法律实践上没有得到实现，仅仅具有伦理的意义，没有实际的意义。因此，要切实实现宪法对公民基本权利的保障，离不开宪政。宪政是实现宪法规定的公民基本权利保障不可或缺的关键环节，是宪政实践的重要目标之一，也是宪政的根本要求之一。职工权利蕴含于公民权利之中，是公民权利的重要组成部分，其权利的保障与实现，也受到中国特色社会主义宪政体制的决定与影响。工会作为职工群众自愿结合的群众组织，在依法履行维护职责、代表和维护职工群众具体利益的实践活动中，同样受到宪政体制的现实决定和影响。因此，笔者认为，全面准确深入地理解工会的依法维权，必须从宪政体制这一宏观角度切入，因为工会维权观的基本精神与宪政精神是高度统一的。正如中共中央总书记胡锦涛同志所指出的那样：“党的十六届六中全会提出了建立党和政府主导的维护群众权益机制的任务。工青妇在这方面肩负着重要职责”。

如上所述，工会依法维权是中国特色社会主义宪政体制的内在要求，正是在这一制度的背景之下，工会依据国家颁布的关系到职工群众切身利益的法律法规进行维权。

工会依法维权的基本价值目标在于，工会秉承“以职工为本”为最高维权理念，树立依法维权的意识，高扬依法维权的旗帜，依据相关法律法规积极作为，在参与国家相关立法活动的基础上，致力于构建依法维权、增强维权实效性的实现机制；致力于建立规范有序、公正合理、互利共赢、和谐稳定的社会主义新型劳动关系；致力于营造依法维护职工群众切身利益及合法权益的社会环境，呼唤社会正义的回归，将维护职工权益纳入法制轨道，真正做到依法办事、依法维权。这就是对目前工会依法维权的本质规定。

在改革开放和建设中国特色社会主义市场经济新的历史阶段，伴随劳动关系的深刻变革，职工各项合法权益经常受到侵害，各级工会组织在维护其权益的过程中，认识到法律的重要性，敢于拿起法律武器，积极维护职工群众的权利。但是，在一些企业，工会维权的效果不能使职工满意，纠其原因主要有两个方面：一是法律本身存在各种缺陷，有待于不断完善；二是工会自身存在问题。前者需要通过工会的积极有效的参与，推动政府立法，或者对原有法律已经不适应实际需要的条款进行修订，不断完善法律条文，使现有相关法律能够最大限度地覆盖职工权益保障所面临的主要问题，使法律更加具有针对性和可操作性。这是一个不断完善的过程，不是一蹴而就的。如《劳动法》、《工会法》等法律的修改与完善，尤其是新近颁布实施的《劳动合同法》，对于有效保障劳动者的权益，构建和谐企业及和谐劳动关系具有非常重要的实际意义，就这个意义而言，工会组织主动参与立法过程，功不可没。同时也要求工会自身必须提高如何依据法律法规，更好地维护职工群众权益，这就从根本上要求工会组织不仅做到依法维权，而且要善于依法维权。

3. 科学维权及其本质规定

在主动维权、依法维权和科学维权的三种维权形式中，科学维权所涵盖的内容更加丰富、更加深刻，是工会维权要达到的重要目标之一。

工会科学维权，按其所固有的本质内容，可以作如下释义：所谓工会的科学维权，主要是指工会在维权过程中，在一定的科学理论指导下，自觉地探索、认识维权规律，并按照维权工作规律进行维权，从中体现出尊重维权客观实际的精神，尊重维权规律的精神；所谓科学维权，就是摈弃经验维权的传统工作套路，通过对维权必然性的积极认识，达到维权的自由境界；所谓科学维权，就是通过对具体维权经验的概括总结，并在此基础上进行深度的理论反思，形成的具有科学精神的维权方式和理性原则。

从以上规定可以看出，科学维权的外延应当包括三个具体层面：

其一，坚持用科学理论指导具体维权工作实践。这一层面的基本要求是，工会维权必须要在科学的理论指导下进行，这里涉及到工会理论与工会维权实践的基本关系。列宁曾经指出："没有革命的理论，便没有革命的运动。"马克思主义经典作家向来重视革命理论对革命实践的重大指导意义。实践证明：工会工作，尤其是维权工作，必须在科学理论指导下才能顺利进行。凡是维权工作取得重大成绩的工会，一般都非常重视工会理论建设，重视学习科学理论，并以此指导自己的维权工作。但是，也要看到，在许多工会组织中，有一种不重视理论建设的不良倾向，一些同志甚至认为理论对工会实践没有太大的意义和作用，两者之间的差距太大。这就说明他们对理论重要意义的认识十分模糊。笔者认为，要正确摆正科学理论与工会实践的关系，必须正确处理好三个重要关系：第一，科学理论与工会工作实践之间的关系；第二，科学理论与工会政策之间的关系；第三，工会政策与工会实践的关系。在这三重关系中，科学理论居于指导地位，是灵魂，它统摄全局；工会实践是全部工会工作的基础，是理论的来源，又是检验理论正确与否的唯一标准，同时又是理论的目的；工会政策居于科学理论与工会实践之间，作为中间环节，它同理论或工会实践直接发生作用，即工会政策的制定首先是根据工会实践的内在要求，来源于工会工作实践，而工会政策的制定必须在科学理论指导下才能完成，科学理论正是通过工会政策制定这个中间环节，同工会工作实践发生关系的，这种关系就是指导和被指导的关系。由此可见，理论指导是实现工会科学维权的基本保证。在现实中，加强工会自身建设，应当将工会理论建设作为一项重要内容纳入其中。总之，实现工会维权的科学化，没有科学的理论指导是不行的；不重视理论建设，不善于运用理论指导工会维权工作实践，必然是不自觉的、盲目的。

当前，用科学理论指导维权，主要应当以马克思主义、毛泽东思想，尤其是邓小平的工运理论，"三个代表"重要思想和科学发展观为指导。按照科学发展观的要求进行维权，这是工会科学维权须臾不可背离的基本准则。

其二，形成维权的科学机制，积极探索维权规律。在工会维权的实践过程中，工会由于自身性质的规定——党联系职工群众的桥梁和纽带，是工人阶级的群众组织，因此它不具备行政部门那样的权力，又由于劳动关系复杂化等特点的影响，工会实质上处于弱势维权的境地。维权效果不理想，不仅工会自己不满意，也使得职工心里产生不信任感。工会要想做好维权工作，就必须破解维权难题，积极努力寻求新的、有效的维权路径，就必须根据工会自身的性质，并以此为出发点来形成维权的对策与主张。近些年来，一些工会组织如浙江省义乌市总工会（包括大连开发区工会的“八联手维权机制）实行社会化维权并探寻工会维权机制的大胆实践，实质上是促使工会走向科学维权的伟大推动者，他们对维权机制的不懈探索，就是对工会科学维权规律的探索，因而具有重大的实践意义和理论意义。

工会要实现科学维权，认识并按照科学维权的规律办事是第一要务。笔者认为，对工会维权工作的透彻认识和本质上的把握，必须认识蕴涵于其间的客观规律性。尊重规律，按照规律办事，就是尊重客观事物，按照客观事物本来面目及其发展去认识和处理事物，从这个意义上而言，这就是一种科学的态度。因此，探讨工会维权机制的过程，实际上就是探讨工会维权客观规律的过程。

形成对工会维权规律的认识，表明工会工作者在维权工作上实现了一次巨大的、质的飞跃，这种飞跃不仅仅表现为观念上，而且表现在鲜活的维权实践中。但是，在认识和把握维权科学规律的同时，还需要处理一个重要关系，即维权规律的把握与工会工作者维权中主体能动性的发挥之间的关系问题。这是一种辩证的关系，也体现出一种科学的精神。

其三，摈弃经验维权的老套路，改变工会工作传统的思维定势，实现科学维权。依靠经验维权，在工会的圈子里自我循环，始终跳不出去，其结果是：狭小的活动空间必然使工会的眼界受到限制，使得维权思路也受到局限。这就是工会传统的思维方式，它的弊端就是自我束缚。因此，工会亟待打破经验维权的传统桎梏，首先要在思维方式上进行必要的变革，使之从自我封闭走向开放，做到“身在工会干工会，跳出工会看工会”，不断开阔自己的眼界，不断拓宽自己的思路，这是实现科学维权的必要条件。实践证明，凡是维权工作富有成效的工会，它的思维方式都是开放式的。比如，在对工会社会化维权机制的探索中，如果只是把思路置于本地区、本企业的狭小天地里，就不能以开阔的视野去观察与工会维权相联系的一切社会关系和社会资源，那么，发现并形成工会维权机制无异于天方夜谭。这就证明了，彻底改变工会传统的认识方法和思维方式，使之适应不断变化的工会维权形势，是何等重要。大连开发区实行“八联手”社会化维权过程中，一个最重要的经验就是，工会必须打破自我封闭的狭小空间，必须面向整个社会，在诸多社会关系与社会资源上寻找工会可以充分利用的资源，为实现科学维权的目标服务。

其四，工会要不断探讨科学维权的方法。“工欲善其事，必先利其器”。掌握科学的维权方法，在维权工作中往往可以达到事半功倍的效果。因此，工会要积极、主动地探索科学维权的方法，不断提高工会维权的有效性。工会科学维权常常体现在维权方法的科学性上，就这一点上，笔者认为，工会科学维权方法首先是一种高明的维权艺术，它要求工会工作者达到对复杂劳动关系矛盾的透彻洞悉，并根据矛盾的特点，双方利益博弈的态势，确定自己所应当采取的维权方法。也就是说，工会工作者要善于正确判别维权形势，以决定采用科学的维权手段。何为科学的维权方法，笔者认为，只要与劳动关系矛盾的解决相符合，就是科学的方法，因为这种方法切合实际，而不是主观与客观相悖离。

在实行科学维权过程中，工会必须要坚持以下原则。

首先，要坚持以职工为本的原则。“以职工为本”是工会维权观的出发点，也是工会维权观的落脚点，工会的一切工作最终都是为了更好地代表和维护广大职工群众的切身利益和合法权益。维护职工权益是工会的天职，它要求工会在现有的条件下，必须始终围绕职工权益维护这个核心来开展工作。因此，实现科学维权是“以职工为本”的内在要求，这是工会必须时刻坚持的重要原则。笔者认为，坚持这个理念，是实现工会科学维权的最重要的前提条件。

其次，坚持从实际出发的原则。实现科学维权，就必须认识维权的客观规律，这是一个必要条件；而认识维权客观规律的首要条件就是从客观实际出发，做到实事求是，按照维权工作的本来面目去认识与其相关的一切关系，这里主要包括对维权环境的认识，对维权所面临的主客观条件的认识，对劳动关系双方力量对比以及双方矛盾发展态势的认识，对维护对象——职工群众现实状况与自身利益诉求的认识，对工会与党政关系以及其他社会关系的认识，对相关社会资源分布与配置状况的认识，最后是工会对自身维权能力、维权策略的客观认识与评价。如果没有对工会周围这些关系的认识与把握，就不可能做到认识内容上的客观性，也就无法据此作出正确的判断，进而积极建构科学维权的格局。

最后，坚持不断创新与发展的原则。由于劳动关系具有复杂性特征，形成了劳资双方矛盾变动不居的态势。此外，工会维护的对象——职工群众的利益诉求也在不断地发生变化，其中包括合理的利益诉求与不合理的利益诉求。因此，企望以一种不变的维权模式去应对瞬息万变的劳资矛盾，只能是一种不切合实际的空想。如果已经形成了比较规范完整的科学维权机制，面对不断变化的形势，以及劳资矛盾所带有的突发性与不可测知性等特点，工会还必须灵活地运用科学维权机制进行维权。这里必须提及的是，切忌不要将维权机制绝对化、固定化，更不要将其模式化，一旦这样做了，科学维权就失去它的客观性，从而也就失去它的科学性了，因此这种倾向是值得注意的。在科学维权这个根本问题上，工会所应采取的策略就是坚持科学维权的原则，按照维权机制合规律性地进行维权，同时在维权实践中，要不断地发现新矛盾和新问题，不断地对科学维权机制进行调整，正确处理好科学维权的坚持与发展创新的辩证关系，避免在维权工作中出现机械、僵化地理解和运行维权机制的错误。

三、主动维权、依法维权、科学维权的辩证关系

主动维权、依法维权、科学维权既相互区别，又密切联系。任何孤立地、片面地、静止地看待这三种维权方式都是错误的。因此笔者认为，有必要厘清主动维权、依法维权与科学维权三者之间的区别与联系。

第一，正确认识主动维权与依法维权的辩证关系

主动维权与依法维权是一种辩证关系，既相互区别，又相互联系，相互影响。首先，主动维权离不开依法维权作为保证。工会进行主动维权，仅靠积极性和维权热情是不够的，需要以相关的法律法规作为维权的有效手段才能实现。在工会维权实践中，主动维权是需要依法维权提供保证的，离开依法维权，所谓主动维权就将成为一句空话，因为检验主动维权的标准，既有维权主动性的因素，也有维权实际效果的因素，仅具备前者，还不是完整意义上的主动维权。因此，依法维权对于主动维权的实现具有重大意义。其次，依法维权也离不开主动维权，这里包含两个方面的含义：一方面，在工会的日常维权实践中，要做到依法维权，工会就必须发挥自己的积极性和主观能动性，并以高度的责任感投入到维权工作之中，努力把劳动关系矛盾化解在萌芽状态。如果在维权中，采取消极应付的态度，被动地对待所面临的复杂局面，就不可能充分依据相关的法律法规，有效地维护职工的合法权益。另一方面，笔者认为，依法维权不仅仅只局限于工会运用现有的法律法规进行日常具体的维权活动，它还应当包括工会组织对于国家有关立法、修改法律的积极主动参与，这种参与最能够体现出工会的主动维权精神。

第二，正确认识科学维权与主动维权的辩证关系

主动维权对于工会而言，首先表现为一种积极的进取精神，是工会的社会责任感的具体体现。当工会面临职工权益受损的情况下，可以采取两种不同的态度，一种是消极的、无所作为的态度，或者百般推诿、千方百计地逃避工会所负有的维权职责，或者在面对维权的复杂局面时，表现出无可奈何、无计可施、萎靡不振的精神状态，不论是哪一种，都是工会责任的缺失，或者工会不作为，出现这种情况将会在广大职工群众中造成极大的负面影响；另一种就是工会以一种极端负责任的精神，竭尽全力去为职工利益而奔走呼号，这是工会主动性的一种具体表现。工会的主动维权与科学维权是一种相互联系的辩证关系，这种关系的实质是工会工作者在维权中尊重客观规律和自身主体能动性发挥之间的关系问题。常常看到这样一种现象，一些工会组织到外地学习维权机制和成功的做法，回到本地区、本部门之后，就将其束之高阁，其维权工作没有任何进展，这表明，主体能动性的发挥与更好地按照科学维权的规律办事是高度一致的，两者缺一不可。

以上说明，尊重并按照维权规律进行维权是一种严肃的科学态度，也是科学维权的内在要求。认识和按照客观规律维权，就必须充分发挥工会的主体能动性，这是工会主动维权的内在需要，因此从这个意义上说，工会的主动维权与科学维权是密切联系的，只尊重维权规律，而不发挥维权的主体能动性，那么科学维权也将成为一句空话。两者之间是一种相互制约、相互联系、相互作用的辩证关系。此外，还要注意一点的是，在按照维权规律进行科学维权的过程中，还要发挥主体的创造性，就是要为遵循维权规律创造条件，进而实现科学维权。

第三，正确认识科学维权与依法维权的辩证关系

当前，工会在调整劳动关系矛盾的实践中，所采取的主要方式就是依法维权。工会实行依法维权，所依据的是《劳动法》、《工会法》和刚刚颁布的《劳动合同法》等若干部法律法规及各种劳动标准。依法维权本身就含有科学维权的成分和因素，或者说工会依法维权就是科学维权的题中之义。因为依法维权不仅是工会维权的必然选择，而且作为一种基本的维权方式，依法维权符合工会维权的客观规律，工会能不能实行科学维权，很大程度上取决于能否依法维权，毕竟依据法律进行维权是我国工会当前所能够采取的最主要、最有效的维权手段，其他维权方式不过是依法维权的必要补充。但是，在依法维权实践中，能不能真正依据法律，达到切实维权的目的，这也是检验工

会维权是否具有科学性的重要途径和尺度。因此，从宏观的意义上讲，科学维权的实现要依靠法律的手段，而依法维权所能够体现的科学性也就内在地包含于科学维权之中了。

胡锦涛同志在党的十七大报告中明确指出："要坚持科学立法、民主立法，完善中国特色社会主义法律体系。"科学立法、民主立法理念的提出，要求工会在积极参与相关立法过程中，一定要最大限度地表达广大职工群众的利益和意愿，为工会做好依法维权提供有力的法律武器。

综上所述，在主动维权、依法维权、科学维权的相互关系中，它们的共同特征主要体现在以下三点：其一，三种维权方式都可以归结为三种维权意识，是维权实践活动在维权者意识层面的反映，一旦形成维权意识，反过来又会对工会的具体维权行动产生重要影响，甚至起支配作用。其二，三种维权方式因其切合工会维权实际，因而又是工会在具体维权过程中必须坚持的基本原则。其三，三种维权方式又可以成为具体的维权方法，直接运用于维权实践之中。三者的主要区别在于：主动维权体现的是工会维权的能动性和主动进取精神，是决定维权实效性的前提条件和思想基础；依法维权强调维权的法制化，是工会协调劳动关系，更好地代表和维护职工权益的主要手段和方法，在工会维权系统中居于核心地位；科学维权则强调维权的规律性，要求工会在维权中尊重事实，尊重规律，并按照客观规律进行维权，真正使工会维权工作实现机制化。三者之间的区别只具有相对的意义，不具有绝对的意义。实际上，在一些成功的维权案例中，主动维权、依法维权、科学维权常常是交融在一起的，共同对维权结果发生作用和影响。

第四，正确处理工会主动维权、依法维权、科学维权与工会自身建设的关系

工会能否实现主动维权、依法维权、科学维权，向作为维权主体的工会工作者自身素质提出更高的要求。笔者认为，在实现工会主动维权、依法维权、科学维权方面，其必要的主体条件之一，就是全面要求工会干部队伍素质有一个整体的提高和质的飞跃。这些素质主要包括不断增强维权责任感，提高维权业务能力和政策水平，熟悉相关的劳动法律法规，掌握维权工作艺术，等等。在具体目标的提高上，应当朝着王兆国同志提出的工会干部要成为政治家、社会活动家和协调劳动关系专家方向努力。笔者认为，对于基层工会干部而言，首先要有政治意识，要在头脑中树立大局意识、大维护意识和"以职工为本"的责任意识，形成全心全意维护职工权益的强烈责任感。其次，工会干部要不断提高社会活动能力和沟通交往能力，善于争取和利用

社会资源为工会的维权服务，最大限度地维护职工群众的切身利益与合法权益。最后，工会干部要想实现主动维权、依法维权、科学维权，还必须掌握必要的业务知识和提高维权的实际能力，主要应当包括：代表职工群众与资方沟通和谈判能力；果断处理劳资矛盾中的突发事件的应对能力；构建和谐企业与和谐劳资关系的工作能力；源头参与和源头维护能力等等。工会在加强自身建设的过程中，还要加强理论建设，工会要拥有自己的理论家，这样就能够对所取得的具体维权经验进行及时的总结与提高，并以科学的理论及其成果对维权实践进行正确指导，彻底摆脱经验维权的窠臼。

综上所述，笔者认为主动维权、依法维权、科学维权作为中国特色社会主义维权观的重要组成部分，它在宏观上体现的是一种精神和理念，在维权实践中又体现为一种必须坚持的基本原则，在维权工作实践中，还体现为具体的维权方式。因此，对主动维权、依法维权、科学维权的理解上，不能将其固定化、公式化和绝对化，而应当从三者之间的关系网络当中去理解，去实践，这本身就是一个非常严肃的科学态度问题。

参考文献

[1] 胡锦涛：《高举中国特色社会主义伟大旗帜为夺取全面建设小康社会新胜利而奋斗——在中国共产党第十七次全国代表大会上的报告》，2007年10月25日《工人日报》。

[2] 孙宝树：《认真学习和牢固树立中国特色社会主义维权观》，2007年1月17日《工人日报》。

[3] 郭振清：《宪政视野中的中国特色社会主义工会维权观》，《工会工作》2007年第4期。

[4] 全总研究室课题组：《坚持以职工为本，主动依法科学维权》，《工运研究》2007年第1期。

[5] 陈志尚：《准确把握以人为本的科学内涵》，《北京大学学报》2005年第2期。

[6] 陈延河：《全面贯彻落实科学发展观在构建和谐社会中充分发挥工会组织作用》，《工运研究》2007年第1期。

（原载于《中国劳动关系学院学报》2008年第1期，全文14000字，中国人民大学复印报刊资料《工会工作》2008年第3期全文转载）

论工会社会化维权

——以大连开放先导区总工会维权为例

摘要：工会社会化维权是由工会的本质属性决定的，是工会维权的成功路径之一，体现出创造性与实用性的高度统一，是科学维权的基本形式。工会社会化维权要求工会必须彻底摆脱狭义的维权观，通过广泛联手相关的权力部门，在全社会共同营造关心弱势群体的强烈氛围，更好地维护他们的切身利益与合法权益，实现社会公平与正义，不断推进和谐社会的构建与发展。

关键词：工会；维权；社会化；机制

维护劳动者的切身利益与合法权益是工会组织义不容辞的神圣职责，是检验工会是否有作为的基本尺度之一，也是工会工作永恒的主题。在建立和完善社会主义市场经济的现实条件下，随着社会转型和体制转轨以及改革的逐步深入，各种社会矛盾不断凸现，尤其是劳动关系矛盾不断加剧，已经成为影响我国政治、经济、文化和社会稳定以及和谐发展中必须予以重视和关注的重大问题。当前，工会在维权过程中所面临的一个基本形势是强资本、弱劳动。也就是说工会维护劳动者的合法权益是在“强资本、弱劳动”的格局下进行的。这就向工会组织提出一系列问题，使其面临复杂而严峻的挑战。工会要想更好地代表和维护广大劳动者的切身利益与合法权益，就必须在现有条件下，创造性地开展工作，在维权实践的不断创新中，走出一条有中国特色的社会主义工会维权之路。近些年来，各地工会开展的丰富多彩的社会化维权行动以及由此形成的卓有成效的维权模式，就是对工会维权方式的成功探索。本文拟结合大连开放先导区总工会在社会化维权方面的成功实践，对工会社会化维权作一粗浅的思考，旨在揭示这种维权方式的本质规定及其实践意义。

一、工会社会化维权的本质意义

在社会主义市场经济条件下，由于劳动关系处于重建之中，劳动关系的复杂性给工会维权工作带来许多问题，尤其是基层工会维权不断遭遇各种困难和挑战，甚至到了举步维艰的程度，严重地影响了工会自身形象。有人曾经非常形象地将工会维权的现实状况描述为：工会维护的是弱势群体的利益，而大多数工会的维权则是一种弱势维权。这种形容可谓一语中的，道出工会在维权工作中的困惑、无奈和尴尬。笔者认为，造成这种局面的原因主要有以下几种：

首先，由于中国新型劳动关系正处于培育和发展阶段，无论是劳动关系协调机制，还是处理方式正在不断地形成或完善之中。同时，劳动关系所固有的矛盾——资方与劳方的基本经济利益关系及其利益取向上的相悖性决定了这种矛盾带有冲突的特点，一旦处理不妥，必然会引发劳资双方的强烈对抗。此外，改革开放以来，不同所有制经济成分的企业发展迅猛，使得计划经济时期国有企业单一形式的劳动关系向多元的劳动关系转化，劳动关系调整方式也出现复杂化局面。一些非公企业在工会组建方面持有抵制态度，有些非公企业即使建立了工会，也往往掌控在资方手中，使其名存实亡，不能有效地发挥其维护劳动者权益的作用。在上述因素的影响之下，劳动关系及其调整方式具有不规范特点，从而给工会的维权工作带来许多困难。

其次，工会由于受计划经济的长期影响，其形象受到一定的扭曲，其固有的维护职能正在复归之中。但是维权工作因困难重重，一些工会的维权效果欠佳，难免不被人们所轻视，“工会无用论”的观点成为一些人或单位的一种成见。在这种情况下，一些工会在维权方面的无所作为行为，更加重了人们的偏见。

再次，自改革开放以来，数以亿计的农民从农村走出来，进入乡镇、城市务工，已经成为我国工人阶级队伍中的一个重要组成部分，成为产业工人队伍的主体。他们在从事苦、累、脏、险的工作，为国家的现代化建设贡献力量的同时，其自身的状况却不容乐观，自身的利益与合法权益得不到有效保障。造成这种状况固然有其自身的原因，诸如：他们的文化水平低，技能单一，流动性比较强，缺乏工人阶级意识，自我维权意识比较薄弱，不能依靠法律维护自己的权益，对工会组织职能缺乏认同感，等等。但是，工会对农民工的维权方面确实存在许多问题，许多企业工会没有把农民工组织起来。为此，全国总工会明确提出“组织起来，切实维权”作为工会在今后很长时期内的工作基本方针。这项工作已经取得很大的成绩，但是，还没有全面覆盖整个农民工群体。一些侵害农民工的问题，诸如资方的恶意欠薪，已经成为每年年末各大新闻媒体中的关键词，而且屡见不鲜。面对农民工讨薪过程中的非理性举动和无奈的呼喊，人们经常会提出“工会干什么去了”的疑问，这样的质疑，对于工会的社会地位和社会形象而言，具有较大的负面效应。

最后，从理论上看，工会组织的性质是工人阶级自愿结合的群众性组织，代表职工群众的利益与愿望，是联系党与工人阶级群众的桥梁与纽带。笔者认为，就一定意义而言，工会的性质决定工会地位与各项社会职能，同时在一定程度上对于工会的自身作用与作为也将产生重要影响。工会这种性质非常清楚地表明：工会组织本身并不具有如同行政部门那样的权力，尤其在维护劳动者权益方面，不具有决定性的权力和强制力。工会组织只能在自己的范围内开展工作，以代表劳动者利益的身份，通过协调、协商等方式同资方进行沟通。此外，中国工会是在党的领导下开展工作的，自觉接受党的领导是中国工会的政治优势，也是工会开展活动必须自觉遵守的基本原则，须臾不可偏废。工会同政府以及企业行政的关系也是一种合作伙伴关系，由此框定了中国工会组织同西方国家工会组织的本质区别：前者同党与政府的关系，是自觉接受党的领导，并在党的领导下依法独立自主地开展工作；同政府是平等的伙伴关系，其根本利益取向是一致的。后者则是一种社会压力集团。

由于以上几个方面的原因，决定工会组织要想在劳动关系复杂化、多元化的今天，更好地代表和维护劳动者的利益，就必须在现有的制度框架下，创造性地开展维权工作，不断开拓维权新路。工会社会化维权及其维权机制由此应运而生。

二、工会社会化维权模式的理论意义与实践意义

工会社会化维权及其维权机制的形成，对于工会而言，是一项工作创新，也是一种机制创新。它所蕴涵的理论对于工会工作实践具有重要的指导意义，是对新时期新阶段工会理论的丰富与发展。

工会社会化维权及其维权机制的形成，对于当前的工会工作具有直接的借鉴意义。其重要意义之一，在于它为工会破解弱势维权的难题提供了一条可供借鉴的基本原则，同时表明：在现阶段，工会在任何复杂多变的情况下，都可以走社会化维权的道路。

工会社会化维权的形式就在于工会在条件许可的情况下，借助于政府的权力部门以及各种社会资源，相互联手，共同维护劳动者的权益。工会社会化维权的现实基础则在于：在构建和谐社会的共同理念下，构建和发展和谐

劳动关系应当成为整个社会的共识。因为和谐劳动关系是整个和谐社会的最基础的关系层面。一个劳动关系矛盾激烈对抗的社会，必然是一个动荡不安的社会。因此，工会借助于政府各个有关部门的力量以及同社会上的各种关系共同协调劳动关系矛盾具有非常有利的现实基础。

近些年来。全国各地区工会在探索社会化维权，建立维权机制方面都取得很多成功的经验。比如：浙江省义乌市总工会创造了“义乌模式”，其基本经验就是借力、借理，受到党中央的重视。胡锦涛同志亲自作了重要批示。此外，大连开放先导区工会在长期的维权实践中，创造了“八联手”社会化维权机制，取得非常好的维权效果。

多年以来，大连开放先导区总工会以建设和谐劳动关系为目标，构筑了在党的领导下，由工会倡导和组织的、党政各部门和社会各方面支持的，依法行事，联手运作，共同维护的社会化维权机制，即：“八联手”社会化维权机制建设。区总工会在组建工会、依法治会、收缴经费、卫生安全、员工教育、劳动用工、扶贫帮困等 10 个方面，和劳动、企协、法院、工商、税务、公安、新闻媒体等部门积极配合，争取他们强有力的支持，从而使工会维权声音更加响亮、措施更加有力、效果更加明显。为了使联手工作取得实效，先导区总工会根据不断的工作实践，逐步形成了“八联手”工作制度，即联手工作年会制度、联手重大问题报告制度、联手信息交流制度、联手日常工作制度、联手政策规章咨询制度、联手工作顾问制度、联手组织提案制度、联手成果奖励制度。“八联手”使先导区工会维权工作烙上了全社会齐抓共管的印记，收到了借势合力起飞之效，许多重大成果都是在党工委领导下，各有关部门密切配合、相互支持下取得的。针对一些敏感性问题，比如外籍人员殴打中方员工，女职工结婚年龄被强行推迟，年龄超过 22 岁的劳务工不被录用，职工 8 小时之外的工作待遇低等，区总工会都要联合公安、劳资等部门共同研究并实施解决方案；针对一些覆盖面大、政策性和强制性强、具有社会性教育意义的活动，区总工会同样发挥各部门联手力量，比如与有关部门联手抓新建企业工资集体协商制度的建立，开展“劳动管理信得过”单位考评活动，举办工资集体协商宣传月、安全生产宣传月、法律知识宣传月活动，处理劳动纠纷和信访案件，对企业进行安全生产、作业环境、食堂卫生的执法检查，开展全区性职工技能比赛等。由于实施了“八联手”，工会不仅取得了各方面的配合与支持，也使工会在联手工作中能够站在政治的高度、全局的高度、战略的高度去认识和把握大局，更加自觉地坚持依法维护职工权益与维护党的领导的高度统一，与维护第一要务的高度统一，与维护和谐稳定的高度统一。

在实施“八联手”社会化维权过程中，区总工会还通过法律的、行政的、经济的、舆论的、外交的、民间的多种渠道和方式实现有效维护，比如有些维权就是通过外交的、以商制商的方式解决的。大连开放先导区的社会化维权实践丰富了我国工会维权工作的基本经验，它不仅具有严谨的维权理念和明确的维权指导思想，而且具有可操作性和可借鉴性。它的成功实践说明：我国工会在今后的一个时期里，应该走社会化维权之路，这是一个非常明智的路径选择。

参考文献

[1] 赵健杰：《公平与正义：劳动关系调整中的伦理维度》，《中国劳动关系学院学报》2007 年第 1 期。

[2] 王如华：《发展和谐劳动关系，维护和谐社会建设》，《中国劳动关系学院学报》2007 年第 1 期。

[3] 许晓军、李珂：《职工眼中的企业工会——企业工会现状调查》，《中国劳动关系学院学报》2006 年 2 期。

[4] 中华全国总工会研究室编：《坚持以理论创新推动工会工作创新》，中国工人出版社，2006 年。

（原载于《天津市工会管理干部学院学报》2007 年第 1 期，全文 4100 字）

社区工会：工会参与社会管理创新的微观载体

摘要：城市社区工会作为基层工会组织，因其紧贴社会生活实际，紧密联系职工群众实际，应当成为工会参与社会管理创新的微观载体。社区工会在参与社会管理创新实践中，通过开展丰富多彩的活动，履行其社会职能，最大限度地吸引职工、服务职工和团结职工，切实维护职工权益，为构筑健康和谐的城市社区，为实现维权维稳发挥其不可替代的、重要的社会支柱作用。

关键词：社区工会；社会管理；社会稳定

适应于改革开放和发展社会主义市场经济的现实要求，我国社会结构正在发生转型。有学者认为：我国已经从一个“整体性的社会”转变为一个“多样化的社会”，并将其归纳为“四个多样化”，即经济成分和经济利益格局多样化、社会生活多样化、社会经济组织形式多样化、就业岗位和就业形式多样化。[1]笔者认为，在这种“多样化的社会”里，所产生的社会矛盾一定是多样化的，因此解决矛盾的方式和方法也必然是多样化的。传统的社会管理体制、以政府为主体的单一管理模式显然已经不能完全适应社会结构转型及其变化，更不能适应解决多样化社会矛盾的要求，亟待寻求新的社会管理路径，以不断创新社会管理方式。这就要求社会管理创新应当是全方位的，参与社会管理主体也应当是多元化的，其中包括工会组织，它作为重要主体之一，占有不可替代的地位。本文结合对南京市社区工会组织的相关调研结果，深入探讨城市社区工会在参与社会管理创新过程中的地位与作用。

一、工会组织参与社会管理创新的基本依据和实践基础

党中央十分重视社会管理创新问题，党的十六届四中全会明确提出要“加强社会建设和管理，推进社会管理体制创新”。党的十七大报告则进一步提出要

"建立健全党委领导、政府负责、社会协同、公众参与的社会管理格局"。

加强社会管理虽然是一个老话题，但是在新的形势下如何创新社会管理，却是一个新课题，尤其是工会组织如何参与并实现社会管理创新，更是一个亟待从理论到实践上认真加以研究和解决的新课题。在后危机时代，在世情国情继续发生深刻变化的历史条件下，我国面临深化改革和加快转变经济发展方式所带来的一系列严峻挑战，其中包括以劳动关系矛盾为主的社会利益矛盾对构建和谐社会的严重影响。协调劳动关系矛盾，进而保持社会稳定，为我国经济发展和社会进步创造有利条件，已成为我国工会组织必须承担的重大社会责任。

笔者认为，工会组织参与社会管理创新，其理论依据主要有以下三点：其一，工会参与社会管理创新，是坚持走中国特色社会主义工会发展道路的重要组成部分。其二，工会参与社会管理创新，是工会履行社会责任、发挥社会作用的题中之义。工会作为工人阶级群众组织，充分发挥其国家政权重要社会支柱作用，是法律明确赋予其神圣的责任。《中华人民共和国工会法》第五条明确规定："工会组织和教育职工依照宪法和法律的规定行使民主权利，发挥国家主人翁的作用，通过各种途径和形式，参与管理国家事务，管理经济和文化事业，管理社会事业，协助人民政府开展工作，维护工人阶级领导的、以工农联盟为基础的人民民主专政的社会主义国家政权"。[①] 工会法的这一规定，将工会参与国家及社会事务管理，以法律形式确定下来。其三，工会参与社会管理创新，是工会"两个维护"的必然要求。坚持将维护全国人民总体利益同更好地代表和维护职工群众的具体利益高度统一起来，一直是我国工会组织开展工作所遵循的基本原则之一。全国人民总体利益是指国家和社会的大局利益和公共利益，它关涉国家的发展和繁荣，社会的稳定和进步，同每一个社会成员的切身利益息息相关。工会维护全国人民总体利益是通过履行自己承担的社会职责，通过维护职工群众具体利益实现的，亦即工会在维护职工具体利益过程中，协调劳动关系矛盾，实现社会的和谐与稳定。如果只关注职工具体利益，而置全国人民总体利益于不顾，看不到总体利益与职工具体利益之间的辩证关系，必然使工会工作走入歧途。

工会参与社会管理创新具有自身优势和实践基础，主要体现在工会组织的系统优势上。所谓系统优势，按照笔者理解，是指我国工会组织所具有的各种

① 参见法规出版中心编：《中华人民共和国劳动法》，法律出版社，2008 年。

资源优势的总和，包括我国工会独具的政治优势，组织资源优势，以及由此决定的其他资源优势。工会应充分利用其系统优势，在党政主导下，通过创造性地开展工作，全面履行自身承担的社会责任，实现其社会管理创新的目标。

首先，我国工会是中国共产党领导下的统一工会组织，具有内在的组织架构和紧密联系的组织网络。从全国总工会到省、市、县级工会，以及城市街道工会、社区工会，农村乡镇工会，产业工会和企业工会，都是按照一定的组织规则组建的；在全国总工会依法普遍建立工会组织的要求下，遵循哪里有职工，哪里就建立工会组织，最大限度地将工会组织覆盖所有的职工群众。

其次，工会作为职工自愿结合的群众组织，作为职工利益及合法权益的代表者、维护者，与职工具有天然的联系，由此决定了工会组织参与社会管理创新的基本方向，就是代表和维护好职工权益，通过深入贯彻落实“两个普遍”工作方针，最大限度地协调好劳动关系，使之和谐发展，消除劳资之间发生大规模矛盾冲突的隐患，从而维护社会稳定。工会组织在加强同职工群众的密切联系中，在做好维护其利益及合法权益工作的同时，做好正确引导工作，将职工争取和维护自身权益的行为引导到法律框架和制度框架内，通过平等协商和签订集体合同，共同营造“双赢“局面。

再次，工会参与社会管理创新，应根据本地区或本企业的实际情况，抓住主要矛盾，突出工作重点。所谓抓主要矛盾，就是要深入了解劳动关系现实状况，把握劳动关系矛盾有可能引发集体行动的关节点，及时采取有效措施，化解有可能爆发的劳动关系矛盾，切实维护好职工利益。

最后，各级工会组织应充分利用文化宣传阵地，通过开展丰富多彩、形式多样的活动，宣传和教育职工，在促进企业文化建设的同时，推动职工文化建设，营造劳动关系和谐氛围。

工会参与社会管理创新，应当面向企业、面向社区，将工作重心下移。王兆国主席最近强调指出，各级工会要扎根基层、夯实基础，推动各项重点工作的深化和落实，更加积极主动、深入细致地做好职工群众工作，面对面地与职工交流，心贴心地做思想工作，实打实地维权服务。[①] 这也是做好工会参与社会管理创新工作应当遵循的基本原则，它要求一方面应关注和加强企

① 中共中央政治局委员、全国人大常委会副委员长、中华全国总工会主席王兆国2011年11月16日至23日在安徽考察工作，并出席全总在皖召开的部分省市工会工作座谈会。他强调面对面心贴心实打实地开展职工群众工作，引导职工为推动经济平稳较快发展作贡献。参见詹婷婷：王兆国：面对面心贴心实打实地开展职工群众工作，新华网，2011年11月23日。

业工会工作，因为企业是劳动关系及其矛盾比较集中的地方；一方面应重视和加强城市社区工会工作，因为社区是社会矛盾易于发生的地方，其中包括劳动关系矛盾以及由此引发的社会矛盾。因此，社区工会在创新社会管理过程中，与工会其他工作同等重要，是实现社会管理创新的重要承担者和微观载体。

总之，工会工作重心下移，紧贴职工群众实际，是工会组织参与社会管理创新的基本方向。工会组织参与并实现社会管理创新，充分发挥社会协调作用，不仅需要从源头参与，从工会所承担的社会职能方面参与，而且还应从社会基层单位入手，通过履行工会社会职能实现社会管理创新的目的，其基本方向就是深入企业基层，尤其是深入到城市社区，实现同职工群众面对面、心贴心、实打实地沟通，更好地服务于职工群众。

二、社区工会参与社会管理创新中的地位和作用

从计划经济向市场经济转变过程中，城市社会管理经历了由单位制管理为主、社区管理为辅向社区管理为主、单位制管理为辅的深刻转变。正如齐凌云指出的那样："随着改革开放的不断深入，单位体制逐步解体"，[2]"对于城市的管理也开始走向以社区管理为主"。[3]

社区管理成为城市社会管理的主要领域。作为社区管理的重要主体之一，社区工会被赋予了重要的职责。

社区工会是工会组织结构中的最小单位，是我国改革开放以来，为适应我国劳动关系变化，维护劳动者合法权益而应运而生的一级工会组织。工会维权实践证明，工会组织的优势在于同职工的密切联系，而工会面临最大的现实危险，则在于脱离职工群众。社区工会以其紧贴职工群众日常生活实际的固有优势和紧密联系职工群众的组织特点，在发现和协调解决社会矛盾，保持社会稳定和有序运转，以及维护职工权益等方面，正在发挥着不可替代的重要作用。在社会管理创新、构建和谐社会的时代背景下，探讨社区工会参与社会管理创新不仅具有重要理论意义，而且具有重大的实践意义，主要体现在以下几点。

1. 城市失业或待业职工离开企业或工作场所之后，绝大多数沉淀于社区之中，是社区工会时刻面对的复杂社会群体。社区工会做好下岗失业人员的再就业工作、帮扶困难职工群众以及培训失业人员以提高其就业能力，对于维护这部分职工群众的切身利益，进而维护社区稳定、创建和谐社区均具有

十分重要的现实意义。

2. 在城市社区中分布的各种企业，大多没有建立党组织和工会，在一些私营企业，企业主一人说了算，尤其是一些家族式企业，其权力主要掌控在家族内部，其经营发展、工人工资收入及其享有的其他权益都是由企业单方决定，企业单决制极易对职工的切身利益造成损害，进而引发劳资纠纷和冲突，引起社会震荡。处于社会基层的社区工会，可以通过调查了解这类企业及职工之间的利益矛盾，及时做好劳动争议的协调工作。

3. 城市社区就业人员，除了城市下岗再就业者以外，大多为来自农村的农民工，其职业大多为保安、城市清洁工人、餐馆酒店服务员、理发美发从业人员，以及其他一些非正规职业岗位从业人员，其工资收入较低，社会福利以及应当享有的合法权益没有保障，其权益亟待得到维护。社区工会维护这部分职工权益，不仅直接面对，而且更加便捷，能够及时将劳资矛盾化解在社区里，消弭于萌芽状态。

4. 外来农民工一般居住在城市社区里，其业余接受教育或业余文化生活得不到保证。社区工会将农民工组织起来，并利用自身资源开展各种活动，对其进行城市文明教育、职业技能教育，帮助他们切实解决实际问题，有助于使其提高技能和文明程度，丰富其业余文化生活，提高其对城市的认同感，从而使农民工能够尽早地融入城市生活，避免被边缘化，有利于加快城市化建设进程。

5. 困难职工、困难家庭主要分布在城市社区之中，因此工会组织帮扶困难职工的工作领域，也主要集中在城市社区之中。困难职工群体如果得不到关注，容易引发各种社会矛盾，其中包括一些非直接利益冲突事件。工会开展的“送温暖活动”、“金秋助学活动”等帮扶工作作为参与社会管理创新的重要内容，不能浮在表面，而应下放到基层，深入到社区里，应由社区工会主要承担这项工作。因为社区工会通过调查，建立困难职工家庭档案，能够全面掌握城市困难职工的实际情况，使工会的帮扶工作更具有针对性和时效性。

6. 离退休职工大多居住在城市社区里，他们虽然已经离开工作岗位，但是曾经具有的工会会员身份，使其仍然保留工会情结和被组织起来的强烈愿望。积极动员离退休职工，吸引他们参加社区工会活动，利用其特长和技能，服务于社区居民，有利于提高社区工会活动档次，有利于营造和推动和谐社区建设，有利于其身心健康，更有利于提高社区幸福指数。

7. 在一些大型国有企业所在地，其社区工会维权工作具有更加重要的现实意义。在这种社区，聚居着大量同一企业的下岗职工，他们很容易以自发的形式组织行动起来，进行自我维权。这种突发行动常常会引发社区动荡，并在社会上造成较大的负面影响。因此，社区工会不仅要维护其利益，尽力做好其思想工作，帮助他们解决具体困难，纾缓和平复激动情绪，而且还要做好维护社会稳定的工作，及时发现不稳定因素，及时上报有关部门，提前采取应对措施，预防突发行动的发生，尽量将不稳定因素消灭在萌芽状态。

三、社区工会参与社会管理创新应遵循的基本原则

社区工会作为城市工会工作的重要基础，肩负着维护职工权益、营造和谐劳动关系、维护社会稳定以及构建和谐社会的历史重任。社区工会创新社会管理实践中，应遵循以下基本原则。

1. 实事求是原则

社区工会参与社会管理创新，一定要立足于本社区的实际，全面深入地了解社区内部极易引发社会矛盾的热点问题和敏感问题，应注意掌握以下必要信息，诸如社区小微企业分布及经营状况、企业内部劳动关系状况、工会组建状况、工资集体协商进展情况、农民工的现实利益诉求、沉淀于社区的下岗失业人员基本情况、困难职工状况，等等。只有充分掌握这些情况，社区工会才能有针对性地开展工作，提高维权的时效性。

2. 党政工联动原则

社区作为城市管理最基层单位，在实现社会管理创新过程中，实行党政主导，党政工联动，既有分工，又有协作，共同为构建和谐社区发挥作用。

3. 发动和依靠创新主体原则

工会要将社区职工作为创新主体，作为实现社会管理创新必须全心全意依靠的重要力量，而不是作为创新的对象。这就要求社区工会要相信职工群众、依靠职工群众，充分做好动员和发动职工群众的工作，利用蕴藏于职工群众之中的资源和力量，创造性地开展工作，将创新的意义赋予平时的工作与活动之中。

4. 寓教于乐原则

社区工会要将创新工作寓于所开展的活动之中，通过开展有意义的社区活动，包括文艺活动、体育活动以及其他主题活动，吸引职工群众积极参与，通过开展活动宣传教育职工，团结和凝聚职工，以达到寓教于乐的目的。

四、社区工会参与社会管理创新应切实解决的问题

（一）社区工会创新社会管理应重点解决好以下问题

社区工会开展工作一定要同上级工会工作方式相区别。在参与社会管理创新过程中，笔者认为，社区工会的工作性质是维护职工权益过程中，实现对社区稳定的维护；社区工会开展工作的方式选择上，应在维护职工权益为主的前提下，一方面，通过调查研究，及时发现矛盾和问题，并采取积极对策予以解决；另一方面，社区工会应主要采取引导方式，做好职工的心理疏导和思想工作，树立依法维权意识。同时，社区工会应采取有效措施，对权益受损害的职工进行必要的法律援助，帮助他们维护和实现自己的合法权益。

鉴于城市社区工会组织所处的重要地位，在其参与社会管理创新实践中，各级工会组织应根据社区工会工作特点，有针对性地加强其组织建设，并注意解决好以下几个问题。

首先，关于社区工会组织建设问题。笔者在调研中，深感社区工会由于资源有限，所以在部门设置上，不必求大、求全，不必套用现有的工会组织体制，那种“麻雀虽小，五脏俱全”的组织架构是不可取的，社区工会组织应当突出人员精干、维权工作细腻、维权效果明显等特点。与此相应，社区工会工作策略也要适应社区特点，在坚持维护职工权益和保持社区稳定的原则下，采取主动、积极和灵活的工作方式，及时发现问题苗头，及时处理解决问题。如果问题比较复杂且难于解决，社区工会应及时向上级有关部门和上级工会发出预警信号，避免引发更大规模的社会震荡。

其次，社区工会开展工作对象是在社区中就业的人员，多为农民工，离退休职工以及大量下岗失业人员，所以开展活动应当因地制宜，开展活动不必面面俱到，应当突出活动主题的针对性、活动形式的多样性、活动内容的鲜活性、活动结果的时效性等。

再次，社区工会的功能定位，不能面面俱到。笔者认为，根据社区工会的作用，宜将其功能定位于以维护职工权益、协调劳动关系矛盾为重点，以建设和谐社区为目标，突出其在维护社区稳定方面的作用。根据笔者的调查，一些社区工会将维权与维稳高度统一起来，在维权中实现维稳目标；在维稳过程中，实现维权目的。

最后，社区工会社会职能的选择上，除了突出其维护和代表职能以外，

应主要以履行教育职能为主，重点做好社区内相关人员的思想工作，以打造和谐社区，进而构建和谐社会为其工作奋斗目标。

（二）社区工会组织参与社会管理创新应处理好以下几个关系

1. 宏观与微观的关系。相对于社会，社区如同构成社会的细胞组织。如果微观出现了问题，势必对大局造成严重影响。因此，社区工会开展工作，首先要在思想意识层面，牢固树立以下观念。

一是树立“小社区与大社会”观念。社区工会干部应当摆正小社区与大社会的辩证关系，全面树立起大局意识。应使每一名社区工会干部明确，社区虽小，其稳定与否直接关系到整个社会的安定与团结、经济的繁荣与发展和政治稳定与昌明。建设和谐社区、维护社区稳定，是构建和谐社会的重要基础，因此社区和谐与否同整个社会和谐是息息相关的，是密不可分的。

二是树立“小工会与大责任”观念。应使社区工会干部明确，社区工会虽然是城市工会最基层的组织，同时也是工会维权和维稳的第一线，担负着重大的社会责任；社区工会干部级别虽低，但是肩上的责任却十分重大，而且是不可替代的。

三是树立“小工会与大作为”观念。应使社区工会干部明确社区工会虽小，但是在维护职工权益、维持社会稳定等方面，却能够发挥重要作用。亦即社区工会虽小，但是在预防或解决劳动关系矛盾乃至社会矛盾，维护社会稳定方面，大有可为，而且大有作为。

2. 兼职与专职的关系。工会干部兼职化问题普遍存在于企业工会当中，社区工会干部的兼职化问题则更加严重。根据笔者对南京市社区工会实际状况的调查显示：城市社区工会几乎没有专职干部，大多由社区党组织或行政负责人承担，这也是困扰社区工会工作的难题之一。在现有的工会体制中，除了个别社区工会配备极少数专职干部，其他社区工会基本上不配备专职工会干部，这就形成了工会干部配备上的兼职和专职的矛盾。解决这一矛盾的路径，首先在于上级工会组织对社区工会工作的重视程度，为此上级工会应加强对社区工会工作的具体情况、存在的困难和问题进行深入的调查研究，论证配备专职工会干部的必要性和可行性；其次，社区工会也要经常向上级工会反映工作情况和所遇到的困难，争取配备专职干部；最后，在现有情况下，社区工会应当充分发挥兼职工会干部的作用，同时加强对兼职干部的专业培训，不断提高其工会工作能力和水平。

3. 社区工会资源贫乏与开展社区活动的关系。笔者在对南京市一些社区工会实际调查中了解到：目前，制约社区工会工作最大瓶颈是缺少活动经费，除了街道工会每年拨给社区工会少量的经费以外，几乎没有任何其他经费来源，社区工会开展活动困难重重。为解决经费短缺问题，一些社区工会将工会活动同社区其他活动合并开展；有些社区工会在筹措工会经费上下功夫，等等。但是，要想从根本上解决这个问题，还需得到上级党政部门和上级工会的大力支持。上级党政部门应将一些维权维稳的各种资源通过上级工会组织，赋予社区工会，以解决其“巧妇难为无米之炊”的现实窘境，助其发挥更大的社会作用。此外，由于社区工会干部多为兼职，有的甚至身兼数职，除了做工会工作以外，还要处理其他事物，精力有限，开展活动常因人手缺乏而感到捉襟见肘。为解决这一矛盾，一些社区工会创造性地开展工作，努力在挖掘社区丰富的人力资源上下功夫，积极组织工会志愿者队伍帮助工会组织和开展各种活动，取得明显效果。一些社区工会还利用本社区的文艺人才、体育人才等人才资源，开展各种文体活动，极大地丰富和活跃了社区的文化生活，密切了工会与职工群众的关系。

社区工会组织处于城市社会的基层，同时也处于协调劳动关系、处理社会矛盾的最前沿，由此决定，社区工会是工会组织参与社会管理创新的基础和重要载体，既不可替代，也不可或缺。因此，工会组织在参与社会管理创新过程中，必须重视和发挥城市社区工会作为微观载体的作用，通过社区工会职能的全面履行，实现其维权与维稳的社会责任目标。

参考文献

[1] 谭桔华：《社会结构转型对社会管理的挑战》，《湖湘论坛》2011 年第 3 期。

[2] [3] 齐凌云：《社区治理视角下的社区工会建设》，《工会理论研究》2009 年第 6 期。

[4] 周菁、赵健杰、何布峰：《论社区工会工作及其意义》，《工会理论与实践—中国工运学院学报》2002 年第 6 期。

（本文为中国劳动关系学院 2011 年“城市社区工会工作研究”课题研究成果之一，[课题编号：11YY022]，原载于《中国劳动关系学院学报》2012 年第 1 期，全文 8000 字）

【编辑学研究】

高校学报选题策划研究

摘要：高校学报编辑在确立选题意识过程中，要重视“服务意识”的培养，要树立为本学报读者群体认真服务的精神，在此基础上形成强烈的责任意识，并在“服务意识”与“责任意识”的互动中，实现学报选题的全部价值。

关键词：高校学报；选题；策划

选题是期刊编辑工作流程的逻辑起点，也是提高刊物质量的关键环节。俗话说，“好的开始等于成功的一半”，以此为类比，可以得出如下观点：“好的选题等于提高刊物质量的一半”。一种理论刊物要提高其学术质量，并在社会上产生预期的效应及良好的影响，首先取决于选题及其优化，它逻辑地规定了刊物的学术价值、社会价值及其实现程度，并与编辑活动过程所产生的社会效应构成直接的因果联系。高校学报作为理论刊物，在提高刊物质量过程中，首先要认识和解决选题问题，加强对优化选题的理论研究和实践探索，从而使选题贴近读者群体，最大限度地满足他们的精神需要。

一、选题意识

所谓选题，是指在既定编辑方针指导下的编辑主体对编辑对象的一种宏观选择、论证及确证。有论者将选题具体解释为：根据党和政府的出版方针、特定的出版任务和要求，以调查研究中收集、积累和掌握的信息为依据，为出版物选定题目。[1](P34)

根据上述界定，可以对选题作如下释义：

选题不是简单、随意性的挑选行为，而是编辑人员所从事的一种极其复杂的精神生产活动，它涵盖了编辑主体选择客体时所进行的归纳与演绎、分析与综合、判断与选择、论证与决断等一系列思维活动过程，具有鲜明的主体性特征。这表明，选题的优劣是由编辑主体在选题活动中所付出的精神劳动决定的，它首先取决于编辑主体的选题意识。选题意识是决定选题质量的最重要的主体条件。

（一）选题意识的结构与功能

所谓选题意识，亦即编辑主体在认识和选择编辑对象活动中所表现出来的能动的自我意识，是对选题的客观活动过程的主观反映，是支配编辑主体选择行为的能动因素。笔者认为，选题意识具有特定的结构，明晰的选题意识至少包括以下几个层面。[2]

1. 政治意识。即编辑主体在选题活动中所具有的政治敏感性。它是编辑主体内在的政治判定标准，是统摄选题意识其它层面的灵魂。其主要功能在于，判别并规定选题的基本政治取向，框定选题的政治范围和疆界，确立选题的政治标准和基本原则。[3]

大凡社会科学方面的刊物。所刊载的内容总是为一定的政治目的服务的，因而具有强烈的党性原则。它客观地要求编辑主体的选题意向必须与既定的编辑方针相契合，必须与社会主义办刊方向相一致，不能有丝毫的违反和悖离。因此，编辑人员必须在主体的深层意识结构中确立以下政治原则：始终坚持社会主义办刊方向，坚持四项基本原则，坚持改革开放，反对不利于党的领导、国家发展大局等不负责任的议论，全心全意为社会主义现代化建设服务。这项政治原则绝非老生常谈，它直接关系到刊物的政治质量和政治生命。高校学报编辑在办刊过程中，应明确选题过程中坚持政治原则的意义，这是每个学报编辑均不能回避的原则问题。尤其对于政治法律类的学报，坚持政治原则具有更加重要的现实意义，由此要求学报编辑要确立政治把关意识。政治把关意识，从本质上看，是一种高度的责任意识，是编辑主体在编辑实践中所体现的自觉行为；反之，缺少政治责任意识对于编辑而言，是一种职业缺陷，必将对学报的发展带来极其不利的影响。

2. 学术意识。[4]是指编辑主体在选题中所具有的对学术问题进行科学判断的自觉意识。其主要功能是，选择并鉴别选题的科学性及合理性，判定选题的学术价值，确立选题的学术选择目标。

学术性是理论期刊生命力的体现，也是衡量一个刊物是否具有学术价值的重要尺度。学术性作为综合性范畴，不是仅就一般的专业研究而言的，而是指研究的理论深度、科学性和学术价值的大小。根据这一特点，编辑主体在选题过程中，应当树立双重的学术测度标准：

其一，科学标准。亦即选题的科学性问题。选题是否科学，直接关系到选题的成败。选题的科学性问题，可以做如下理解：其一，选题要切合学科或专业发展的实际，能够反映其最新的研究成果或进展情况；其二，选题要符合刊物的实际，即与刊物的办刊宗旨和读者的现实需要相契合，在这一基础上突出学术性。因此，编辑主体在提出某一选题时，首先必须进行必要的科学论证，看其是否具有科学意义，是否符合刊物的实际，是否满足读者的需求。高校学报编辑常常忽视选题的科学性问题，因此，从意识层面树立学术把关思想，满足读者的学术要求，对于提高学报的学术质量至关重要。

其二，价值标准。亦即选题的学术价值的鉴别问题。判定选题学术价值包含许多具体内容。比如：选题的理论意义及学术影响，选题与该领域的学术研究动态，等等。上述两项标准不是相互分离的两种选择，而是同一选择过程中的两个主要方面。对于高校学报编辑而言，在意识层面确立价值标准，常常将理论价值同实践价值相互混同，其实两者之间既有区别又有联系，问题是不能突出其实践价值而忽略学术价值，应当正确处理二者之间的关系。

3. 现实意识。[5]是指编辑主体在编辑工作实践中所体现的时代感和现实感在形成选题意向中的集中表现。其主要功能是：支配编辑主体进行有现实意义的选择，强调选题的现实针对性，突出选题的时代特色。

具有较强的现实性及其指导意义是某些行业性高校学报最主要的特点之一。因其行业、专业特色，其学报的主要功能更趋向于现实指导性。强调指导性不能将选题意识仅仅局限于行业或专业的狭窄范围，而应当放宽视野，将目光投向与行业或专业密切相关的其他领域。在这种相互联系中准确把握有价值的选题，突出其现实性。

选题意识的上述三个方面，相互之间具有内在的必然联系，它客观地要求在选题过程中，编辑主体应当正确地处理政治性与学术性的辩证关系，政治性与现实性的辩证关系，以及学术性与现实性的辩证关系。高校学报编辑应当立足于学报的实际，在正确处理上述三者之间辩证关系过程中，使自身的能力得到提高。

4. 服务意识与责任意识。学报编辑工作的全部意义在于为读者奉献最精美的精神食粮，最大限度地满足读者的精神利益，进而为繁荣理论、推动社会和谐发展贡献力量。确立服务意识要求编辑主体在形成选题意识过程中，必须确立“以读者为本”作为贯彻编辑工作始终的最高理念。“以读者为本”

是“以人为本”的科学发展观在编辑工作层面的具体体现，这既是一种人文关怀，也是一种无私奉献的职业精神。要求编辑主体以服务于读者、服务于社会、服务于国家发展大局的心态，积极做好选题工作。由此，编辑的服务意识就合乎逻辑地转化为编辑在选题方面的责任意识。从这个意义上讲，服务意识和责任意识是可以相互转化的，两者之间存在这样一种关系，即服务意识是引发责任意识的前提，责任意识是实现服务意识的思想保证。

高校学报编辑在确立选题意识过程中，要重视“服务意识”的培养，要树立为本学报读者群体认真服务的精神，在此基础上形成强烈的责任意识，并在“服务意识”与“责任意识”的互动中，实现学报选题的全部价值。

（二）选题意识中的价值标准

选题意识就其本质而言，是一种价值意识，它是编辑主体在选题过程中形成价值判断标准的思想基础，集中地体现了刊物同作者与读者之间全面的价值关系。

当编辑主体在选择和确定某一选题时，他首先必须在诸多的选择对象中进行分析和鉴别，以确证该选题是否有意义，由此在两者之间就形成了一种价值关系，即客体满足主体需要而产生的一种内在联系。编辑主体在选题中充当价值主体，其首要条件是将自身作为需要者，作为特殊的读者对象，代表社会及读者层面的精神利益，并按照社会的价值标准对选题进行反复比较、分析、评价及确证。这表明，选题不是一种随心所欲的、纯粹的个人主观行为，而是借助于编辑主体按照社会价值标准、读者的精神需求、作者学术价值及实践价值实现而择定选题的思维过程。

编辑主体对选题判断是一种综合的价值判断，它依据选题的意识结构，可以相应地划分为政治的、学术的以及现实性的价值标准。这三种价值标准的有机结合，便构成了编辑主体内在的价值评价系统。

（1）政治价值标准。[6]其具体内容可规定为：必须为社会主义现代化建设和改革开放服务；必须为社会主义精神文明建设服务；必须符合党和国家有关的方针、政策，严格遵守国家新闻出版系统所规定的政治标准，坚决反对不利于社会主义和谐社会构建的不负责任的言论和其它不健康的思想观点；有利于社会主义文化事业的发展。等等。

（2）学术价值标准。[7]其具体内容可规定为：各门学科或专业学术研究的最新成果，有效地解决学术上的难点；创立一门新兴学科，开辟新的学术研究领域；在原有理论的基础上，提出新的学术观点，并能对其作出合理的解释和论证，从而使原有的理论得到发展或完善，等等。

（3）现实性的价值标准。[8]其具体内容可以规定为：为社会主义现代化建设的现实服务；着力解决在深化改革过程中出现的重大理论问题和实践问题；对改革开放过程中出现的新事物或新的实践形式，作出及时、准确的理论概括，使之具有普遍的指导意义，等等。

主体对客体进行价值评价，是价值选择过程中最重要的环节，这一过程是由主体价值意识的活动及价值标准的测度功能构成的，是基于价值判断和比较基础上的主体对客体的价值确证或认同。编辑主体确定选题方向，划定选题范围，以及提出明确的选题目标，均为价值评价的结果。

选题中的价值评价是一个过程，编辑主体进行评价是以选题作为对象化的价值为基本前提的，因为选题所固有的价值是客观存在的，它不过是借助于作为编辑主体意识所反映的事实的规范才获得自己的形式。其结果的实现，则取决于按照自己需要而把握结果的编辑主体。这里需要提及的一点是：编辑主体的价值评价系统是建立在主体自身素质基础上的，主体意识则是在编辑主体所从事的编辑活动实践中形成的。由于各个编辑主体之间的自身素质差异以及实践活动方面的差异，使他们在主体条件及主体需要等方面也存在着明显差异。因此，如果单纯地以主体的价值标准作为唯一的评价依据，那么因主体而异，将会出现多种价值选择，甚至偏离正确的办刊方向。解决这个矛盾的有效途径是，强调社会价值标准的规范作用，并将其同主体内在的价值标准有机地结合起来，通过社会价值标准的调节或整合，最大限度地避免因主体各自兴趣、爱好的不同而出现的主观随意性倾向。

存在决定意识。高校学报的现实状态决定其编辑人员的选题意识状态以及内在的价值评价标准的内容，运用这一标准进行实际的选题，将决定其选题的优劣。基于这一事实，为了优化高校学报的选题，首先必须在意识层面上，不断改变对选题的固有认识，解放思想，开阔视野，以更加认真负责的态度审视原有认识的局限性，自觉阻断选题上所形成的因循守旧的思维惯性，创新选题方面的思维方式，逐步形成符合高校学报实际的选题价值标准以及编辑主体内在的价值评价系统。这里需要明确两点分别：一是某些具有行业特点的高校学报编辑工作同普通高校学报编辑工作有共性的地方，但是不能因此而将两者完全混同起来，更不能机械、直观地照搬套用普通高校的选题方法进行选题，这就要求这类高校学报编辑必须在选题意识确立过程中，树立差别意识，在坚持共性的前提下，明确相互之间的现实差别，进而明确如何扬长避短，突出自身的专业优势和特点；二是高职成高院校学报同普通高校学报存在明显差距，这是客观的，但是这种差距并非万里长城之遥，要求编辑主体切不可妄自非薄，应当努力寻求优化选题的路径，以自身特色弥补存在的现实差距，以积极的心态投入到争创名刊和名栏的编辑实践之中。

（4）预期价值标准。价值预期对于提高选题质量具有非常重要的意义。所谓价值预期是指编辑主体在选题过程中，基于选题对象所蕴含的价值量以及实现程度的一种判断和评价。价值预期是编辑主体对选题所寄予的价值实现的期待，价值期待虽然关注于当下的选题，但是却指向于未来编辑成果的价值实现程度和实现形式。

预期价值标准是在编辑主体对选题价值量及其实现程度的观照下形成的一种内在的价值判断标准，这一标准是基于并高于政治价值标准、学术价值标准和现实性的价值标准，它以选题预期价值实现目标为目的，通过对选题的综合性量度，对选题价值的最终实现做出判断或推测。对于学报而言，可以作为价值预期目标的有以下几项内容：选题的最终编辑成果一是被索引或摘登；二是被其他刊物全文转载，如中国人民大学报刊复印资料全文转载；三是被一些权威数据库所收录；四是其中的观点或原理被其他论者所引用或借鉴（被引率）；五是被政府部门或相关机关作为制定政策的理论依据，最大限度地实现其社会价值。等等。上述内容共同构成了学术界对学报质量进行评判的约定俗成的重要指标，并成为学报参与各种专业或学术评比活动的量化标准。通过评比，决定学报的价值是否得到实现以及在多大程度上实现。

学报提高质量不是一蹴而就的，需要在长期的编辑实践活动中不断努力而实现的。面对社会及学术界诸多的评价标准，学报编辑部除了制定长远的提高学报质量的发展计划以外，还要一步一步进行落实，其中最基本的就是要从选题抓起。从一定意义上讲，学报价值的实现，归根到底取决于选题是否有价值，选题的价值期待有多大。

在高校人文社科学报系统中，高职成高院校学报由于自身的原因，没有更多的价值期待，有的学报编辑部虽然制定了发展计划，但是没有切实可行的提高措施，满足于低水平的忙碌。要改变这种状况，必须从选题抓起，逐步形成选题的预期价值标准。首先要求学报主编必须具备这种业务素质，提高对选题价值实现的信心。

二、选题方法

选题方法问题不仅是每个编辑在选题实践中必须掌握的实际操作问题，也是一个重要的理论问题。从一定意义上讲，采用什么样的选题方法，方法运用是否科学、合理，直接关系到选题的优劣及成败。具体的选题方法形式多样，但是这种多样性不是盲目的，而是有规律可循的。从普遍的意义而言，具体选题方式的形成是以一般方法论原则为指导的。因此，编辑工作者不仅要熟练掌握和运用某种具体的选题方法，而且还应当明确蕴涵于其中的一般方法论原则及其指导意义。对于高校学报编辑而言，应当在编辑实践中，不断总结和提高其成功选题所蕴含的个别经验，并在一般方法论的指导下进行理论上的抽象与升华，逐步形成有本学报特色的选题方法。

从本质上看，对于具体选题方法，可以将一般方法论理解为：它是具体选题方法的方法，其指导意义是不言而喻的。就编辑个体而言，如果不懂得一般方法论的指导意义，不能自觉地运用一般方法论原则去指导和把握具体的选题过程，必然是盲目的：或者因循于以往的经验，或者无可适从地无目的选择，这样的选题行为是不可能择定高质量选题的。

在选题过程中，编辑人员需要坚持和运用以下方法论原则或方法，即实事求是的原则、矛盾分析法、从抽象上升到具体的方法，以及分析与综合、归纳与演绎等逻辑思维方法。这些方法或原则应当贯穿于具体选题过程的始终，并在选题的具体方法中得到体现。此外，一些逻辑思维的方法，如分析法、综合法、归纳法、演绎法等亦可作为具体选题方法，直接被运用于选题的实际操作过程。

强调一般方法论对选题的指导意义固然重要，但是突出选题方法的个性特征更为重要，毕竟选题所指向的是各个不同学科或专业，对于某些行业高校学报和高职成高院校学报更是如此。不同的学术领域或专业，在不同的客观形势下，其选题的角度、内容、范围和要求也各不相同，这一特点在某些行业高校学报和高职成高院校学报中得到最深刻的体现。因此，在选题方法的运用方面也必然有所区别，这就要求选题者应根据不同的条件，采取相应的方法，作出最佳选择。具体来说，在选题的操作上，要正确地认识和把握选题的共性和个性特征，在共性的意义下自觉突出个性；在坚持一般方法论为指导的条件下，运用学科、专业的方法确定选题视角，进行有意义的选题，这样可以有效避免学报选题千刊一面、内容雷同的不足，这是处理选题方法所应遵循的基本原则。在突出学科和专业选题方面，选题者应采取以下步骤。

其一，在选题的构思方面，选题者应当关注学科或专业最新的进展情况，从中提炼有意义的、符合学报实际的选题。选题者还应当密切关注那些与学科、专业密切相关的社会热点问题、难点问题，并以学科专业或行业的视角与其紧密结合，通过反复论证，从中发现有意义的选题。

其二，在选题的具体操作中，必须突出学科、专业或行业特色。这是某些行业高校学报和高职成高院校学报的优势所在，它要求在确定选题过程中，要借助于学科或专业的方法论优势，以其独特的视角进行有价值的选择，进一步突出选题的特色。

其三，比较与鉴别是选题方法共同的本质特征。有比较才能有鉴别。比较是鉴别的前提，只有通过正确地比较，才能为准确地鉴别提供客观条件；鉴别则是比较的目的，也是选题的关键环节。只有通过正确的鉴别，才能最后确定选题。高校学报编辑在选题中，应当认识和正确处理比较与鉴别的关系，不断提高鉴别能力，在比较与鉴别当中，发现有意义的、特色鲜明的选题。

三、选题的优化

最优化原理是编辑学的基本原理之一。这一原理客观上要求编辑系统内部的各个要素及其关系以及编辑实践活动的主要方面及主要过程均应达到最优化目标，以便将最精美的精神产品提供给广大读者。

选题的优化问题是编辑工作整体优化的基础，是编辑主体殚精竭虑的追求目标。解决选题优化问题，需要编辑主体付出艰苦的劳动，并建立相应的优化机制予以保障。优化选题机制主要包括主体条件的优化、选题制度的优化，以及选题、操作程序的优化。

1. 优化编辑者的主体条件

编辑者主体条件的最深厚的基础是编辑主体的自身素质。因此，优化编辑者的主体条件，首先必须提高编辑主体的整体素质。

编辑主体的整体素质主要包括思想政治素质、职业道德水平、执行党的路线、方针、政策的自觉性、科学文化素质以及编辑业务能力和水平等等。提高的途径主要是通过开展各种学习和宣传活动，帮助编辑人员加强理论修养，提高业务水平。在全面提高编辑主体整体素质的前提下，应不断地采取各种教育形式，不断地完善主体条件，使之实现最优化。主体条件的最主要内容是编辑的主体意识。优化主体意识，除了优化选题意识的上述内容，建立主体内在的价值评价系统以外，还要树立读者意识、编辑的精品意识、竞争意识和开拓创新意识等，从而构筑全方位的选题意识结构。高校学报编辑的主体素质，还包括学科及专业素质以及与其相应的学科及专业意识。

2. 优化选题制度

选题制度是规范编辑主体选题行为所应遵循的准则，是编辑部制度建设的重要内容。制定科学、合理的选题制度，使选题形成制度化，是保证选题优化的必要条件。但是，目前许多理论刊物都没有制定严格的选题制度，因而很难保证选题质量。对于编辑部的建设来说，这是一项严重的缺憾，必须引起高度重视。

编辑实践证明，优化选题制度的关键，在于不断完善选题制度，使之更具有科学性、合理性。

首先，要坚持实事求是的原则。从编辑部的实际出发，根据编辑部的整体素质、编辑任务以及选题的范围拟定选题制度。

其次，制定合理的选题定额标准，这种定额标准既包括质的方面，也包括量的方面。要求每个编辑人员在一定的时间内，提出自己的选题方案，并对方案的科学性和合理性进行论证。

最后，如果条件许可，可建立选题的三审制度。分别由编辑、编辑部的全体人员以及总编辑进行初审、复审和终审，并将审定的结果提交编委会讨论批准。

相比较而言，普通高校学报编辑部基本上具备一套完整的优化选题制度，而对于大多数高职成高院校学报而言，由于学校条件的诸多限制，还没有建立这样的制度，其中最大的问题就是学报编辑部还不是一个独立的部门，往往被合并到科研处，成为科研处的组成部分。在这种组织体制内，很难形成编辑部日常的工作制度和工作程序，其中包括选题优化制度。根据了解的情况，一些编辑部从未制定过选题计划和每一期的重要选题，选登稿件具有很强的随意性，主要表现在有什么稿件，就编什么稿件，没有任何计划，更没有选题的价值预期，这种情况很难提高学报质量。解决问题的途径就是将学报编辑部作为一门重点学科进行建设，首先要保证在组织上的独立，人员上的配给，经费上的保证和业务上的严格要求。

3. 优化选题的操作程序

选题操作程序亦即选题的实际步骤，主要包括以下几个重要环节：由编辑向编辑部提出选题意向，并对选题意向作出必要的说明；由编辑部的全体编辑人员对选题意向进行民主评议，在此基础上，确定具体选题；通过对选题进行反复的比较和论证，由编审人员作出选题决策。

优化选题操作程序的首要标准就是使每个程序、每个步骤都要实现最优化。

首先，编辑在提出选题意向时，应当了解读者的要求及社会的需要，掌握学术研究的热点、重点及最新成果，熟悉作者的研究动向，明确社会的舆论导向等。为此，编辑人员需要走出编辑部，深入到社会实践中去进行调查研究，掌握大量的第一手资料，以此作为提出选题的客观依据。只有这样，才能保证选题的科学性和合理性，有效地防止盲目性和主观随意性。

其次，在选择和论证选题时，要动员编辑部的全体编审人员，充分发扬民主，对拟定的选题进行反复的比较和论证。这样可以集思广益，充分发挥群体智慧，使选题在比较鉴别当中，做到优中选优。

最后，建构科学的选题决策机制，其核心是要求主要编审者必须具备以下品格：(1) 宏观的观察分析能力；(2) 敏锐的捕捉社会热点、难点的专业素质；(3) 较高的编审业务水平；(4) 善于听取群众意见的民主作风；(5) 严谨的科学态度；(6) 正确的思想方法；(7) 果断的决策能力。

除了上述编辑主体自身条件以外，还需要一些外在条件。比如：建立信息传播网络，可以为决策者提供及时、有效的信息，进而扩展决策者的视野，使其在论证和决断某一选题时，能以必要的信息为基础，对选题作出科学的评价和论证，使选题达到优化的目的。又如，建立信息反馈系统对于优化选题决策机制也是至关重要的。根据控制论原理，信息反馈对于系统而言，具有调控功能。它是系统实现控制的重要机制。信息反馈的控制功能也同样适用于选题决策机制的最优化。这是因为优化选题的目的要求决策者根据不断变化的条件，采取相应的调整手段，以实现选题决策的最佳控制，要达到这一目的，离不开反馈信息的调控功能。

同普通高校学报相比，高职成高院校学报在优化选题方面拥有自身的优势，以及可以充分利用的资源。首先，具有得天独厚的、同社会实际密切结合的学科专业优势或行业优势；其次，拥有特定的读者群和作者群，这样有利于编辑了解读者的精神需求、作者的创作意愿及理论兴趣的取向，学科专业发展的最新动向，行业出现的问题和社会关注的热点、难点、重点等。这两个优势内在地决定了高职成高院校学报在选题方面的特色，即与现实紧密结合的学科性、专业性，选题取向上体现出来的强烈的目的性，随国家政治、经济、文化及社会发展形势的变化而变化的政策调整及其对选题的影响，等等。这些特点决定了高职成高院校学报在优化选题方面的现实针对性和变动选题的灵活性，同时也决定了其选题成功与否的实现标准，即选题是否有鲜明的特色，选题能否取得预期的社会效应，等等。

参考文献

[1] 萧汉森等主编:《编辑学概论》，华中师范大学出版社，1989 年。

[2] 赵健杰:《试论理论期刊的选题问题》，《工会理论与实践——中国工运学院学报》1991 年第 6 期。

[3] [4] [5] [6] [7] [8] 赵健杰:《论编辑主体的选题意识》，《中国人民大学学报》1992 年第 3 期。

[9] 赵健杰主编:《成人高校学报研究》甘肃人民出版社，1997 年。

[10] 赵健杰、马俊哲主编:《学报编辑学研究》，天津社会科学研究院出版社，2004 年。

[11] 赵健杰、马俊哲主编:《高职成高学报学研究》，天津科学技术出版社，2008 年。

（原载于《中国劳动关系学院学报》2009 年第 1 期，全文 9400 字）

编辑主体意识及其逻辑划分

摘要： 编辑主体意识及其对编辑实践的能动的反作用，是编辑主体性的体现。编辑主体意识作为系统，具有层次性特点，对其进行逻辑划分，有利于揭示编辑主体意识的内在结构及其分布规律，有利于丰富和深化对编辑主体理论的认识。

关键词： 主体性；编辑主体；主体意识；逻辑划分

编辑主体意识与编辑主体性息息相关，编辑主体性通过编辑主体意识对编辑客体的能动作用而获得自己的实现形式。研究编辑主体及其主体性，就必须深入探讨编辑主体意识的基本属性、内在规定性以及在主客体关系中所凸显的作用。

人作为主体，其主体性（human subjectivity）是指人作为区别于其他动物的现实存在物，其自身所具有的自觉性、主动性、独立性、创造性、选择性和自由性等各种现实规定性的集合，其中包括主体意识、主体能动性、主体实践性等等，其中主体意识作为主体性的重要基础，在一定程度上对主体的实践活动以及主体的行为方式产生一定的决定作用和导向作用。所谓主体意识是指主体在认识和改造对象世界的实践过程中所产生的对于对象世界以及主体自身的认识与反思而形成的观念。有论者对主体性意识做出如下解释，认为主体性意识，“就是人意识到自己是主体，是主体人对自身主体价值、主体地位和主体权利的确切认知，也就是主体人对自己内外一切活动的自我统一状态的自我性意识，它在相当程度上属于一种自我反思性意识。”[1] 这一观点将主体的自我反思作为主体意识的最重要特点或属性，颇为精辟。

编辑主体作为主体范畴的亚层次范畴，既具有主体的一般属性和本质规定，同时，因其职业特点，又被赋予只有编辑职业方才具备的特殊属性。在编辑主体诸多属性当中，编辑主体意识最能够体现出编辑主体性，因为在编辑主体的实践活动中，编辑主体所体现出来的能动性就是在编辑主体意识的支配下实现的。作为一个系统，编辑主体意识具有层次性的结构特点，不同层次之间以及同一层次不同意识之间都具有密切的关系，所以，研究编辑主体意识，不能将其视作混沌的整体，笼统地研究。基于这点认识，笔者所确立的研究方法，首先是分析的方法，即首先将编辑主体意识从人的一般意识中剥离出来，然后确定并按照一定的标准再对编辑主体意识的不同层面进行划分，重点分析和研究每一层面的编辑主体意识的内在规定性及其相互关系。

一、编辑主体意识形成的基础及特点

编辑主体意识具有主体意识的一般特征，同时因为职业和专业特点，编辑主体意识又具有自己的特点。

1. 编辑主体意识及其特点

编辑主体性是编辑主体所具有的本质属性，主体性在观念上的反映就构成了编辑主体意识。编辑主体意识是在编辑实践活动中形成的，并对编辑主体活动产生能动的反作用。编辑主体意识具有自身的规定性和特点，笔者认为主要有以下几个方面。

编辑主体意识是一种自我反思性的意识。编辑主体意识一旦形成，便具有了对主体自身存在及活动意义的认识。编辑主体的自我反思，首先，是指对主体自我存在意义的认识和理解。其次，是指编辑主体对自身能力和素质的认识。最后，是指编辑主体在对象化的过程中，通过对客体——编发的论文及其价值的实现，反观自身确证作为编辑主体价值的实现及其实现程度。

编辑主体意识是一种能动的意识。具有能动性的编辑主体，首先在思想意识层面具有明确的目的性，并在这种目的性的明确引导下，编辑主体将调动自己的全部积极性和热情、智慧和精力付诸于对某一目标的能动追求，这种意识的反作用体现了编辑主体的能动性特征。编辑主体意识的能动性还体现在编辑主体对完善编辑工作的积极追求上，编辑工作是一项非常严谨的工作，在编辑工作的各个环节上都需要严格把关，尤其是高校学报，对于把关的要求更加严格。编辑工作又是一项经常留有“遗憾”的工作，如果哪一环节稍有疏忽，就会造成遗憾，甚至造成严重后果，比如在校对环节上，稍有不慎就会出现错别字。这种工作性质促使编辑主体在面对“遗憾”之时所产生的完善和优化意识，力求消除工作中的遗憾，不断完善编辑工作流程的各个环节。

2. 编辑主体意识产生的客观基础

如同社会意识是社会存在的产物一样，编辑主体意识的形成既不是凭空出现的，也不是主观自生的，它的形成基础在于编辑工作实践，是同编辑实践活动密不可分的。比如高校文科学报编辑主体的思想政治意识和学术意识，其形成与编辑主体所编辑刊物的性质是紧密相连的。一般而言，高校文科学报所涉及的内容都具有较强的政治和学术色彩，要求编辑主体在处理政治和学术问题上，必须明确两者的联系和区别，既不能将政治原则问题混同于学术问题，而将政治原则学术化；也不能将学术理论问题混同于政治问题，而将学术问题政治化。这种在工作实践中提出的问题，是每一个责任编辑必须面对的，也是必须处理好的原则问题，要求编辑主体必须在思想意识上树立起政治把关意识和学术把关意识。由此可见，编辑主体意识的形成源于编辑工作实践，有什么样的编辑工作实践，就会相应地产生什么样的编辑主体意识。

3. 编辑主体意识的能动作用

编辑主体意识的基本特征之一就是具有能动性。比如，在市场经济条件下，一本刊物能否生存和发展，主要看其发行量，发行量所反映的是刊物的量的方面，没有一定数量保证的刊物，就无法发展，甚至连生存都困难。刊物发行量大小直观地反映出读者对刊物的欢迎程度，本质上却是刊物自身的质量问题。从理论上讲，刊物的质量决定刊物的发行量，但是并不是绝对的。编辑主体是否确立市场经营意识和读者意识，对于刊物发行有直接的影响。《读者》是我国一家文摘类杂志，也是发行量最大的杂志之一，从其所拥有的读者数量可以看出该刊所实行的市场经营战略是非常成功的。他们深入研究读者的需要，研究市场走向，研究刊物需要完善之处，不断地提高刊物质量，提高在期刊市场的占有份额，走出一条成功的发展道路。《读者》杂志这一典型例证足以说明，编辑主体意识是具有能动作用的。又如，在高校学报系统中，存在千刊一面的现象。栏目设置雷同、内容雷同，没有自己的特点，无法满足读者的精神需求，这是一些学报发行量较低的根本原因之一。有些学报的编辑主体具有明确的特色办刊意识，并在这种意识的驱动下，调动一切资源，设置特色栏目并且重点经营，依靠特色赢得读者。我们发现，在一些名不见经传的地方高校，其学报却办得非常有特色，专门设置的特色栏目已经成为学报的品牌栏目，受到读者的欢迎，得到同行的赞誉。从这个意义而言，编辑主体意识的能动性已经成为推动刊物发展的精神动力。

二、编辑主体意识划分的意义及其标准

编辑主体意识在性质上具有鲜明的编辑专业特点，使其同其他意识相互区别开来；其外延上具有覆盖面广的特征，凡是编辑活动所涉及到的方方面面、编辑流程所关涉到的各个环节、编辑工作所牵涉到的各种关系，都会使编辑主体产生相关的意识；在编辑主体诸多意识的相互关系上，具有一定的层次结构特点，同一层次的不同意识之间，又具有相互作用、相互影响的辩证关系，有些意识在关系上还具有相互交叉的特点。笔者认为，深入研究编辑主体意识，就必须采用分析的方式，厘清编辑意识结构中各种关系之间的疆界，在此基础上，再对编辑主体意识进行综合，只有这样才能做到，既从诸多的意识中，分门别类地深化对编辑主体意识的认识，又从整体上加深对编辑主体意识的基本特征的认识。

（一）编辑主体意识结构划分的基础及意义

编辑主体意识是一个建立在编辑实践基础上的系统，通过对编辑主体意识结构的逻辑划分，有助于深化对主体意识以及诸多意识形式之间内在联系的认识。

1. 编辑主体意识划分的客观基础

从编辑主体意识产生的现实基础上看，诸多的意识都是对编辑主体实践活动中各个环节和各种关系的主观反映。比如，编辑主体在从事编辑工作中，因其具有采用稿件的决定权，这种权利的主观反映，就构成了编辑主体的权利意识；又比如，在社会主义市场经济条件下，面对期刊改革以及期刊市场的激烈竞争，为了刊物的生存与发展，编辑主体必须在市场竞争中寻求解决之道，由此形成市场经营意识。

为了分析和研究的方便，笔者对编辑主体意识这一属概念之下的种概念，以“编辑主体意识形式”这一概念进行规定，这一规定不同于哲学意义上的意识形式，只是为了分析的方便，以这样的概念来表达编辑主体具体的主体意识。对此，笔者从概念的逻辑划分角度对其作出如下界定：所谓编辑主体意识形式，是指编辑主体在同编辑客体相互作用的对象化活动中，其编辑流程各个环节及其编辑主体在编辑流程中所涉及的各种关系在编辑主体头脑中的具体反映。

2. 编辑主体意识划分的意义

编辑主体意识产生于编辑主体的编辑实践活动，同时作为编辑主体能动的方面，编辑主体意识对于编辑主体活动具有重要的主导作用。但是，由于编辑主体活动所涉及的对象及其关系比较复杂，比如就编辑工作发展而言，就有远期发展目标、中期发展目标和近期所要达到的目标之分别；就关系而言，学报编辑主体就存在同作者、读者等方面的关系，这里面涉及到学报发展规划、编辑主体工作理念、编辑思路以及编辑需要处理的业务关系问题、编辑主体自身素质提高问题，等等。这些实际存在的问题在编辑主体的观念上的反映，就形成了编辑主体的具体意识形式。如果笼统地观察编辑主体意识，就会发现，这些意识形式相互交叉、相互影响、非常零乱地交织在一起。在关注一种编辑主体意识现象的时候，有可能同另外一种现象部分地重合，所以厘清编辑主体诸多意识的边界，使其具有相对独立的形态，有利于专门对其进行深入分析；有利于对不同的、具有相对独立性的各种意识所形成的关系当中，深刻认识各自的规定性，以及它们之间存在的有机联系；有利于从理论上使各种意识现象上升为理论形态，从而深化对编辑主体意识理论的研究。

编辑主体意识划分对于编辑学研究具有重要的方法论意义。通观以往对编辑意识的研究，大多局限于只对某一意识现象进行分析，很少从整体上对编辑意识作系统研究。笔者认为，这种研究现状具有一定的片面性和局限性，其结果是，对于某一意识现象有可能透彻地了解，但是意识现象之间的有机联系有可能被忽视，这是研究方法上的缺憾。编辑主体意识是一个系统，内部由不同的结构构筑而成的，如果只从局部进行研究，具体探讨某一意识现象，无法形成对编辑主体意识整体的认识，不利于深化对编辑学的研究。笔者注意到，在一些编辑学专著中，虽然也探讨了编辑意识，但是没有系统地研究各种具体意识形式之间的逻辑关系，因此也妨碍我们对编辑主体意识结构的全面把握。总之，对编辑主体意识进行逻辑划分，是从整体上把握其结构性特点的重要方法，只有从逻辑上明确其内在的结构特点和逻辑分布状况，才能系统地深化对编辑主体意识的整体认识，而不是零散的、孤立的认识。

（二）编辑主体意识逻辑划分的原则及标准

1. 编辑主体意识划分的逻辑原则

编辑主体意识形成的基础是编辑主体的全部对象性活动及其相应的关系，

由于这一特点，造成了对编辑主体意识划分的困难，主要体现在：一是以具体形式表现出来的各种编辑主体意识相互交织在一起，厘清其边界具有一定的难度，有些意识形式具有相对独立的特点，比如编辑主体的精品意识、道德意识等，在划分上难度较小；有些具体意识形式则不具有这一特点，主要体现为：同其他意识形式相互交叉，你中有我，我中有你，难以进行有效区分；二是编辑主体意识具有层次结构，由于同一层次的某些意识形式的交叉性特点，使分析主体在划分的时候，难以使这些意识形式相互并列，各自具有相对独立的形态。

从以上对编辑主体意识及其特点的分析中，笔者认为，对其进行逻辑划分，应当遵循以下几个划分原则：

第一，限制外延。按照逻辑划分的方法，从概念的属种关系中进行划分，将编辑主体意识确定为大的属概念，按照一定标准，采取不断限制外延的方式，逐步缩小属概念的外延，实现由属概念向各个层次的种概念的逻辑过渡，同时不断增加划分后的种概念的内涵。

第二，合理取舍。对编辑主体意识进行逻辑划分，分析主体应采取有利于对其进行理论分析的原则，重点选取具有编辑主体意识非常典型的特征，能够反映编辑主体意识活动的主要特点的那些意识，所以，在具体的划分上，切忌全面保留，要根据分析主体的需要，有留有弃，合理取舍。

第三，主次明析。编辑主体意识不是实体性的，不具有物态性，而是通过编辑主体对象性实践活动过程反映出来的办刊理念和思想观念，是一种以主观形态存在于主体头脑中的观念形态。对其进行划分，首先，要从纷繁复杂的观念形态中理出头绪来；其次，必须明确以什么为主，做到心中有数，以便在划分的时候，做到有主有从，主从有序，不能进行无逻辑的胡乱罗列或堆积。

第四，层次清楚。鉴于编辑主体意识具有层次性特点，分析主体在对其划分的时候，应按照逻辑标准，对其进行层次上的明确区分，并且注意上下层次之间的内在逻辑关系，以及同一层次的主体意识形式之间的并列关系。在确定并列关系的时候，分析主体必须明确具体的编辑主体意识形式之间所具有的互相排斥的矛盾关系，只有这样，才能在外延上保持相对独立的特点。

第五，贴近实际。对编辑主体意识进行逻辑划分，主要是根据分析主体的内在需要进行的，所以具有一定的主观性特点。但是，在主观确定各种意识的具体形式过程中，一定要从客观实际的角度，衡量划分中的主观性确定是否有脱离实际的情况，要做到主观划分与客观的实践过程相统一。只有这样，划分出来的编辑主体具体的意识形式才具有实际的分析价值，也才具有客观性和科学性。

以上所确定的原则中，逻辑划分是工具，贴近实际是目的，合理取舍是原则，层次清楚是要求，主次明晰是重点。本着以上思路和原则对编辑主体意识进行划分，有可能使我们对这一问题的分析更趋严谨、细密。

2. 编辑主体意识划分的逻辑标准

对编辑主体诸多意识进行划分，应当依据一定的逻辑规则，按照一定的逻辑划分标准来进行，以保证划分后的意识现象能够相对保持自身的独立，这样也就为界定不同层面的编辑主体意识提供了逻辑分析工具。

按照编辑主体所从事的编辑工作特点及规律，首先应该根据编辑主体意识的具体形式及其性质，确定划分标准。第一，按照属种关系划分不同层次的意识形式。比如：编辑观应当是编辑主体意识中最高一级的意识形式，对于编辑工作的方方面面都具有统摄和指导作用，从逻辑划分的角度，应属于属概念；编辑主体的职业道德意识、法律意识等应属于规范意识，这些意识形式对于编辑工作具有明确的规范意义，每一从事编辑工作的人都应以伦理规范和法律规范来约束自己。第二，根据不同层次的意识形式确定其基本性质。比如：编辑主体的作者意识、读者意识，属于关系范畴；编辑主体的选题意识、组稿意识、经营意识等，相比较而言，具有更加直接的操作性特点，应属于工具性意识形式。第三，同一层次的不同主体意识形式之间应保证其并列关系，其前提条件是它们在外延上应当保持互相排斥的状态，比如：编辑主体的道德意识和法律意识等，具有明显的独立性。

三、编辑主体意识的内在结构及其逻辑划分

如上所述，编辑主体意识具有内在的结构，是由各个不同层面的具体的编辑主体意识形式按照一定的逻辑联系形成的整体，每一个具体意识形式都是这一整体的有机组成部分。构建编辑学理论体系，就必须深入探究编辑主体意识的内在结构及其特点，探究编辑主体具体意识形式之间的相互关系。

（一）编辑主体意识结构特点

编辑主体意识具有的内在结构，为我们从整体上认识和深化对编辑主体意识的研究提供了可能。因此，对编辑主体意识结构进行必要的逻辑划分，

使各个具体的意识形式之间的外延得到规定。在看待编辑主体意识结构问题上，应当既看到区别，同时又要看到联系，在区别中认识联系，在联系中认识区别，这是我们在对编辑主体意识进行总体性认识上应持有的基本态度。

编辑主体意识呈现出结构性特点，主要体现在以下三个方面。

特点之一，编辑主体意识在分布上具有复杂性特点，增加了对其认识上的难度和划分的困难，这是对编辑工作实践在主观上的反映，证明了编辑主体劳动是一种复杂的精神生产，所涉及的客观对象十分复杂，包括社会主义办刊方向上的政策规定对编辑工作的制约与影响；编辑职业道德对编辑主体行为方式的调整；学术规范对编辑主体的专业要求；相关的法律法规和政策对编辑主体行为的约束，等等。这些规范和原则反映在编辑主体的观念上，就形成了编辑主体的相应意识形式。此外，编辑主体所具有的权利以及被赋予的相应的职责，在编辑主体主观上的反映，就形成了编辑主体的权利意识和责任意识，等等。客观事实上的相互交叉，造成了意识形式上的交叉现象。比如，责任意识是编辑主体意识的重要组成部分，由于编辑责任可以体现在编辑工作的全过程以及各个环节，所以在意识上使其也具有同样的覆盖性和交叉性。比如，编辑主体的道德意识，其中就包含了主体的道德责任。

特点之二，编辑主体意识在分布上具有规律性。这种规律性体现在：纵向上的分布，形成了由上至下的层级结构，不同层级之间，具有内在的联系，比如处于高一级的编辑观同下一层级的编辑主体的道德意识就具有蕴含关系；横向上的分布，形成同一层级之间的编辑主体意识形式各自的相对独立性，比如编辑主体的选题意识和审稿意识，两者同属于一个层级结构的不同意识形式，是一种并列关系，彼此在外延上相互排斥，在内涵上相互独立。总之，编辑主体意识在分布上的规律性，是编辑工作客观实际的反映，为我们深入研究其结构和功能提供了必要条件。

特点之三，编辑主体意识在划分标准上具有一定的灵活性。编辑主体意识是编辑主体工作实践在其头脑中的反映，对编辑主体意识进行逻辑划分是为了分析研究的方便，但是这一过程并不是纯粹主观性行为，而是要在贴近客观实际的前提下，从有利于研究这一问题的角度进行划分。如前所述，由于编辑工作的复杂性，在我们面前呈现出一种相互交叉的网络状的客观联系，反映在编辑主体意识层面，就构成了纵横交错、互相交叉的关系。由此衍生出一个划分标准问题，即以什么样的标准进行划分。比如，编辑主体的责任意识可以同编辑工作各个环节相联系。诸如编辑主体在确立选题意识的时候，必然涉及选题责任问题；确立审稿意识，也同样涉及审稿责任问题。这种内容上的交叉是逻辑划分中最大的困难和问题，体现在，按照不同的划分标准，可以出现不同的逻辑构成，所以在确定划分标准过程中，具有一定的灵活性特点。

以上特点决定了我们在对编辑主体意识进行逻辑划分应当遵循的基本原则，即在划分标准上采取原则性和灵活性相结合的原则，在不违背逻辑划分基本规则的前提下，根据有利于研究分析的原则，设定划分标准，尽量处理好内容上相互交叉的部分。此外，还需要坚持的就是，对编辑主体意识划分，是在编辑主体—客体分析框架中进行的，编辑主体意识的形成是同编辑客体的存在和变化紧密联系的，是在编辑主体对象性活动中确立的，因此这种逻辑划分不是割裂编辑主客体关系的单纯的主观意义上的划分，从一定意义上，是符合客观实际的划分。但是，为了研究的方便，在确立划分标准上存在不同视角，从而对划分结果产生一定的影响。

（二）编辑主体意识内在结构的逻辑划分

编辑主体意识呈现出结构性特点，这种结构的客观性是真实存在的，只不过是以主观观念的形态表现出来。认识编辑主体意识这种结构性特征，就必须通过分析的方法，运用逻辑划分的工具，对结构本身进行解构研究，以求明晰这一结构的内部分布特征。

如果从逻辑分析的角度看，编辑主体意识的分布，呈现出明显的、类似于逻辑上概念的属种关系，即属概念涵盖种概念，种概念又涵盖具体的种概念。按照这种逻辑思维进路，可以将编辑主体意识依次划分为具有指导意义和统摄意义的编辑主体的编辑观，可以作为原则性的、具有一定指导意义的编辑主体的道德意识、价值意识等等，划分为具有工具性特征的选题策划意识、经营意识等。这是一种纵向划分方法，同样在具体认识和处理同一层次的编辑主体意识形式过程中，还要关注这些意识形式之间的横向联系，比如：编辑主体意识中的道德意识、法律意识。

如上所述，由于编辑主体意识涵盖面大，具体意识形式相互交叉的现象比比皆是，因此在区分上造成很大的困难。处理的方法就是在分析某一层次的意识形式时，由其所能涵盖的、并且具有交叉特点的某些更加具体的意识形式，根据具体分析的需要进行再划分。

根据上述逻辑原则，可以将学报编辑主体意识结构作如下划分：

处于第一层面的编辑主体意识是学报编辑观，这是编辑主体最高层次的意识，对于编辑工作实践具有一般性的指导意义，亦即所有的编辑工作都是在一定的编辑观指导下开展的。编辑观不同，将会对编辑的实际工作造成截然不同的影响。

处于第二层面的编辑主体意识是学报编辑主体的道德意识、法律意识和学术规范意识，属于规范范畴；处于同一层面的编辑主体意识还有学报编辑主体的责任与权利意识，以及编辑主体的作者意识和读者意识等，属于编辑主体应当处理好的关系范畴。这一划分不具有绝对意义，只具有相对意义，要根据研究的需要，来确立具体的研究次序。

处于第三层面的编辑主体意识是学报编辑主体的选题策划意识、精品意识、经营意识、审稿把关意识等等。这些意识形式属于工具范畴，具有可实际操作的性质。比如：审稿把关是编辑工作流程中最重要的工作环节，也是保证编辑工作质量的关键。编辑主体只有树立起明确的审稿把关意识，才能在具体的工作中认真履行自己的审稿责任，所以处于这一层面的编辑主体意识具有工具性质和意义。

上述划分尽量做到各个具体意识形式在外延上的相互排斥性，以获取各自的相对独立形态，但是，相互交叉的现象在所难免，所以这种划分只具有相对性。

参考文献

[1] 王永昌:《实践活动论》，中国人民大学出版社，1992 年，第 112 页。

[2] 单少杰：《主客体理论批判》，中国人民大学出版社，1989 年，第 185 页。

[3] 中共中央党校马克思主义哲学教研室、中共湖北省委党校哲学教研室:《主体与客体》，中共中央党校出版社，1990 年。

（原载于《中国劳动关系学院学报》2010 年 04 期，全文 8700 字）

论“编辑学者化”及其实现途径

摘要：“编辑学者化”作为一种新观念，其形成适应了市场经济对编辑素质建设的客观要求，是编辑个体自我完善的价值目标。“编辑学者化”的实现途径：一是加强编辑部的思想建设；二是加强编辑部的业务建设，提高编辑的分析问题和研究问题的能力；三是高校应给予学报编辑应有的待遇。

关键词：编辑学者化；编辑素质；价值目标；途径

“编辑学者化”是近年来在编辑出版系统中广泛兴起的一种新观念。因其契合当前高校文科学报编辑工作的实际，因而为广大学报编辑所认同。很多学报编辑部已将“编辑学者化”作为加强编辑人员自身建设的重要内容，纳入了编辑部的总体发展目标，促进了编辑部的建设，提高了编辑工作者的业务素质及能力。

一、“编辑学者化”是市场经济对编辑素质建设的客观要求

“为他人做嫁衣裳”，这是编辑工作最基本的特点，也是编辑职业的传统美德。长期以来，编辑工作者以编好他人作品为己任，兢兢业业，埋头苦干，为广大作者、读者默默无闻地奉献自己的全部精力与智慧。一些初级作品经“编辑之剪”的精心剪裁，成为脍炙人口的精神产品，有些作品在编辑的精雕细琢下，成为广泛流传的精品佳作。

“为他人作嫁衣裳”，既是传统的编辑工作模式，也是传统的编辑形象，其可贵之处，在于不计功利的无私奉献。这种奉献精神应当在新形势下的编辑工作中得到继承和发扬。

但是，也应当看到，在我国长期实行计划经济体制下，传统的编辑工作模式给编辑人员造成许多负面影响，其影响之一就是，过分强调编辑的无私奉献，忽视编辑的自身建设，使编辑个体的主体性和创造精神被严重地压抑

和遏制，以至于一些在编辑岗位勤奋工作数十年的老编辑，退休时手中竟然没有一件属于自己创作的作品。这种“编而不论”、“编而不著”的现象，在老编辑中是比较普遍的。这种现象严重地扭曲了编辑的形象，从而导致了对编辑的某些偏颇之见，诸如：“编辑只能编，不会写”；“编他人的作品，什么人都可以干”，等等。一些学校对学报工作不重视，在一定程度上与这些偏见的影响是有关系的。

编辑工作的传统模式是我国旧体制的产物，它适应了计划经济体制的要求。其重要表现之一在于，分配上的“平均主义”、“大锅饭”，决定了工作当中缺少利益驱动，缺乏竞争性，“干多干少一个样”，“干好干坏一个样”。国家给定的“铁饭碗”，使人们缺乏危机感，往往安于现状，不思进取。这种观念一旦在人们深层意识结构中积淀，便构成了他们基本的价值取向和超稳固的心态。传统的编辑工作模式在一定程度上反映了这种超稳固心态。

安于现状，不思进取是一种惰性，在旧体制下，这种惰性在编辑个体身上主要表现为：仅以编好手头上的稿件为最高要求，不善于吸取新的知识，不关心自身业务素质的提高，久而久之，在思想上筑成了封闭性、保守性的围墙，自我禁锢，自我束缚。

自改革开放以来，随着我国现代化建设事业的迅猛发展，传统的东西被逐步扬弃，人们的思想观念、思维方式、价值观念和行为方式发生了剧烈的变化。编辑个体意识也经受了现代观念的强烈冲击，他们不仅需要反思，而且更需要重新进行自我规定；编辑工作的传统模式也在发生重大变化，由过去的单一的敬业指向转变为敬业奉献与完善自我相统一，由过去的“编而不著”转变为“编、著结合”。总之，现代编辑正在向“学者化”方向发展，向“奉献”、“开放”、“创新”的全能型方向发展，这是社会主义市场经济体制对现代编辑工作者的客观要求。

首先，我们国家正在经历着由计划经济体制向市场经济体制过渡的深刻变革，新旧体制的转换，要求人们在观念上也要进行相应的转换，以适应新形势的需要。

其次，随着改革开放的不断深入，我国的思想文化领域日趋繁荣，信息量与日俱增；国外的一些新理论、新观点和新思想通过开放的窗口进入我国，对我国的各项改革事业发生了重要影响。为更好地吸取、利用和借鉴国外有益的思想观念，需要进行引进、介绍和研究。为了保证新成果面世，要求编辑工作者首先要学习和掌握有关的新理论和新知识。此外，我国改革开放事业已经取得许多令人瞩目的伟大成就，在探索建立社会主义市场经济体制方面，正在取得重大突破。编辑的工作内容离不开这些现实性的东西，这就要求编辑本人走出编辑部，密切关注并掌握这些现实性的内容。

第三，编辑工作战线正处于更新换代时期。自改革开放以来，一大批具有较高学历、学位的年轻人陆续走上编辑岗位，为编辑工作系统输入了新鲜血液，注入了新的活力，编辑队伍的整体素质有了很大的提高，正朝着年轻化、知识化的方向发展，这就为从根本上转变编辑工作的传统模式奠定了人才基础，提供了最深厚的主体条件。

第四，编辑出版系统恢复了职称评定工作，打破了旧体制下产生的均衡态势，增强了编辑人员相互之间的竞争性。评定职称对于编辑人员来讲，既是一种激励，又是一种挑战，它要求必须彻底改变“编而不著”的状况。近年来，一些高校学报系统的编辑在评定职称过程中，所面临的形势更为严峻，一方面，分配的职称指标少，参评者众多，加剧了竞争性；另一方面，编辑评职称，往往同其他教学、研究人员的职称评定处于同一起点，无半点照顾可言。这就要求编辑除了完成自己的本职工作以外，还必须利用一切业余时间钻研业务，搞科研；否则，难以在竞争中取胜。

最后，在新的形势下，衡量编辑的标准也发生了根本性的变化。作为一个称职的编辑，他不仅在工作上能够忠于职守、兢兢业业、认真负责，并具有一定的社会活动能力，而且他还应当具备一定的学识水平和较强的科研能力，以及较为扎实的理论功底。这一点，对于高校文科学报编辑尤为重要。

总之，“编辑学者化”观念的兴起，适应了新形势的要求，对于提高编辑队伍的素质和学术水平，具有十分重要的现实意义。

二、“编辑学者化”是编辑个体自我完善的价值目标

“编辑学者化”对于编辑个体而言，不是一句内容空泛、抽象的口号，而是编辑个体进行自我规定、自我完善的一种价值选择和价值指向；是新形势下，树立和塑造全新编辑形象的重要途径。

“编辑学者化”并不是要求每个编辑都必须成为专家、学者，而是为编辑个体设定的一个奋斗目标，它要求编辑不仅具有较强的业务能力，而且还应具有较强的科研能力，以及较为扎实的理论基本功；在自己的专业方向上，有较深的理论造诣，应是一个“行家里手”；在其它专业方面，亦应具备广博的知识，有一定的发言权。

“编辑学者化”并不排斥编辑的奉献精神，相反，两者在一定意义上是完全一致的，具有极其密切的内在联系。编辑工作意味着奉献，奉献大小，一方面取决于编辑的工作态度，另一方面则取决于编辑的业务素质和编辑水平。就这个意义而言，编辑在追求“学者化”的过程中，不断地完善自我，就为进一步做好编辑工作打下基础。

“编辑学者化”是就提高编辑业务素质而言的，如果仅仅做这样的理解，尚有失偏颇。实质上，“编辑学者化”对于编辑个体来说，具有双重的价值论意义。

如前所述，编辑主体的自我肯定，其自我价值的实现，首先体现在他的工作成果中。编辑作为精神生产领域的具有特殊身份的生产者，其劳动是一种创造性的劳动。从作品发表的全过程看，编辑及其精神生产活动处于作者与读者之间的中介地位。这种中介地位不是可有可无的，而是编辑对作者提供的原作品进行把关、修改和再创造过程，他要按照社会的判断标准，并根据刊物的特点对作品进行规范和加工，主要包括对作品进行审视，把好政治关、学术质量关和文字关，他既要对作者负责，又要对社会负责，维护广大读者的精神利益。编辑在对稿件修改和加工的过程中，往往对原文提出个人的看法和意见，尤其当涉及到一些有争议的学术理论问题时，编辑一般根据自己的主张向作者提出具体的修改意见。如果编辑的业务素质不高，不善于分析和研究问题，就会良莠不分，提不出修改意见，也无法把好政治和学术质量关。作为一个编辑，如果编不出高品位的文章，他的劳动就没有最大限度地得到肯定，他的价值也就无法实现。因此，“编辑学者化”对于提高编辑素质和能力，做好自己的本职工作，具有十分重要的意义。

如前所述，编辑的自我价值实现于他所从事的工作当中，实现的前提和主体条件，则是编辑素质的自我完善。“编辑学者化”作为编辑自我完善的价值目标，适应了新形势对编辑的客观要求，同时也为编辑获取一定的学术地位指明了奋斗方向。

三、“编辑学者化”的实现途径

“编辑学者化”不是可望而不可及的目标，而是一个艰苦努力的实现过程。

在实现“编辑学者化”的进程中，高校学报系统的编辑比一般杂志的编辑，具有以下两个有利条件。

其一，编辑所学的专业与他所负责编辑的内容，大体上是一致的，这样有利于编辑掌握本专业的最新科研动态，始终使自己站在科研的最前沿，有利于促进自己的科研工作向纵深方向发展。

其二，学报编辑部是高等院校的一个重要的科研部门。学报编辑们由于置身于高校特有的学术氛围中，受此熏陶，他们也必然在科研方面下功夫。实践表明：一些大学学报的编辑队伍，由于科研成果显赫，已成为这些学校当中的一支重要的科研力量。

根据以上条件，笔者认为，要实现“编辑学者化”的目标，至少应当做到以下几点：

1. 加强编辑部的思想建设

增强编辑的敬业意识和奉献精神。这是实现“编辑学者化”的思想基础。在这个问题上，要防止两种不良倾向：一种是在市场经济大潮中，不安心自己的本职工作，心有旁骛，或者想找时机离开编辑岗位，出去赚钱发财，或者敷衍工作，搞第二职业；一种是割裂本职工作与完善自我的内在联系，置本职工作于不顾，一心搞自己的专业研究。做好编辑的思想政治工作，就是要正确处理好本职工作与“第二职业”的关系，进一步稳定编辑队伍；明确本职工作与“编辑学者化”的辩证关系，不断提高编辑队伍的思想政治素质和专业素质水平。

2. 加强编辑部的业务建设，提高编辑的分析问题和研究问题的能力

在做好本职工作的前提下，在编辑部的集体内部，应当有意识、有目的地营造一种勤于思索、追求真理的学术氛围，着意培养学术研究骨干，以带动一般。应当鼓励编辑出去进修学习，更新知识；鼓励编辑搞科研，并为其提供必要的条件。编辑的科研成果应作为编辑的考核内容，纳入编辑部的管理目标。

如果条件许可，编辑部内部可设科研奖，以鼓励编辑积极从事科研活动。此外，编辑部还应当根据自己的力量，向学校申请科研项目，参加校内外的各种学术活动。

3. 高校应给予学报编辑应有的待遇

高校学报是高校向外界展示本校教学、科研成果的重要“窗口”，就这个意义而言，学报编辑队伍的素质如何，直接影响“窗口”效应。因此，高校对学报的特殊作用应有明确的认识，应当对学报采取一定的倾斜政策，诸如：解决编辑人员工作和生活上的困难；为编辑学习、进修提供方便；鼓励编辑

从事科研，并在科研经费方面给予必要的保障；在编辑的职称晋升方面，应给予足够的关注。

“编辑学者化”现已成为广大学报编辑成长进步的内在要求，成为编辑自我完善的实践活动。但是，从整体上看，这项实践活动尚缺乏明确规范，在个别编辑部里，还只是囿于口头上的号召。因此，要进一步加强对“编辑学者化”的研究，不仅要在理论上探讨，而且要在实践中不断探索，从中总结出具有可操作的方式方法。

（原载于《工会理论与实践——中国工运学院学报》1995 年第 1 期，全文 4500 字）

后 记

在喜迎龙年春节之际，学校催要个人论文集文稿的时间也急迫地提到日程上来。于是，伴随着震耳欲聋的鞭炮声和浓浓的充溢于城市每一角落的节日喜庆，我顾不得舒缓一下自己的紧张情绪，放松一下经历一个学期劳累的身心，在安排好新一期学报的出版工作之后，便马不停蹄地开始了对自己的论文进行收集和整理。期间，我动员了全家人的力量，翻箱倒柜查找杂志，扫描文献，整理文稿，校对文字。经过 20 多天的努力，从百余篇文章中精挑细摘出 33 篇学术论文，今天终于完成了论文集的收集整理和编辑工作。此刻，所有的辛苦都化为甜蜜，所有的紧张都化为快乐，所有的疲惫都化为兴奋，在欣赏 20 多天劳动成果的同时，幸福之感不可遏制地自心灵深处油然而生！与其相伴的则是更加强烈的情感表达——对学院最挚诚的感谢！

2011 年岁末，一个好消息自校园网上传出，学院决定为我们这些多年从事教学和科研工作的“老工运”们出版个人论文集，这真是一件大好事！也是学校有史以来第一次的有益尝试，为展示我们这些老同志的科研成果提供了一个难得机会。我由衷地感到，这是学院对我们曾经付出的辛劳以及所取得成果的肯定和尊重，也是对我们的激励与鞭策！我们当以“老骥伏枥”的心态，深入实践，勤于思考，刻苦专研，笔耕不辍，不断推出新成果，继续为加强学院教学科研建设贡献力量！

同时，我还深切地感到，以论文集的形式，将已经正式发表的论文按照一定编排逻辑整理成册，正式出版，意义非凡。从形式上看，这是个人学术成果的集中展示，是对个人成果的一种客观评价，也是学院科研成果的整体展现；从实质上看，则是已发表论文学术价值的再次实现，借助这种形式，不仅能够继续扩大论文的社会影响，而且一定程度上延缓了论文价值的老化以及学术影响的衰减，使其“影响因子”通过论文集的形式得到巩固和提高。在学术期刊中，经常能看到这样一种现象，一些有价值的论文，无论其发表时间如何久远，也无论时代发生多大的改变，其固有价值并没有因此而泯灭，这样的论文，每每翻阅，都能给人以深刻启示，令人倍感清新，而且至今仍被读者所关注，被研究者频繁引用，这就表明其理论影响依旧，这正是学术研究的隽永魅力之所在，也是每一位研究者殚精竭虑追求的美好目标。由此昭示一个道理：社会实践需要的是真正有价值的理论及其所蕴涵的丰富与深刻，而不需要由那些敷衍之作、应景之作及其毫无价值的选题或论述所造成的苍白与浅薄。尤其在以刊论文、以量论质的被扭曲而暂时又无法校正的学术评价机制中，真正能够破解科研评价难题的，还应依靠研究者个体的高度自觉和主动自律。为了营造一个科学的科研评价机制，我们都应该立足于实际，从我做起，提有价值的观点，著有新意的文章！这就是我在自选和整理论文集文稿，以及在仔细梳理论文集思路过程中所获得的一个重要启示！

以上议论是我对出版论文集及其全部意义的一孔之见，这一认识缘于多年来形成的一个强烈夙愿，即我一直有一个出版自己论文集的计划，原本打算退休之后再做这个工作，没想到这个夙愿这么快就变为现实，所以，在兴奋之余，难免不对这件事进行一番思考。现在，论文集的全部文稿按照要求编辑整理完毕，望着熟悉的篇名、熟悉的内容和熟悉的语言，体验熟悉的思路、熟悉的叙述风格和贯彻始终的逻辑线索，感到分外亲切，毕竟它是我从事20多年科研活动的智慧和心血的结晶。在文稿即将交付之际，我由衷地感谢科研处的全体同志，他们同我经常性的沟通、提醒和不厌其烦的指导，为论文集文稿的收集整理提供了便利条件！由衷地感谢学院领导对我们这些老同志的支持和关爱！同时，也由衷地感谢我们所置身的充满各种机遇与挑战的伟大时代，它为我们的理论研究提供了丰厚的实践基础，它是推动理论发展永不衰竭的动力！

赵健杰2012年2月写于北京老虎庙中国劳动关系学院

图书在版编目(CIP)数据

反思求真集 / 赵健杰著. -- 北京:光明日报出版社,2012.12

(中国劳动关系学院学术论丛)

ISBN 978-7-5112-3845-0

Ⅰ.①反… Ⅱ.①赵… Ⅲ.①社会科学-文集
Ⅳ.①C53

中国版本图书馆 CIP 数据核字(2012)第 303753 号

反思求真集

著　　者:赵健杰

出 版 人:朱　庆　　终 审 人:孙献涛

责任编辑:曹美娜　刘伟哲　　责任校对:傅泉泽

封面设计:小宝工作室　　责任印制:曹　净

出版发行:光明日报出版社

地　　址:北京市东城区珠市口东大街5号,100062

电　　话:010-67019571(咨询),67078870(发行),67078235(邮购)

传　　真:010-67078227,67078255

网　　址:http://book.gmw.cn

E - mail:gmcbs@gmw.cn　liuweizhe@gmw.cn

法律顾问:北京市洪范广住律师事务所徐波律师

印　　刷:北京楠萍印刷有限公司

装　　订:北京楠萍印刷有限公司

开　　本:700×1000　1/16

字　　数:220千字　　印　　张:14

版　　次:2013年2月第1版　　印　　次:2013年2月第1次印刷

书　　号:ISBN 978-7-5112-3845-0

定　　价:38.00元